上海鲁迅研究

赵家璧与出版研究

上海鲁迅纪念馆 编
SHANGHAI LUXUN MUSEUM

总第79辑

上海社会科学院出版社
SHANGHAI ACADEMY OF SOCIAL SCIENCES PRESS

目　　录

赵家璧与出版研究

鲁迅作品及生平研究

鲁迅同时代人研究

史料·辨证

纪念

鲁海漫谈

读书杂谈

青年读鲁迅

上海鲁迅纪念馆纪事与研究

资料

编后

CONTENTS

The Study of Lu Xun's Contemporaries

History · Texual Research

Memorial

Random Talk on Lu Xun

Book-Reviews

《晨　曦》
——赵家璧编辑生涯的起点

施晓燕

赵家璧是中国现代著名出版家,民国时期他参加良友图书印刷公司,组织发起良友复兴图书公司,创办晨光图书公司,中华人民共和国成立后又相继在上海人民美术出版社、上海文艺出版社从事编辑工作。在几十年的编辑生涯里,他策划、设计、经营、整理、出版了大量的文艺著作、外国翻译、木刻连环画、版画集、画库,其中"一角丛书""良友文学丛书""中国新文学大系""晨光文学丛书"从面世至今,经久不衰,成为传世佳作。出版家姜德明认为:"讲中国现代文学史和出版史,都无法避开他的名字和事业。"[①]这是同行对他的客观评价。赵家璧作为中国现代著名出版家,很多人初次对他的了解是来自良友出版公司时期"一角丛书",然而他漫长的编辑生涯,其实在他中学时期就已经开始。可以说,赵家璧在中学时就已经奠定了自己一生的工作方向,而考察他当时所编辑的杂志《晨曦》,即可一窥赵家璧作为出版家的潜力和天赋。

赵家璧于 1908 年出生于江苏松江(今上海市松江区),父亲受过高等专科教育,母亲是小官僚之女,能识文断字。他在这样的家庭长大,家境优渥,从小受大量的教育,在小学时就对编辑刊物发生兴趣,“在毕业前几月,居然用油印机编印了几十本分送级友”②。这本小学时候的刊物已不可考,赵家璧本人对它的内容也全无记忆,但这显然是一种非常有意思的尝试。1923 年 8 月,赵家璧考入民立中学。这是一所私立中学,以英文教学见长。就读一年后,他改考圣约翰大学附中,这是沪上名校圣约翰大学的附属中学。1925 年 5 月,上海发生了“五卅”惨案,圣约翰大学的学生进行反帝爱国讲演,鼓动学生支持罢工工人。这场激烈的学生运动被校长镇压,此后又有一系列冲突事件,爱国的师生们决议离校另立。1925 年 9 月,新的私立光华大学以及附中正式开学。

赵家璧当时虽然只是一位甫入中学的稚龄少年,但他在这场著名的脱离运动中默默做出了自己的选择。秋季开学后,他进入光华附中高中部一年级读书。赵家璧在圣约翰附中只读了短短半年书,但光华的学生构成中,十分之四来自圣约翰,十分之六来自美汉、保罗、桃坞、博文等其他教会学校。西方作风浓厚,加上有奋发图强救中华的爱国热情,学校的气氛十分积极。圣约翰的离校同学,保持名校遗风,显得特别活跃,处处起带头作用。附中学生自治会的组织,下设编辑部,规定出版一种像样的中学校刊,经过商议,由老师何仲英提议校刊名为《晨曦》,取“朝旭东升,光照四海”之意,学生张椿元主任其事,中英文双语,每期 10 万字,赵家璧被推为编辑书记,参与主持出版。1926 年 1 月 20 日,《晨曦》创刊。《晨曦》第一卷共出四期,自第二卷第一期起改名为《晨曦季刊》,于 1927 年 1 月 20 日第二卷第二期停刊。

《晨曦》第一期,分中英文两部分,32 开。中文 70 页,从右至左。封面白色为底,上面是紫红色的隶书体“晨曦”二字,标题之上为一幅湖面泊船的画,右下角是光华大学的校徽,内书“知行合一”四字,左下角标明出版单位“光华大学附属中学学生自治会编辑部”,封面雅致可爱。刊物主要收校内学生投稿,文体不拘,文言、白话、中文、西文都可以,文章要加标点符号。编辑部人员一共有4名，其中张椿元任部长，赵家璧任编辑书记。正文分论著、谈薮、科学、读书录、小说、文苑、戏剧、诗词、谈屑等几部分，虽然是中学生自编自写的刊物，但麻雀虽小，五脏俱全，整本杂志像模像样。在创刊号中，赵家璧一人用几个笔名写了3篇文章，显见他对这本刊物的重视和投入。在发刊词中，赵家璧说明创办《晨曦》的动机，是要把光华学生的见解、思想、情绪、成绩发表出来，使社会上热心赞助和冷眼旁观的人都能看到。他对办好这本杂志信心十足，把杂志定位为研究学术、发表思想、测量爱国精神多种功能合一的文化利器。最后，赵家璧表达了青年学子的热血心意："我们要走上'知行合一'的路。我们更希望光华的同学，个个能够研究专门的学术，发挥青春的思想，不要做孱弱的书生，要做一个有为的青年。"[③]开创局面的第一期，正文第一篇，是赵家璧记录的马相伯先生演讲词，马相伯是著名的文化教育家，复旦大学的创办人，光华大学及附中的新建得力于复旦大力相助。1926年1月5日，光华在大西路校基举行一个盛大的庆祝兴工典礼，马相伯应邀做了演讲。创刊号的首篇文章，展现一位德高望重的教育家对光华学生恳切的鼓励、对未来的展望，十分恰如其分，马相伯的演说注重气势，层层深入，承认外国人的优点，也毫不留情揭露中国人的缺点，教导学生们要身兼中西之长，爱国爱家，把光华领到成功的路上，导中国到光明的世界。年逾八旬的老人，演说却青春澎湃，能立即激起读者的激情，也带出此刊物的关注点。所以之后由中学生们撰写的文章，有学术方面的，如对英国名家摆康（Francis Bacon）《论学》的分析，对春秋时期晋国军制变迁的考证；有时政方面的，如《五卅后中国教育应走上的一条路》《五卅惨案调查委员报告宣布后之感想》；有关注本校的，如《光华学生的过去现在和将来》《三方面的三个建议》；有小说，有戏剧，有诗词，在西洋学风浓厚的校园里，保留了中国古诗，篇幅甚至大过新诗，这是否听取了马相伯关于重视中国传统文化的建议，有待考察，但刊物的眼界宽广，可见一斑。《晨曦》的英文部分，是从封底开始，西方的习惯是从左至右翻阅，所以若以外国人的眼光，拿起来先看到的是英文部分，封底就是封面，英文封面是英文花式字体的 The Dawn，正中是光华大学建筑物的绘图，其下的“CONTENTS”（目录）列举了英文部分的内容，它并不是中文内容的翻译，而是一些文化论述和笑话，约有 13 页。从创刊号就可以看出，《晨曦》的设计别具匠心：以东方人的读书习惯，则是中文的晨曦为封面；以西方人的习惯，则首先从英文看起，两相皆宜。

《晨曦》编辑部的学生编辑们，通过教师或长辈，请校外专业人士无偿替刊物设计封面，制作者也十分乐意为文化事业做点贡献，使刊物的完善更进一步。所以《晨曦》第二期中英文封面都与第一期大不相同，中文封面改成了以名人题的“晨曦”两个竖排大字，占封面的三分之二，右边有一些花卉装饰；英文封面改成了书籍和打开的窗户。“CONTENTS”放入了第 2 页。编辑人员也发生了变动，赵家璧在第一期中的贡献和才能被大家所认可，从编辑书记变为中文部主任，他照例在一期中要写 3 篇以上的文字，来弥补稿源的不足。英文部分则增加到 23 页。除此之外，还有一些商业上的变化。从第二期起，中文版正文结束后，出现了广告，如第二期的两个广告，一是新西区光华贸易所，这是光华附中学生自治会营业部经营办理的类似学校超市场所，包括中西餐、西点、糖果、学校用具、水果等；二是承印刊物的丰华印刷铸字所，包括印书、铸字，兼办印书机器等。由此可见《晨曦》的经营方式也很灵活，它的筹办经费来自学生自治会，印刷来自丰华，刊物为这两处做广告，资源交换，能省下很大一笔经费。

除了编辑部众人辛勤创业外，学生自治会也给予大量的帮助。自治会营业部部长王守如是光华贸易所的主事人，他擅长经营，贸易所的业务蒸蒸日上，得到的盈余全部用来资助《晨曦》，使其免去资金后顾之忧；文艺部部长黄阳芳，搜集了各种比赛的稿件，为编辑部提供了充沛的稿源。《晨曦》两期之后，声名渐起，所以第三期的卷首语中便有"本刊第二期出版之后，承蒙校外和校内的读者，夸奖有加"的语句。刊物的成功吸引了读者纷纷投稿，《晨曦》的创刊号里，有 3 篇都是演讲的记录文字，明显稿源不够；到第三期，从 96 页猛增至 142 页，中文部分超过 100 页，英文也增长到了 30 多页；而到第四期篇末，赵家璧在《编辑余谈》里，向一些投稿者致歉："至于未登载的稿件，以后有机会还是要陆续登载，尚望投稿的同学原谅。"[4]说明来稿踊跃，编辑部可堪选择的余地十分广阔，以致不得不拒绝一些稿件。《晨曦》逐渐走上轨道了。

赵家璧编辑《晨曦》，得到了几位老师很大的帮忙，学校老师深得孔子因材施教的精髓，除了在课堂上谆谆教诲，在课外仔细观察每个同学的特长，引导他们尽可能地发挥优势，让他们从事各种课外活动，放手让同学们独立思考，从实践中解决问题。《晨曦》的编辑部由 10 多个学生组成，聘请了 4 位老师做顾问，学生们平时有困难都尽量自己克服，实在没有办法才去找老师。老师们让这些小编辑自己动脑动手，决不越俎代庖，更没有事必躬亲，他们只指导学生如何向合适的师生组稿，如何排列每期的选题目录。组稿、审稿、编辑、校对，全由学生去干，遇到重要的文章，才请有关方面的顾问做决审。

1927 年赵家璧升入高中三年级，《晨曦》出满四期，原来的编辑张椿元退任，指导编辑部良久、深为赵家璧敬重的老师潘序祖辞职离校，编辑部进行人事变动。学生会改选之后，赵家璧当选为编辑部部长、校刊总编辑，负责主编第二卷开始的《晨曦》。中英文双语校刊是教会学校的传统，赵家璧大刀阔斧，砍掉英文部分，称为《晨曦季刊》，进行编辑的大革新。他在第一期的编后谈写道："中国的学校刊物，从前每每是中西合璧，并且好像没有英文，便就显出这只学校是不重视英文的样子；这一种现象，在五六年前，却是为社会上所公认的事；但是年来中国学术思潮改变，国家观念渐浓,学校刊物是表现一只学校的师生对于学术文艺思想研究的程度和兴趣的,我们与其用英文去表示我们的意见,我们不如用祖国的文字去表示,反可以使祖国较多的人能够阅读。”[5]《晨曦》是综合性刊物,赵家璧把重点放在文艺上,并增大篇幅,每期 12 万字,由校内师生执笔,纸张从第一卷的新闻纸改用白道林纸,开本不变仍为 32 开,内容从 90 多页增加至 180 多页,彩印封面,出现了版权页,每期 1 000 册,每本大洋二角,向校外公开发行,除了上海,分售处远到苏州、南京、芜湖、天津、北京等地,甚至海内外的代理处也有出现,分别是新加坡、美国及法国。由于发行扩大,资金需求相应增大,赵家璧请教了工商管理的商科老师,听其建议,不再局限于校内,分别向同学家长所办工商业或挂牌行医者兜揽广告,以资弥补。所以第二卷第一期,除了发行者光华附中贸易所、印刷者丰华印刷铸字所之外,广告篇幅大为增加,能看到吴兴昌洋服号、顺泰洋服号、华生罐头食品公司、冠生园食品有限公司、亚细亚照相公司、商务印书馆、李星泉父子牙科医局等各色企业的产品宣传,版权页上有广告价目表,分为甲、乙、丙三种,价钱分别从 6 元到 17 元不等。《晨曦季刊》的广告,各种都有卖出,刊物的受欢迎程度、广告主任赵家璧的努力,都是必不可少的因素。从《晨曦》的发行量、定价、经销处、广告版面等各种表征来看,它已经不是学校自娱自乐的内部性刊物了,所以 1949 年后,上海文艺出版社把它编入《中国现代文学期刊目录》,视之为民国时期的正式刊物。在某种程度上说,《晨曦》是一本成功的刊物。

《晨曦》在第二卷第二期后,突然停止出版,个中原因还是个谜。因为在第二卷第二期末尾的《辑后谈》中,赵家璧还雄心勃勃,要将这本刊物继续往社会推广,把内容办得更为丰富,他最后对未能刊出的稿件表示:“还有很多佳稿,都因为篇幅有限,不能尽量刊载,待下一期出版,我们再择优发表吧。”[6]《晨曦》上发布的谜语也说要待下期发表。以上种种都说明,《晨曦》本来应该有第二卷第三期，但某些不可抗力导致了这本学生杂志的夭折，可能是“四一二”政变，使得政治空气极为紧张，再加上赵家璧在1927年高三之后即将升入大学，所以《晨曦》被迫在第二卷第二期后就停刊了。

赵家璧在这份学校工作中，受益无穷。《晨曦》的印刷成本除自治会经费外，其他所需，由他这个总编辑兼广告主任，亲自上冠生园、商务印书馆等大企业请求赐登广告。这一措施保证了刊物在经济上的收支平衡；校刊的清样，他自己上浙江路华丰印刷所校读；书出版后，他们几个同学一起踏车去市里各分销处送货。无论组织稿件，跑印刷所，看校样，兜揽广告，设计封面全部都是由他负责；最后，到推销时，由老师出面，请全校同学推销校刊，同学则得到赠书一册作为酬劳，向全市有关地点，不管学校、图书馆、书店等，设经销处，通过各层渠道，这本校刊就推向了社会。此外，在改版前的4期中，赵家璧写了六七篇文章，五六万字，改版后的两期，他发表五六篇文章，约3万字。校刊之外，他的文章投向了《小说月报》《学生杂志》和《申报·艺术界》。他为王尔德的《陶林格莱肖像画》写的3万余字读书札记，先发表在校刊《晨曦》，1927年重加整理，投寄给郑振铎主编的《小说月报》，也被录用发表，这是他在社会刊物上发表的第一篇文章。这一系列工作，锻炼了赵家璧编辑所需的文字艺术、人际交往、人员组织、作品鉴别、经济运行等各种能力，为他此后的编辑工作打下了扎实的基础，最重要的是，他发现“眼看手写的文稿，一旦变成铅字，顿时变了样；再印在白纸上，加上一个漂亮的封面，钉成本本，送到众人手中，就被赋予了一种独立的生命，在社会上起着它自己的作用。这个奇妙的过程，大大地吸引了我这个中学生；感到我的一股劲，从此有了使处了”⑦。赵家璧找到了自己的人生目标，《晨曦》作为他漫长的编辑生涯的起点，意义重大。

注释:

① 姜德明:《忆赵家璧先生》,《博览群书》1997 年第 7 期。

② 赵家璧:《编辑忆旧》,中华书局 2008 年版,第 2 页。

③《发刊词》,《晨曦》第 1 卷第 1 期,1926 年 1 月 20 日。

④《编辑余谈》,《晨曦》第 1 卷第 4 期,1926 年 7 月 1 日。

⑤《最后一页》,《晨曦季刊》第 2 卷第 1 期,1926 年 11 月 20 日。

⑥《辑后谈》,《晨曦季刊》第 2 卷第 2 期,1927 年 1 月 20 日。

⑦ 赵家璧:《编辑忆旧》,中华书局 2008 年版,第 2—3 页。

从《华尔腾》到《瓦尔登湖》

——兼谈“晨光世界文学丛书”对美国文学的译介

顾音海

赵家璧主编的“晨光世界文学丛书”中，收有徐迟译梭罗《华尔腾》（*Walden*）。该书初版于1949年，后经修订，改称《瓦尔登湖》，其单行本不断再版、重印。进入21世纪以来，出现了一股重译该书的热潮。据不完全统计，从2000年至2014年，新增译本有30种之多，在翻译史上至为罕见。[①]《瓦尔登湖》不是跌宕起伏的悬疑小说，也不是引人吟诵的诗词名篇，相反，它是一本静谧、孤独甚至有些晦涩的散记。徐迟在《译本序》里说：“你也许最好是先把你的心安静下来，然后你再打开这本书，否则你也许会读不下去，认为它太浓缩，难读，艰深，甚至会觉得它莫名其妙，莫知所云。”[②]原作出版后并未立刻受到应有的注意，仅属于小众类型的读物，梭罗生前也不曾有过殊荣与名望。然而，随着时光流逝，《瓦尔登湖》的影响却日益增加，现已成为美国文学、思想宝库中一本独特而卓越的名著，梭罗本人也成为美国文学界、思想文化界地位崇高的名家。该书在中国的传播、影响和在美国类似，也属于慢热型。就整个美国文学而言，其形成自己特色、在世界范围产生重大影响，虽然晚于英、法等欧洲文学，却是后来居上，另有一功。回顾这段传播历史，我们由衷钦佩当初将美国文学介绍到中国，以及“晨光世界文学丛书”的策划者、译者、编者，包括费正清、郑振铎、赵家璧、徐迟等前辈，正是他们独到甚至超前的眼光，使得中国作家、学者、读者能够接触到除了《黑奴吁天录》之外,美国文学的概貌和精髓,包括诸如梭罗与《瓦尔登湖》这样有关自然生态、人与环境思考的名家名作,并能泽及后世,开花结果。费正清致赵家璧信中曾说:"书比人长寿。"这话用在美国文学在华传播和《瓦尔登湖》上,是特别切合的。

一、原文版本

亨利·大卫·梭罗(Henry David Thoreau, 1817—1862),出生于美国独立战争爆发地、风光秀丽的马萨诸塞州康科德城,家境清贫。自 1837 年从哈佛学院毕业后,他教过书,做过工,当过土地测量员。他深受爱默生影响,立志"走一条在研习自然、体验自然之中探索生活真谛、寻求精神升华的道路"[3]。他为《日晷》杂志写诗和稿子,在康城学院演讲,最后住进爱默生家里,经常与前来的一批同人研讨,支持废奴运动,反对美国和墨西哥的战争。他于 1845 年 3 月,借来斧子等工具,在瓦尔登湖畔的树林里搭建起一座小木屋,在里面居住 2 年多,在此感受、记录与思考,探求人生的真谛。这段看似隐士般的生活,内涵却是入世、积极而向上的。然而在 19 世纪工业化时代的北美,这类行走于湖光山色中的行为,被视作无业者的浪荡闲散生活方式,而并非美德。梭罗的想法无疑与世俗的雄心壮志背道而驰,虽然他坚持自己的四处闲逛并非没有理由,并非对社会没有贡献。梭罗的声誉在第一次世界大战后逐渐提高,他主张过俭朴生活,和大自然建立纯真的交谊以及富有反叛的个人理想,逐渐被理解、认可和宣扬。如果说爱默生是要唤醒美国人,从旧有文化中求得精神上的独立,则梭罗呼吁摆脱旧生活方式的羁绊,求得生活的解放。[4]

梭罗著述不算宏富,也有 20 余种,专门涉及自然环境者 4 种,而生前只有《在康科德河与梅里马克河上的一周》和《瓦尔登湖》2 部著作付印。《瓦尔登湖》初稿写于瓦尔登湖畔,以后不断修改,于 1854 年交付蒂克纳和菲尔兹公司(Ticknor and Fields)出版,此为第 8 稿。虽然这份手稿已佚失,但初版校样尚存,梭罗在上面作了 1 000 多处校改,所以正式出版的《瓦尔登湖》因经过作者的亲自校阅而具有权威性,也成为后世诸多版本的母本,其中虽然还有谬误,但已非常稀少,不影响全书面貌。因此,从原文文本上说,后世各版区别并不大。近年新版中比较著名者,如美国文库(Library of America)1985 年出版的《梭罗集》(Thoreau: A week on the Conrad and Merrimack Rivers, Walden; or Life in the Woods, The Maine Woods, Cape Cod),便是以传世第 1 版为底本,参考了梭罗本人收藏的初印本,修改了梭罗亲笔订正的几处排字错误及其他传世本子中疏忽、删节之处。[5]

原书后世版本之不同,主要不在作者原文,而在于注释、介绍和插图。注释比较完备者,如耶鲁大学 2004 年出版之杰弗里·S.克莱默(Jeffrey S.Cramer)主编的版本,称"全注疏本"(A Fully Annotated)。介绍部分,主要见于序跋,有的有较长的引言,对于作者及研究状况详加介绍。插图分摄影及版画两种,摄影基本以瓦尔登湖景色、梭罗遗迹为主,近者如 2012 年出的纪念版,收录斯格特·米勒(Scot Miller)彩色摄影若干幅(Walden: 150th Anniversary Illustrated Edition of the American Classic, Mary McCarthy, Houghton Mifflin Harcourt 2012)。版画插图,最具代表性者,为著名的 the Heritage Press 出版社 1981 年出版,托马斯·纳森(Thomas Nason)木刻插图版。

二、中　译　本

中译本以原文底本之不同姑且分作几种。

(一) 徐迟译本

这是首部中译本。第 1 版书名《华尔腾》,即"晨光世界文学丛书"之一,1949 年 3 月初版,繁体,竖排,原文底本为纽约现代文库(The Modern Library)1937年版,无译者序跋。

徐迟初译修订盗印本,20世纪50年代印行,署名“吴明实译”(谐音“无名氏”),在香港达6版。又见台湾英文杂志社1983年版,名《湖滨散记》。

徐迟校译本,即第2版。改译书名为《瓦尔登湖》,简体横排,参考了香港吴明实版,并再作全文校订,有《译后记》但未署年月,上海译文出版社1982年8月版,印1.3万册。

徐迟序跋本,实际原文依旧,仅增加译者重新撰写的近1万字《译本序》,但未署时间,这是译者为本书撰写的最后一篇回忆,也是生前最后撰写的长文。连同《译后记》,同时收入上海译文出版社《外国文学名著丛书》(所谓“网格版”)中,1993年出版,印行精装本1 000册,平装本3 000册。

此后,上海译文出版社多次再版,只是《译本序》与《译后记》未必同时收录。除该社之外,徐译本又见吉林人民出版社(1997)、吉林大学出版社(2009)、中国国际广播出版社(2010)、外文出版社(2014)、中国宇航出版社(2016)等版本。

(二)杜先菊译本

即据上述耶鲁大学“全注疏本”译出。华东师范大学出版社2015年版。整理者是瓦尔登森林中梭罗研究所、梭罗学社、爱默生学社档案资料藏品的管理者,所编辑的有关爱默生、梭罗的资料曾获得美国国家级图书奖。译者是定居波士顿的学者,所居距瓦尔登湖咫尺之遥。这个译本,又见人民文学出版社版。

(三)仲泽译本

译林出版社2018年版。称“纪念版”,未注明原文版别,但采用斯格特·米勒(Scot Miller)彩色摄影,与Mary McCarthy编,Houghton Mifflin Harcourt 2012年版摄影人相同,原文可能即以此版为底本。

(四)王家湘译本

根据《诺顿美国文学选集》1979年版译出。这个底本是1854

年初版,“经专家学者根据梭罗本人在书上所作的订正校订后的版本”。译文中同时翻译了原本中的许多注释。北京十月文艺出版社 2009 年版(2016 年第 34 次印刷)。

(五) 许崇信、林本椿译本

即上述美国文库版的中译本,书名《梭罗集》,将作者有关自然环境的 4 种著作——《在康科德河与梅里马克河上的一周》《缅因森林》《科德角》与《瓦尔登湖》一并收入,生活 · 读书 · 新知三联书店 1996 年版。近见译林出版社 2017 年出版此译本的《瓦尔登湖》单行本。

其余各版中,出版名企商务印书馆 2016 年有王光林译本,列入《经典名著大家名译》丛书,未注明原文版别,系导读、注解、赏析本。中华书局 2017 年有李家真译注本。人民文学出版社 2015 年有苏福忠译本。作家出版社 2015 年有潘庆舲译本(原上海社会科学院出版社 2007 年译本)。台湾远景出版公司 1982 年有孟祥森译本,书名《华尔腾——湖滨散记》;又台湾志文出版社 1984 年有孔繁云译本,书名《湖滨散记——华尔腾湖畔》,底本均不详。节选本中,最著名的是夏济安译的第 12 章《禽兽为邻》,收在《美国散文选》里,香港今日世界社 1958 年版,上海译文出版社、复旦大学出版社有英汉对照本。其他译本不一一列举。

三、丛书翻译与出版

赵家璧在 1980 年曾发表《出版〈美国文学丛书〉的前前后后——回忆一套标志中美文化交流的丛书》长文,对整个事件叙述颇详[⑥];而此前,参与其事的冯亦代发表了《〈美国文学丛书〉的始末》[⑦],二文所述《美国文学丛书》均指“晨光世界文学丛书”,当初设想以美国文学为发端,计划出版整个世界文学的选读本,故有此书名。

中美合作翻译出版美国文学丛书,将美国文学介绍到中国,最初设想出自时任美国驻华大使馆文化参赞的费正清。费正清于1945年10月—1946年7月在中国度过了9个月,参与建立并领导了美国新闻处中国分部的工作。他对此事回忆道:“在上海,我很期待美国新闻处能够为中国的读者翻译英文作品。……在此过程中,我得到了权威学者郑振铎的帮助,给予冯亦代鼓励和支持,……我们还聘请了赵家璧、徐迟等人,但在我离开之前,还未取得任何成果。”[⑧]在重庆时,费正清曾和龚澎、徐迟诸人就选择哪些作家和作品谈过几次,并拿出2本美国现代文学史专著:卡静的《现代美国文艺思潮》(A Kazin: *On Native Ground*)和勃洛克斯的《新英格兰的繁荣》(Van Wyck Brooks: *The Flowering of New England*),作为了解美国文学的资料。抗战胜利,文人重聚上海,再度提起实施丛书编译计划,由郑振铎作为中方主持人,徐迟、郑安娜先后为联络员。费正清回哈佛大学做教授前曾向徐迟、冯亦代等表示,希望早日翻译出版。美方留下费慰梅、耿美丽和康纳斯负责联络。1947年春,中华全国文艺协会正式启动翻译,上海分会由郑振铎负责,北平分会由马彦祥负责,下设编委会,除了郑、马二位负责人,尚有夏衍、钱锺书、冯亦代、黄佐临、李健吾、王辛笛、徐迟、焦菊隐、朱葆光。在沪人员于静安寺庙弄郑振铎家里举行过两次碰头会。而徐迟自己经常去郑家。第二次碰头会上定好了选题、译者,一时俊彦云集,小说、散文、诗歌、戏剧、理论皆备。选目共20种,包括:文学史即理论方面,起纵览作用,有冯亦代译《现代美国文艺思潮》;小说方面最为壮观,有3部长篇,1部中篇,5部短篇集,包括朱葆光译德莱塞《珍妮小传》,毕树棠译马克·吐温《密西西比河上》,马彦祥译海明威《在我们的时代里》《康波勒托》《没有女人的男人》,吴岩译安特生《温斯堡·俄亥俄》,焦菊隐译爱伦坡《海上历险记》和《爱伦坡故事集》,罗稷南译美国短篇小说合集;诗歌方面,有楚图南译惠特曼《草叶集》,荒芜、朱葆光合译《朗费罗诗选》,袁水拍译美国诗歌集;剧本4种,有洪深译萨洛扬《人生一世》,荒芜译奥尼尔《悲悼》,陈麟瑞译勃尔门《传记》,张骏祥译休伍特《林肯在伊利诺州》;散文1种,即徐迟译《华尔腾》。

项目推进到编辑出版环节,已经是1947年秋。郑振铎邀赵家璧来家,拿出丛书目录和译者名单,说美方同意由晨光公司出版。此20部著作达四五百万字,至1948年冬,共拿到译稿17部,计划中毕树棠译《密西西比河上》需推迟数月交稿。1949年1月郑振铎赴香港前又与赵家璧长谈此事,赵家璧说想以《晨光世界文学丛书》第一批——“美国文学之部”名称出版,郑振铎同意了,并要求在出版时予以说明。后来在出版时,赵家璧在《出版者言》里写道:“《晨光世界文学丛书》的计划拟议时,知道中华全国文艺协会上海分会和北平分会与美国国务院及美国新闻处合作,已编译好了一套美国文学丛书,约五百万言,计十八种。我们便和文协负责人郑振铎、马彦祥两先生接洽,经获得同意后,由本公司出版发行,同时就编入《晨光世界文学丛书》作为第一批新书。”⑨这套丛书终于在数月内的倥偬岁月中出版。由法国归来的画家庞薰琹设计封面,其中精装本书名烫金,仿皮面,在当时属于规格很高的出版物。

赵家璧回忆,时隔7个月后的1949年8月,他赴北平,将全套精装本样书送到从香港归来的郑振铎手上,当郑振铎“看到他曾化了极大心血主编的《美国文学丛书》已整整齐齐地放在他的写字台上时,他那粗壮有力的手把我的手紧紧地握着,高兴得久久说不出话来”⑩。而费正清得知丛书出版的消息,是在30年之后,他和赵家璧有了书信往来。为编译这套丛书,中美文化人士所付出的劳动,已构成了一种永恒的记忆。⑪

四、传播与影响

美国文学因其特定的因素,对中国文学和社会的影响,虽然整体上不如英、法、日、苏俄等国文学那样早而系统,但局部的冲击力、渐强式的传播特色非常鲜明。20世纪,由于美国的迅速发展,美国文学逐渐成为西方文化中的重要组成。中国读者、文学界对美国文学的接受或研究、创作借鉴比较集中，从《黑奴吁天录》到马克·吐温、杰克·伦敦、爱伦·坡、福克纳、海明威、赛珍珠、霍桑等，形成了滥觞期、沉默期到繁荣期的发展轨迹。[12]而这一切，都离不开翻译、编辑出版；而在此过程中，兼长翻译、研究、编辑、出版的大家凤毛麟角，赵家璧便是其中重要一员。

赵家璧对于美国文学情有独钟。他在1934年发表《美国小说之成长》，认为美国新文学摆脱了英国的旧传统而独立发展，与中国新文学突破几千年来旧传统的束缚有相似之处，可以为中国新文学的发展做借鉴。他又翻译出版《今日欧美小说之动向》，这是从1934年英国《双周评论》杂志上翻译过来的系列文章，应该说是非常及时而新鲜的资料。在文学作品方面，他翻译了安德森的《冒险》《纸团》《成熟》3个短篇，又翻译了稍长篇幅的斯坦贝克的《月亮下去了》，收入“美国文学丛书”中。因此晨光公司接手“美国文学丛书”的出版不是偶然的，是有着多种考虑和深远意义的。[13]

赵家璧将“美国文学丛书”纳入“晨光世界文学丛书”出版时，费正清尚不知情，二人没有机会谋面商议，美方是展现（不是刻意传播和推销），中方是接纳、消化与借鉴。费正清无论作为文化参赞的外交官身份，或是主持美国新闻处在华工作，其对华文化工作的整体意图、思路很明晰。他在名为“美国新闻处在中国的目标”的第20号通函中，就工作主旨提出了几点个人看法，其中有：“既要增进理解，又要注重行动。‘我们希望提供美国人面对困难并克服困难的一些实际经验，以此鼓励中国人直面并克服他们自身的问题。’……实事求是而非巧妙推销。‘展现一幅完整而真实的美国风貌，而不会人为淡化经历中的困难、问题和失败。……保持实事求是的另一个原因在于，我们要为独立行动提供可靠的思想基础。’”[14]

“晨光世界文学丛书”诞生于战争年代,成本高,印数少,当时除了专业学术圈,影响并不大。其后续又出版了 1 种美国作品、3 种苏联作品,也就停止了。但这并不意味着对于美国文学、世界文学的译介停止了。1949 年以后,出版机构重新组合,外国文学研究、教学机构或新设或整合,出版成果还是可观的。美国文学译介一脉,在 20 世纪 80 年代以后,进入了厚积薄发的新时期。在人力、经验、传授等积累上,与前期的努力是密不可分的。

《瓦尔登湖》的译介是文化个案,信息量大,涉及面广,近年来有关研究也不断跟进。有专门研究其翻译技巧、翻译观点的,或从多元文化系统视野、不同译本互文还原角度,从顺应论角度分析译文选择;也有从接受角度看翻译原则,或者从生态散文的语言特征角度作分析,甚至通过该书分析梭罗宗教观的,纵论梭罗与中国文化关系的……不一而足,远远超出翻译和文学的范畴。但万变不离其宗,追根寻源,徐迟的初译,丛书的出版,文学的传播与交流,已经构成中美文化交流史上的一桩美谈。

注释:

① 吴蒙:《〈瓦尔登湖〉中译本研究述评》,《湖北第二师范学院学报》2015 年第 9 期。

② 徐迟译:《瓦尔登湖》,上海译文出版社 1993 年版,第 1 页。

③ 程虹:《宁静无价——英美自然文学散论》,上海人民出版社 2015 年版,第 62 页。

④ 程虹:《宁静无价——英美自然文学散论》,第 68 页。

⑤ [美]罗伯特·塞尔编,陈凯、许崇信等译:《梭罗集》(下)《文本注释》,第 1168、1169 页,生活·读书·新知三联书店 1996 年版。

⑥⑩ 见《读书》1980 年第 5 期。

⑦ 见《新华月报》(文摘版)1979 年第 2 期。

⑧ [美]费正清著,阎亚婷等译:《费正清中国回忆录》,中信出版集团 2017 年版,第 354 页。

⑨ 徐迟译:《华尔腾》,晨光出版公司 1949 年版,第 1 页。

⑪ 赵家璧:《书比人长寿——费正清博士从美国来的一封信》,《书林》1985 年第 2 期。

⑫ 张国庆:《中国现当代文学与美国文学翻译》,《江汉论坛》2009 年第 11 期。

⑬ 姚君伟:《赵家璧与美国文学在中国的出版和译介》,《新文学史料》2011 年第 2 期。

⑭ [美]费正清著,阎亚婷等译:《费正清中国回忆录》,第 347 页。

从几件鲁迅手稿谈到赵家璧出版的《母亲》

月　绒

2018年是赵家璧先生诞辰110周年，赵家璧是我国近现代编辑出版史上著名编辑家、出版家。在长达60多年的编辑写作生涯当中，他开创性地编辑出版了一系列的丛书，在中国现代文坛上形成自己独特的风格，为中国现代出版事业的发展做出了巨大的贡献。《良友文学丛书》就是其中影响最大的丛书之一。该丛书汇集了当时中国一流作家的文学作品，赢得广大读者的喜爱。鲁迅把最新翻译的《新俄作家二十人集》交给赵家璧，作为这套丛书的开篇之作，成为赵家璧毕生难忘的记忆。在《编辑忆旧》一书中，赵家璧撰写回忆文章——《鲁迅为〈良友文学丛书〉开了路》，表达对鲁迅的感激之情。也正是由于编辑这套丛书，赵家璧开始与鲁迅的交往。

《良友文学丛书》中有一本根据丁玲未完成手稿出版的小说《母亲》。当时作者丁玲还不知所终，出版后的《母亲》却产生轰动效果，成为赵家璧编辑生涯中绝无仅有的一次。那么，赵家璧为何要出版这样一部未完成的书稿？笔者最近在阅读了几件鲁迅手稿后，了解其背后的故事，触摸到这段历史，感慨良多。以下就这几件鲁迅手稿为出发点，来翻开这段远去的历史。

一、1933年6月26日鲁迅致王志之信

王志之（1905—1990）笔名楚囚、含沙等，化名思远，日记又作

识之,四川眉山人,作家。鲁迅在1932年回北平探望母亲时,王志之等3位学生代表北平师范大学来邀请鲁迅演讲,从此与鲁迅结下不解之缘。在鲁迅支持下,王志之与谷万川等一起创办《文学杂志》,并加入北方"左联",所著短篇小说集《落花集》曾经鲁迅校订发表。他与鲁迅经常通信,保持联系。1933年6月26日鲁迅致王志之信就是诸多通信中的一封。该信中有一段话:"……丁事的抗议,是不中用的,当局那里会分心于抗议。现在她的生死还不详。其实,在上海,失踪的人是常有的,只因为无名,所以无人提起。杨杏佛也是热心救丁的人之一,但竟遭了暗杀,我想,这事也必以模胡了之的,什么明令缉凶之类,都是骗人的勾当。听说要用同样办法处置的人还有十四个。"①"丁事的抗议"是指当时上海、北平报刊登载蔡元培等38人为抗议国民党逮捕丁玲、潘梓年致南京政府电,以及文化界丁潘营救会发表的宣言等。丁玲(1904—1986),原名蒋冰之,湖南临澧人,著名女作家,"左联"成员,《北斗》主编。《莎菲女士的日记》使她一举成名,她还著有《梦珂》《在黑暗中》以及中篇小说《水》《太阳照在桑干河上》等。1933年5月14日中午一时左右,一群国民党特务在叛徒马绍武的带领下,闯进昆山花园路公共租界丁玲的住处,绑架了丁玲与来访的潘梓年,接着来访的应修人中了敌人埋伏,争斗中坠楼牺牲。这时,丁玲已是一位在国内外颇有影响的人物,她不仅是众所瞩目的著名女作家,而且是"左联"的党团书记。她的被捕,在上海滩上激起了轩然大波,也给左翼文坛造成了巨大的震动。

按照当时的规定,中国当局不得在外国租界捕人,必须由外国巡捕房拘捕后引渡,否则属于绑架,是违法的。丁玲的被捕就属于这种违法的秘密绑架,因此,事后有关当局封锁消息,上海的中文报纸得不到确切消息,都没有及时报道。直到5月17日,美籍人士办的英文报刊《大美晚报》才第一次作了披露。丁玲被捕后,上海党组织立即开展营救活动,决定由中国民权保障同盟出面,组织

“丁潘营救委员会”。楼适夷代表“左联”参加了这个组织。委员会曾举行记者招待会，宣布向国民党要人，还请外国进步记者伊罗生和史沫特莱发消息给上海的外文报纸与外国进步刊物，揭露国民党的罪行。5月23日，《申报》和其他报纸都刊登了蔡元培、杨杏佛等38人联名发给南京国民政府营救丁、潘的电文。随后还发表了《文化界营救丁、潘宣言》。6月15日，《时事新报》记者访问了蔡和杨，杨杏佛就营救丁、潘的问题发表了谈话。同日，上海各报都在显著位置登载了一条新闻，特务马绍武被我地下工作者击毙街头。《大美晚报》(中文版)还介绍了马的身份与被击过程。一位读者用电话向报馆揭发，5月14日中午，停在丁玲住处门口的汽车号码，和马被击毙时所乘汽车的号码相同，这也间接证明了绑架丁玲就是马所为。马绍武的毙命，对国民党是一个打击。特务恼羞成怒，决定对民权保障同盟下毒手，施以报复。他们首先拿营救丁、潘最力的杨杏佛(民权保障同盟执行委员兼总干事)开刀。3天后，竟然在光天化日之下，将其惨杀于汽车中。

鲁迅经历过北洋政府对学生运动的镇压、对李大钊的残酷杀害、国民党的“四一二”大屠杀等，因此，对于当局的残暴本性早有认识，尤其是杨杏佛的被害，使鲁迅保持高度的警惕性。尽管，鲁迅也积极参与营救活动，但对抗议一类的事并不寄予大的希望。因此，鲁迅在信中表示抗议之事是“不中用”的，表现了鲁迅丰富的斗争经验。同时，在信中，“……听说要用同样办法处置的人还有十四个。……”这段话分明表示鲁迅非常清楚自己已被列入暗杀名单，但却毫无畏惧，抱着宁死的决心，毅然出席各种活动，包括参加杨杏佛的追悼会。

二、1934年1月22日鲁迅致赵家璧信

在这封信中鲁迅写道：“家璧先生：顷查得丁玲的母亲的通信地址，是‘湖南常德、忠靖庙街六号、蒋慕唐老太太’，如来信地址，

与此无异,那就不是别人假冒的。但又闻她的周围,穷本家甚多,款项一到,顷刻即被分尽,所以最好是先寄一百来元,待回信到后,再行续寄为妥也。专此布达,即请著安。迅　顿首　一月二十二日”[②]信中“款项”是指丁玲的《母亲》一书版税。那时《母亲》的作者丁玲已经被捕,如何会将其出版呢?鲁迅怎么会致信赵家璧,谈如何寄送版税事宜呢?

早在1932年,丁玲与赵家璧就有联系,丁玲将所著的小说《法网》交给赵家璧编入《一角丛书》,受到读者的欢迎,在赵家璧心目中,丁玲已然成为今后编书约稿的最佳人选之一。因此两人逐渐熟悉起来。当赵家璧获悉丁玲有长篇小说《母亲》的写作计划时,便向她约稿作为《良友文学丛书》之一,丁玲很快就答应了,并将此长篇小说分为三部曲:第一部写她母亲从大家庭走出来完成学业;第二部写她母亲从事教育后的一些建树,直到1927年;第三部写她母亲在大革命失败后,对革命的缅怀和向往,以及女婿胡也频牺牲后又如何抚育第三代。对于这部小说创作思想,丁玲经常向“左联”同志提起,这缘于她从小生活在一个衰败而又分化的封建大家庭,她所见到她母亲如何勇敢地从这样一个家庭走出来,成为了一位革命女性,从而影响了她的一生。一开始非常顺利,丁玲每写完一章就把稿子交给赵家璧,直到1933年4月中旬,已经有四章约8万字,原来计划再写二三万字即可完成,没有想到,5月14日,丁玲在寓所被国民党特务绑架而失踪。一时在上海进步舆论界兴起一股抗议热潮,然而,国民党当局矢口否认逮捕丁玲,对丁玲采取不杀、不审、不放的卑鄙手段,以致营救工作异常艰难。赵家璧不知何年何月作者才能继续把小说写完,于是暂时把这卷未完成的手稿放进存稿柜的最后一格,等待丁玲出狱,完成余下手稿。

鲁迅对于敌人的残暴本性早有认识,因而对进步团体进行抗议一类的事并不寄予太大的期望,上一节提到的鲁迅那封信正是在这样的背景下写的。当丁玲被捕后的第3天，鲁迅即托郑伯奇带口信给赵家璧，“建议把丁玲的那部未完成长篇立刻付排，书出得越快越好。出版时要在各大报上大登广告，大肆宣传，这也是对国民党反动派的一种斗争方式”[③]，给以国民党当局压力。体现鲁迅丰富的斗争经验和有针对性的斗争策略。对鲁迅的建议，赵家璧没有丝毫犹豫，他不顾自己个人、家庭的安危，为了正义，为了朋友，马上进行出版的准备工作。他特意把原稿重读一遍，又进行校对，亲自在书末写了400字的《编者言》作为交代本书的来龙去脉及未能完稿的特殊原因。于是，赵家璧于5月20日将书稿发排，6月27日出书，此书从编辑到发行，前后只用了1个月零10天，出版速度之快，在中国出版史上罕见。在6月25日的《时事新报》和6月27日的《申报》上，还刊登印有丁玲照片的《母亲》一书出版的大幅广告，并特别注明6月28日早晨，在良友图书公司北四川路门市部先发售作者亲笔签名本100册，售价不变。由于广大市民刚知道丁玲被绑架失踪的消息，对丁玲著作的出版并出售作者签名本，自然产生了很大兴趣。这天上午9点，书店铁门一拉开，读者蜂拥而入，签名本被一抢而光，也带动了非签名本的销售，售出很多。面对如此局面，国民党当局非常尴尬，一方面否认秘密逮捕丁玲；另一方面指使流氓到售书现场捣乱，企图阻挠《母亲》的发售。他们装扮成购书读者，一到现场就高声咒骂：“这种签名本完全是假的，大家都知道丁玲早已失踪被捕，你们的书刚刚印出，她那里会来在你们新出的书上签字。你们骗人！”[④]但当赵家璧等拿出丁玲预先签好字的签名纸时，这两个人登时傻了眼，只得灰溜溜地走了。原来，赵家璧和作者签订约稿时，就交给作者100张有编号的空白签名纸，签好后先交书店保存，一待书籍印刷装订时，就把这100张纸作为书的里封衬页，裱在100册布面精装封面的背后，这样就成了作者签名本，这也得益于赵家璧勤奋好学，吸收引进国外的一种书籍营销出版手段，取得很好效果。果然，《母亲》出版后，尽管是未完稿小说，但立刻成为《良友文学丛书》中最畅销的书，第 1 版印 4 000 册，1 个月销光，10 月和 12 月又各再版 2 000 册，创业界奇迹。年底结算作者的版税，为数非常可观。但由于作者丁玲失踪不能联系，这笔钱如何处理却难倒了赵家璧。1934 年 1 月 22 日鲁迅致赵家璧信，说明鲁迅已帮助赵家璧解决了这个棘手问题。据赵家璧后来回忆，1934 年 1 月 15 日下午，鲁迅冒雪到良友图书公司交《一天的工作》附记稿子，赵家璧就向鲁迅诉说关于《母亲》版税支付的难题，对丁玲亲戚们闻说有版税，都纷纷从湖南老家来函要求汇款，难辨其真伪。一周后（也就是 1 月 22 日），鲁迅就寄了这封信，在信中鲁迅不仅把打听到的丁玲母亲通信地址姓名打听清楚告诉赵家璧，而且仔细叮嘱"如来信地址，与此无异，那就不是别人假冒的"。同时，为谨慎起见，鲁迅还建议"最好是先寄一百来元，待回信到后，再行续寄为妥"。从这封鲁迅亲笔信件的字里行间，可真切地感受到鲁迅丰富的社会经验和对丁玲的关怀备至，他替丁玲母亲的生活设想得如此体贴周到，令人感动。

三、鲁迅手书"悼丁君"

从丁玲被捕到杨杏佛遇害，鲁迅一直处于极度的悲愤之中，尤其是杨的被害，引起鲁迅对丁玲更深的担忧和关切。自丁玲被捕，特别是 6 月下旬以后，有关她的消息常见于报纸杂志，真真假假，难以辨明。一方面，由于流传丁玲已遇害，北京各界为她召开了追悼会，《文学杂志》《文艺月报》等刊物上发表了悼文、悼诗，对丁玲作了很高的评价，上海的《文学》《现代》等杂志，也登载了丁玲的照片、手迹和要求为她出纪念专号的读者来信；另一方面，国民党当局和某些黄色小报，则造出种种卑劣下流的谣言，蛊惑视听。

丁玲被捕之所以引起各方如此关注，是由于她的文学作品对革命文学的贡献，受到了左翼文坛的高度重视，她的文学才华得到鲁迅的高度评价，也引起了国际文化界人士的注意。各报纸杂志发表了许多文章评介她的作品，鲁达不止一次地对人谈过，“茅盾、丁玲”是中国“较好的作家”[5]，丁玲“有写的才分”[6]。在鲁迅推荐下，美国进步女作家史沫特莱多次采访丁玲，斯诺和他的前妻、作家韦尔斯在自己的著作中认为，现实主义的左翼文学是“迄今在现代中国文学上出现的最有前途”的文学，“茅盾和丁玲女士是这一新写实运动突然崛起的领导人”[7]。因此，鲁迅时刻关注丁玲的消息，由于前年已经发生了“左联”五位年轻作家的被捕遇害、杨杏佛的突遭暗杀等事件，再加上社会上盛传丁玲被杀害，鲁迅也对丁玲已经遇害的传言深信不疑，而对敌人的恶言中伤进行严厉的抨击。在6月30日《我的种痘》和7月20日《伪自由书·后记》中，对丁玲事件都有提及。特别在8月1日致《科学新闻》编辑先生的信里，作了明确的表态。他说：“关于丁玲，毫无消息，据我看，是已经被害的了，而有些刊物还造出许多关于她的谣言，真是畜生不如也。”[8]痛惜、情怒和鄙夷之情溢于言表。经过紧张的编辑工作，《母亲》很快出版，6月27日，赵家璧送来丁玲的《母亲》亲笔签名本给鲁迅。1933年6月27日《鲁迅日记》：“得赵家璧信并再版的《竖琴》及《一天的工作》各一本，《母亲》（作者署名本）一本。下午及夏莱蒂来。”[9]平时赵家璧赠鲁迅书一般都不赠签名本，但这次意义特殊，所以，寄送了作者的签名本。鲁迅还把这签名本列入这一年的书账中，作为纪念。

也许鲁迅见到这本丁玲的签名书，再一次触景生情，在第二天的日记里写下了怀念丁玲的诗：“如磐遥夜拥重楼，剪柳春风导九秋。湘瑟凝尘清怨绝，可怜无女耀高丘。”[10]这里鲁迅引用屈原《楚辞·离骚》中“忽反顾以流涕兮，哀高丘之无女”作典，写的这首诗，寄托鲁迅对于丁玲的悲悼和思念，为中国文坛失去这样一位有才华的女作家感到惋惜。也许是因为鲁迅深受“丁玲事件”的刺激，这首诗曾被鲁迅多次题送。其中有一幅是郁达夫受杭州好友之托专程从杭州赶到上海请鲁迅题字时所书，这首“悼丁君”条幅高65厘米，宽40厘米，题款“陶轩先生教正”和署款“鲁迅”，并钤“鲁迅”白文方印，通篇结构严谨，笔法朴质而浑厚。后来辗转被一位热爱鲁迅的老干部曹漫之收藏，因此，在这幅字的右下角钤上“胶东曹漫之印”的白文收藏印，又曾被著名书法家沈尹默借去半个月挂在床头欣赏，称这幅字是鲁迅生平写得最好的字。后被上海鲁迅纪念馆获悉征集收藏。为了伸张正义，给那些对丁玲的谣言以还击，鲁迅一反惯例，于1933年9月21日在致曹聚仁的信中附上《悼丁君》，要求发表。这样，该诗便出现在当月30日出版的《涛声》第2卷第38期上。发表的诗稿上有三处改动：“遥夜”改“夜气”，“拥”改“压”，“湘”改“瑶”。由这幅鲁迅手迹的影印件可看出，全诗题作二行，竖写，诗前冠有诗题，诗题下有署名，诗行中使用了标点，这些在现存的鲁迅诗稿中都是仅见的。这首诗也被作者冠以“悼丁君”为题。鲁迅逝世时，丁玲正在奔赴苏区停留西安的路途上，得知此噩耗，丁玲难以遏制内心悲痛心情，以鲁迅“悼丁君”最后一句“耀高邱(丘)”为署名，致函吊唁。这个化名表达丁玲对鲁迅深深的怀念之情和对不能在鲁迅最后病重期间乃至去世时去见一面的深深遗憾。

《母亲》的总体创作风格从容淡定，清丽俊逸，却表现了“‘前一代女性’怎样艰苦地在‘寂寞中挣扎’”![11]小说写作那种精雕细琢的匠心和灵活多样的笔法，显示了丁玲在创作道路上艺术的自我提升和进入一个新境界。它是一个时代真实的缩影，被茅盾誉为“纪念碑”[12]，它填补了中国现代文学史上这类题材的空白。鲁迅的建议出版和赵家璧尽心筹划，使得《母亲》得以面世，创造了出版史上的一个奇迹。以上几件鲁迅手稿，为我们真实地呈现了那段历史的片段，读来使人仿佛又回到了那个年代。

注释:

①《鲁迅全集》第十二卷,人民文学出版社 2005 年版,第 410 页。

②《鲁迅全集》第十三卷,人民文学出版社 2005 年版,第 15 页。

③ 丁玲:《母亲》,人民文学出版社 1980 年版,第 117 页。

④《赵家璧文集》第 1 卷,上海文艺出版社 2008 年版,第 217 页。

⑤《在上海野风画会的演讲》(1932 年 12 月 21 日)(据陈广《记鲁迅先生的一次谈话》,《解放军文艺》1957 年第 1 期摘录),《鲁迅佚文全集》(下),群言出版社 2001 年版,第 798 页。

⑥ 冯雪峰:《回忆鲁迅》,上海鲁迅纪念馆编《回忆鲁迅在上海》,上海书店出版社 2017 年版,第 133 页。

⑦ [美]尼姆·韦尔斯:《附录一"现代中国文学运动"》,载《活的中国》,湖南人民出版社 1983 年版,第 350 页。

⑧《鲁迅全集》第十二卷,人民文学出版社 2005 年版,第 429 页。

⑨⑩《鲁迅全集》第十六卷,人民文学出版社 2005 年版,第 384 页。

⑪⑫ 茅盾:《丁玲的〈母亲〉》,《茅盾论创作》,上海文艺出版社 1980 年版,第 224 页。

先进文化的传承

——鲁迅与赵家璧及其他

北　海

这些天在翻阅上海鲁迅纪念馆编辑的《赵家璧先生纪念集》，看到王锡荣回忆文章中谈到《上海鲁迅研究》的相关内容："1981年底……我刚到职，就接编了鲁迅纪念馆的馆刊《纪念与研究》，虽然我在参加《鲁迅全集》注释过程中与编辑出版工作有所接触，但基本上还是个门外汉，很多东西要从头学起。于是，赵家璧先生就成了我的业务指导。他教给我怎样构思编辑选题，怎样写编辑大纲，怎样组稿，怎样裁剪，甚至校改符号，他都一一辅导，以他这样一位三十年代的老编辑来作我的高级教练，我的编辑工作自然进步比较快。"① 上海鲁迅纪念馆编的《上海鲁迅研究》，在公开出版前的名字即为《纪念与研究》，据王锡荣这篇纪念文章，《上海鲁迅研究》这一书名也是由他和赵家璧先生一起商定的。

仅仅从以上的回忆来看，赵家璧对上海鲁迅纪念馆的事业不仅仅是捐赠包括极其珍贵的鲁迅及许广平等49封书信以及朝华文库·赵家璧专库在内的文物，更为重要的是将鲁迅及20世纪30年代左翼文化直接传授给上海鲁迅纪念馆职工。②

赵家璧是中国现代出版史上的少年奇才，他在读中学期间就参与编辑出版学生自治会的会刊《晨曦》。进入大学后，因他的期刊计划书被良友公司经理伍联德接受并实施，从而兼职良友公司，创办并主编面向大学生的刊物《中国学生》。大学毕业后，他便进入良友公司任文艺编辑。尽管如此，当时的赵家璧还未真正进入上海的文艺界，认识的作家寥寥可数，尤其是跟左翼文艺阵营的作家毫无联系。

赵家璧在他的编辑生涯中，能够遇到多位对他产生重大影响的名作家，应是托缘于他对这份职业的文化理想。他并不想做一个平凡的编辑人，而是意图在当时蓬勃发展的中国出版业中有所作为。他在结束《中国学生》的编辑工作之后，就参照国外出版范例，创编《一角丛书》，即以低廉的价格为读者提供高质量的阅读服务。创编《一角丛书》给赵家璧的编辑生涯打开了新世界。要编好这套丛书，首先要有好作者，但除了同学穆时英等寥寥几位外，他与其他作者几乎没有接触，与左翼作者更是无缘。在这个时候他的同乡施蛰存给予了“开创式”的帮助。赵家璧在回忆他创编《一角丛书》时说：“我开始计划编辑丛书时，施蛰存为我出了许多点子，也给了我很大鼓励。在我编辑生涯中，蛰存是第一个提携我的作家。……他不但为我此后编的丛书提供他自己的小说集，也为我介绍了许多著名的作家，我记得巴金的第一部作品就是通过他组到的。”[③]继施蛰存之后，对赵家璧编辑生涯具有重大影响的是郑伯奇，赵家璧在多篇回忆文章中从不同的角度提到郑伯奇，其中在《记郑伯奇在良友图书公司》一文，他回忆道：

> 正当我在思想上苦恼、事业上束手无策的时刻，郑伯奇同志来到我的身边，正好成为我前进道路上的指路人。他比我年长十三岁，谦虚坦率，平易近人，完全是一位忠厚长者。自从我知道他的来历以后，他对我推心置腹，无话不谈。此后几年，我在编辑计划上有些什么想法，总是先向他请教；我自己写好了什么文章，总是先请他过目修改。对于我的编辑计划，他总是站在我的背后支持我，循循善诱，却从不强加于人。他真是我的良师益友。也在他的教诲下，我开始读了一些过去

不知道或是虽然知道却不愿花功夫去认真阅读的革命书籍，逐渐懂得了一点革命的道理。同时通过他的关系，认识了许多“文总”“左联”“社联”和其他进步作家。我的组稿对象一下子大大地开阔了，既充实了《一角丛书》的内容，又为以后编辑的各套文艺丛书打下了基础。对我来说，伯奇来后，一个崭新的活跃的组稿局面打开了，我作为编辑的活动天地扩大了。不久，在上海的进步出版界阵营中，便出现了“良友公司”这样一支引人注目的新军。④

郑伯奇不仅使赵家璧的编辑生涯与中国社会发展、中国进步文化的发展紧密地联系起来，而且使赵家璧所供职的良友公司成为主流出版机构。

在《一角丛书》获得成功之后，赵家璧又策划“全部收新创作”的《良友文学丛书》。在实施这个编辑计划之初，郑伯奇又给赵家璧重要的帮助——在郑伯奇的介绍下，赵家璧见到了对他以后人生产生深刻影响的鲁迅：

考虑到组稿对象时，第一个想到的作者，当然是最受读者爱戴、左翼作家联盟的旗手鲁迅先生了。但像良友这样商业气息浓厚，一贯以出版画报、画册为专业的书店，是否能争取到鲁迅的文稿呢？我很怀疑。当我和郑伯奇商量时，他热诚地鼓励我不妨去一试，并自愿尽介绍之责。当时鲁迅生活在白色恐怖下，经常受到国民党特务的监视，住处是保密的，平时轻易不接见生客。我在伯奇陪同下，于九月初一个秋高气爽的下午，第一次去谒见鲁迅先生。事先伯奇已为我作了安排，到内山书店时，鲁迅已在那里等候了。⑤

鲁迅热情将他正在编的《新俄小说家二十人集》交赵家璧出

版——这虽然有违《良友文学丛书》最初设想，但赵家璧和郑伯奇还是接受了。《新俄小说家二十人集》分为 2 册，成为《良友文学丛书》的开局之书，赵家璧认为鲁迅这是为《良友文学丛书》开了路。尽管如此，赵家璧始终没有放弃邀约鲁迅的创作稿的愿望，为此，他多次努力都未实现，这成为赵家璧编辑生涯中最大的遗憾。

鲁迅当时为何始终未给赵家璧创作作品集，除了“小说久已不写，杂文集对你们是不适合的，一开头就害了你们，我是不干的”[6]这个原因外，其他原因除了赵家璧回忆之外，还有待于更多的史料的发现。鲁迅生前尽管没有将他自己的文艺创作作品给赵家璧出版，不过鲁迅还是一直支持赵家璧的编辑活动，如《新文学大系》《木刻连环图画故事》《苏联版画集》《苏联作家七人集》等，同时将许多优秀的文艺作品介绍给赵家璧出版。

自《良友文学丛书》开始，鲁迅与赵家璧有了密切的交往。正是这种日常的交往，使赵家璧从鲁迅那里承受了思考、编辑、工作及待人接物等的方式等。鲁迅对赵家璧的这种传承从他们交往之初便开始了，首先是细节，而且直接针对赵家璧的编辑工作的：

> 《新俄小说家二十人集》译稿，顷已全部编好，分二本，上本名《竖琴》，下本名《一天的工作》，今一并交上。
>
> 格式由书店酌定，但以一律为宜。例如人地名符号，或在左，或在右；一段之下，或空一格或不空，稿上并不一律，希于排印时改归划一。[7]

> 《竖琴》已校毕，今奉上，其中错误太多，改正之后，最好再给我看一遍（但必须连此次校稿，一同掷下）。
>
> 又，下列二点，希一并示知：
>
> 1. 内缺目录。不知是有意删去，抑系遗失？
>
> 2. 顶上或有横线（最初数页），或无，何故？[8]

书的每行的头上，倘是圈，点，虚线，括弧的下半（⸤，︶）的时候，是很不好看的。我先前做校对人的那时，想了一种方法，就是在上一行里，分嵌四个“四开”，那么，就有一个字挤到下一行去，好看得多了。不知可以告知贵处校对先生，以供采择否？[9]

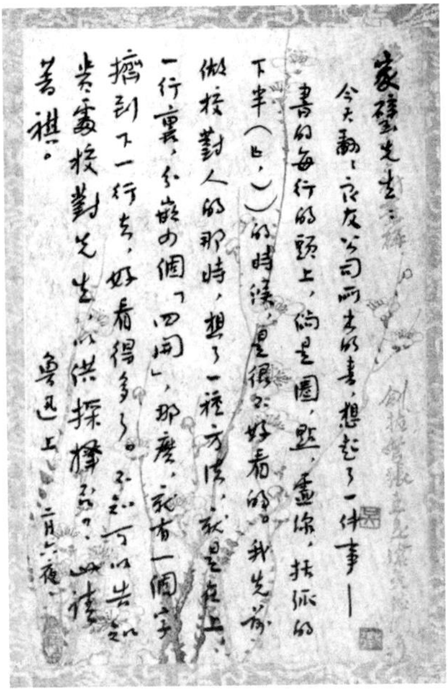
家璧先生：

今天翻了良友公司所出的書，想起了一件事——書的每行的頭上，倘是圈，點，虛線，括弧的下半（⸤，︶）的時候，是很不好看的。我先前做校對人的那時，想了一種方法，就是在上一行裏，分嵌四個「四開」，那麼，就有一個字擠到下一行去，好看得多了。不知可以告知貴處校對先生，以供採擇否？此請

著祺。

魯迅 上 二月六夜。

1933年2月6日鲁迅致赵家璧信（20世纪50年代赵家璧请人将所藏的鲁迅给他的45封信稿装裱成册），赵家璧捐赠上海鲁迅纪念馆收藏。

以上是他们之间最初的通信，虽然前两封是写给郑伯奇的，不过也是对赵家璧的交代，因为他是丛书主要负责人。赵家璧曾回忆他收到上文第一封信的情形：

九月二十日，鲁迅亲自到良友公司送稿来了。我记得那

天郑伯奇有事外出，我们是在门市部后面一间小小会客室里相见的。鲁迅身穿一件深色的夹袍，脚登一双他经常穿惯的橡胶鞋，还戴了棕色的旧呢帽。坐下寒暄几句后，他就打开一个日本制花布包袱，里边两叠整整齐齐的原稿，都是毛边纸印的方格稿纸，分别用白细麻绳在四边扎住，面上用白纸填写上下两册的书名。当他仔细向我交代时，我静静地听着。最后又交给我一封信，上书郑君平先生收，那是伯奇在良友公司工作期间用的名字。那天初次接待鲁迅，我情绪紧张；由于他老人家自己来交稿，更受感动。我说："只要电话通知，让我们自己去内山书店领取好了。"他谦逊地说："这一带我经常路过，并非特地来此，顺便带来，就不用你们跑了。"临别时又说，关于排版时应注意之点，都写在信中了。⑩

这是鲁迅和赵家璧第二次见面的情形。由目前的相关回忆来看，20世纪30年代，鲁迅经常是这种随意无拘束的方式与青年见面，并且常常是，鲁迅之认真态度都给那些青年留下深刻的印象，同时那些青年在接受了鲁迅的教导后，在他的实际工作中加以运用，并对中国现代文化发展产生深远的影响。比如，上文所引最后一封信中鲁迅所提及的排版方式问题，赵家璧如是说：

这在解放前通行直排本时，许多书店都没有注意过，是鲁迅第一个想出了这个补救办法。得信后，我们就通知了排字房，以后其他书店都跟着改了。现在我们实行横排，同样也不宜把标点符号放在最左第一个字的地位。鲁迅还对我说过，书的开头和每个题目前后，应多留空白，增加"读书之乐"，不要"不留余地"，塞得满满地透不过气来；整本书的前后，也可多留几面白页。就在这些无人想到的小地方，鲁迅处处煞费苦心，随时为读者设想，增加书的美感，我在此后的编辑出版工作中,是深受教育的,这仅仅是一次开端而已。[11]

这并非仅限于使赵家璧“深受教育”,由于赵家璧听从了鲁迅的建议,并将之付诸实践,使中国现代出版物的排版方式发生了一些重要的改变,这种改变虽然不那么宏阔高远,但切切实实地成为中国现代出版文化中一个不可或缺的组成部分。其实,鲁迅以这种日常的方式塑造着中国现代文化,并非仅限于出版。在赵家璧身上还显示出其他来自鲁迅的传承。赵家璧如同鲁迅那样,始终以和蔼可亲、认真的态度对待青年。赵家璧对待王锡荣就是如此。赵家璧的言传身教,同样塑造了上海鲁迅纪念馆所编辑的《上海鲁迅研究》的品性,使上海鲁迅纪念馆能够以借助于《上海鲁迅研究》这个学术交流平台来开展相关的鲁迅资料整理研究和理论研究工作。毋庸讳言,这种文化传承通过王锡荣也传递给上海鲁迅纪念馆的年轻学人。

20世纪30年代,借助于编辑出版工作,赵家璧得以与鲁迅经常性地会面,在日常工作交流以及闲谈中,赵家璧从鲁迅那里获得鲁迅的文化理念;同样,因为有着这样平凡的交往,也促使鲁迅实施诸如《苏联版画集》《苏联作家七人集》等书籍的出版,使得鲁迅能够更为广泛地将苏联社会主义进步文化在中国传播,而鲁迅向赵家璧极力推荐左翼作家、中共地下党员葛琴创作小说《总退却》的出版,则是鲁迅对左翼文学给予一贯的、无保留的支持的一个小例子。

在赵家璧有关编辑工作的回忆录中,经常能够看到,赵家璧以简洁的方式框定出版物的样式、用纸、所需费用、定价以及保本印数。这可以说是出版人的精明,更可以说,只有认真面对市场,编辑才能以最适宜的方式,将作者的文化产品以及文化理念传播于社会。如果出版物滞销,文化传播就无从谈起。然而这并非是赵家璧所独有,在鲁迅书信中,我们也可以发现鲁迅对出版物样式的预定(装帧设计)、出版物的成本、印数及定价预估等,这也是笔者最初从王锡荣那里所得的。

文化传承并非是模具翻刻,所传承的是精神,承受者总是有自己的发明充实、丰富着所传承的文化,这是中国现代文化发展生命力的所在。丁景唐在《忆念赵家璧同志》一文中回顾了赵家璧在20世纪三四十年代所编辑的文学类书籍,认为"这些都是赵家璧为三四十年代文学创作与翻译作品方面通过他的精心编辑、装帧而建造的丰碑。现在都已经载入中国现代文学史、出版史和中外文化交流史的光辉史册"[12]。丁景唐所列举的有《良友文学丛书》《中国新文学大系(1917—1927)》《良友文库》《晨光文学丛书》等。这只是赵家璧编辑贡献的一部分,丁景唐还说:"我们还应当补记一笔的,是赵老在继承和发扬鲁迅编印美术书册的优良传统方面作出的重大贡献……所有上述美术图册画集的出版,正如赵家璧自己所说的,他是在鲁迅精神感召下,与其他同志合作完成的,'无一不受鲁迅的熏陶和影响'。这些,也是赵家璧六十年编辑出版生涯中杰出贡献不可分割的组成部分。"[13]其实,赵家璧接受鲁迅传承并加以发扬并不限于木刻作品的编辑出版,还应包括他的文学作品的编辑部分,包括他的整个编辑生涯乃至20世纪30年代开始以及以后人生。从小的方面来说,这种传承和发扬正体现在他对上海鲁迅纪念馆事业发展的关心和支持方面,体现在他对上海鲁迅纪念馆编辑的指导和提携方面。

从某种意义上讲,中国现代文化的发展,得益于以鲁迅为代表的左翼文化阵营,得益于以赵家璧为代表的对鲁迅等人的文化的接受、传承和发展,更得益于以赵家璧为代表的对后辈年轻人的传导,尤其是赵家璧将他所藏的包括鲁迅书信在内的文献书籍捐赠给上海鲁迅纪念馆,极为生动地为上海鲁迅纪念馆同仁和社会各界进行了示范。中国现代文化发展的精髓就是这样一代一代地被传承下来，今天依然对发展中国社会主义文化起着重要的作用。

2018.6

注释：

① 王锡荣：《怀念赵老》，《赵家璧先生纪念集》，上海文艺出版社 1998 年版，第 84—85 页。

② 当然，上海鲁迅纪念馆历年职工所接受的这种来自鲁迅及左翼文化传承来源不止赵家璧一人。——笔者。

③ 赵家璧：《我编的第一部成套书——〈一角丛书〉》，《赵家璧文集》第一卷，上海文艺出版社 2008 年版，第 182—183 页。

④ 赵家璧：《记郑伯奇在良友图书公司》，《赵家璧文集》第一卷，上海文艺出版社 2008 年版，第 412—413 页。

⑤ 赵家璧：《鲁迅为〈良友文学丛书〉开了路》，《赵家璧文集》第一卷，上海文艺出版社 2008 年版，第 194—195 页。

⑥ 赵家璧：《鲁迅为〈良友文学丛书〉开了路》，《赵家璧文集》第一卷，上海文艺出版社 2008 年版，第 196 页。

⑦《鲁迅全集》第十二卷，人民文学出版社 2005 年版，第 431 页。

⑧《鲁迅全集》第十二卷，人民文学出版社 2005 年版，第 336—337 页。

⑨《鲁迅全集》第十二卷，人民文学出版社 2005 年版，第 367—368 页。

⑩ 赵家璧：《鲁迅为〈良友文学丛书〉开了路》，《赵家璧文集》第一卷，上海文艺出版社 2008 年版，第 198 页。

⑪ 赵家璧：《鲁迅为〈良友文学丛书〉开了路》，《赵家璧文集》第一卷，上海文艺出版社 2008 年版，第 200 页。

⑫ 参见丁景唐：《忆念赵家璧同志》，《赵家璧先生纪念集》，上海文艺出版社 1998 年版，第 35—36 页。

⑬ 丁景唐：《忆念赵家璧同志》，《赵家璧先生纪念集》，上海文艺出版社 1998 年版，第 37 页。

上海“孤岛”时期赵家璧的编辑出版活动

乔丽华

从1937年11月上海沦陷至1941年12月珍珠港事件日军侵入上海租界为止，这4年被称为上海的“孤岛”时期（这时期的租界，四面都是沦陷区，仅租界内是日军势力未到而英法等国控制的地方，故称“孤岛”）。作为良友图书公司的资深编辑、知名出版人，赵家璧在抗战全面爆发后并未离开上海，在形势错综复杂的上海租界地区继续从事文化出版业，直至太平洋战争爆发后的1942年秋才前往桂林。对于自己在“孤岛”时期的经历，赵家璧在《生平自传》[①]中有较完整的回忆，在其回忆郑振铎和耿济之的文章中也有提及[②]。他的《生平自传》写于1954年，从结尾可以看出这原本是一份向组织汇报的材料，记述简明扼要，自然也带有明显的时代痕迹，致使有些情况一笔带过，未能充分展开。本文根据赵家璧的自传，结合相关史料，对他在“孤岛”时期的编辑出版活动做一些梳理。

一、赵家璧与《大美画报》

根据赵家璧的自述，良友公司停业后，1937年1月起他担任上海光实中学副校长，从1937年8月起，在伍联德的推荐下，兼任《大美画报》主编。关于这份画报的背景及编辑情况，他作了如下介绍：

> 当时上海已沦陷于日帝,但旧租界地区尚在英美帝国主义手掌之中,而日帝和英美帝国主义之间尚有矛盾,上海租界上的许多报纸杂志只要挂上洋商招牌,就可以宣传抗日。大美晚报中文版主持人张似旭,为了配合晚报宣传抗日救国,出版《大美画报》,最初由伍联德主编。伍联德因事脱离后,他就把我推荐给张似旭。我就从 1937 年 8 月起就兼任了《大美画报》的编辑。每月出版一次,刊登过许多从内地寄来的照片。记得有一期上曾刊了《鲁迅画传》的连载,许多照片都是许广平供给的。[③]

赵家璧的这份自传主要凭记忆,未查证相关资料,所以一些时间节点上有误。《大美画报》创刊时间当为 1938 年 4 月或 5 月, 1938 年 5 月 1 日出版第 1 期,8 开本,半月刊,每月 2 期,停刊日期不明,目前可以看到最后一期出版至第 3 卷第 9 期,即 1939 年 8 月 15 日止。另,在第 1 期的后面有一则《本报启事》,其中说:"本报创刊号出版后,幸蒙各界人士爱护,相争购读,未及一周,初版一万五千份,因而立即销售一空。本拟再版,无如因种种关系,不易办到,以使一般读者向隅,抱歉良多。本期已增加印数,并将内容、印刷、纸张加以改良,务使读者诸君满意……"可知在 5 月之前还有过一个创刊号,出版后即一抢而空。但笔者未能查到,在此只能存疑。

《大美画报》半月刊以美商《大美晚报》名义出版,由大美晚报馆印行。董事长兼发行人为美国人史带(英文大美晚报馆兼美亚保险公司董事长),编辑高尔特(或高尔德,《大美报》总编辑,主笔),实际是由张似旭支持(大美印刷公司董事及友邦人寿保险公司营业经理),伍联德(良友图书公司创始人)、赵家璧等人负责编务等。该刊第 1 期、第 2 期版权页注明编辑者为高尔特,董事及发行人史带,副董事、总经理白罗司,印刷所和发行所均为大美晚报馆(上海爱多亚路19号),从第3期(1938年6月1日出版)开始,编辑及发行者等均为大美晚报馆。

由于自传中的时间有误,而《大美画报》没有注明具体编者,且各版面也不注明编者,因此伍联德到底编了几期,赵家璧何时开始在该画报兼职编辑工作,至今似未有定论。赵家璧于1938年底、1939年初创办良友复兴图书公司,则他离开《大美画报》当在1938年底,估计是在编辑了第2卷第6期(1938年12月16日出版)之后。

在抗战全面爆发后,美商主持的《大美报》自称"是孤岛人士的精神食粮",自称"消息灵敏翔实,立论果敢严正"。旗下的《大美晚报》在孤岛时期也发挥了宣传抗日的重要作用,其办报宗旨为:"立论纯正,消息迅捷,言人所不敢言,记人所不敢记,战事消息更加详实迅速准确。"(以上引文均见《大美画报》各期封底)同样,《大美画报》作为一份综合性时事画刊,也秉承了这一宗旨,作为"非常时期唯一图画新闻报道之半月刊"(见《大美画报》第二卷各期封底广告语),这本画刊有中英文对照说明,也有文字论述与报道,刊有国共两党、两军军政要员、抗日名将的照片与介绍,前后方抗日活动纪实,各地战役,战地报道,日军侵华暴行揭露,中外文化名人介绍,汪伪维新政府傀儡人物介绍,法西斯军政要人与活动报道等。该画报在孤岛时期大量报道了中国抗战的情况,作为一份抗日反法西斯出版物值得引起更多的重视。当然在日军的进逼下,编辑出版客观报道抗战的刊物并非易事,孤岛时期日美之间关系日益紧张,与美方报刊合作的中方编辑人员的生命受到严重威胁,特别是大美报及其旗下刊物所秉持的反战立场,使报馆不断遭到恐吓威胁。1939年8月《大美晚报》编辑朱惺公被刺中要害惨死,1940年7月《大美晚报》《大美报》董事张似旭遇害,1940年8月《大美晚报》记者程振章遭枪击死于非命……可见当时孤岛报人处境之险。赵家璧担任《大美画报》编辑,也是冒着一定的风险。在自传中他也提到,他进《大美画报》是伍联德把他推荐给张似旭的,而在他离开该刊半年后,张似旭即被敌伪利用暴徒暗杀。

虽然不能断定赵家璧从哪一期开始担任编辑,但自创刊至1938年底,《大美画报》的编辑者主要是来自良友图书公司的伍联德和赵家璧,这一点是可以确定的。事实上,这份刊物与《良友》画报的风格颇为接近《大美画报》,1938年共出版了16期,除了刊登大量纪实性摄影图像,还刊登了来自左翼美术界的木刻和漫画,如第1卷第4期刊登了《中国的斗争漫画》,第5期刊登了木刻作品多幅,第10期刊登了《西行漫画》,阿英撰写了《题记》;第2卷第3期刊登了抗战壁画,第4期刊登了木刻4幅。此前《良友》画报也曾刊登左翼漫画和木刻,从中似可以看出伍联德和赵家璧的编辑理念和思路。另外,有几期刊登了关于鲁迅的图像或报道,这些版面出现在《大美画报》上,显然与赵家璧有关。关于鲁迅的几次报道,在此做一重点介绍:

(一) 鲁迅全集广告(第1卷第3期、第5期)

广告内容如下:

> 中华民族的火炬,鲁迅全集,鲁迅先生纪念委员会编印。文化界伟大成就!新文学最大宝库!本书搜集鲁迅先生著作译述,达六十种,总计五百万字,插图二百余幅,内有未刊书及绝版书多种,印刷认真,装订美观,洵为出版界空前巨制。
>
> 全书二十巨册,分三期出书,六月十五出五册,八月一日出齐,预约价十四元,五月底截止。定价二十元(备有样本,请即索阅),预约机会请勿错过。
>
> 预约处:新新公司(南京路)、通易信托公司(北京路)、远东图书杂志公司(四马路)、西风社(霞飞市场四号)

1938年版《鲁迅全集》的问世是上海孤岛时期出版史和文化

史上的大事件,1938 年 6 月全集陆续出版发售,《大美画报》在 6 月出版的第 3 期及时地刊登了这则广告,也是对出版鲁迅著作的莫大支持。

(二) 鲁迅先生二周年忌辰专版(第 2 卷第 3 期,1938 年 11 月 1 日出版)

本期以 3 个整版纪念鲁迅,大标题为《中华民族战士鲁迅先生二周年祭》,刊登了《鲁迅自传》以及鲁迅书信手迹。所刊《鲁迅自传》未另发表,后据手稿编入《集外集拾遗补编》,当是许广平提供的稿件。自传共 4 节,本期《良友》采用了前 3 节。鲁迅的信在刊载时隐去了收信人的名字,与《鲁迅全集》对照可知系 1936 年 5 月 23 日鲁迅致赵家璧信,可见这个版面的主要策划者是赵家璧。本版刊登了与鲁迅相关的 3 幅图片:左上为鲁迅本人照片,下有说明文字:“逝世已二周年之中华民族战士——鲁迅先生”;下半部有 2 幅照片,配有说明文字:十月十九日为鲁迅先生逝世二周年纪念,国内各地报章杂志均刊有纪念文字,下图为二年前在万国殡仪馆参加葬礼之群众。右为先生灵棺,左为先生遗墨。

其余两个版面为《鲁迅先生之奋斗的一生》,刊登了鲁迅先生及其家人朋友及相关背景照片共 25 幅,每一幅下面都有详细的说明文字。赵家璧在自传中曾特意提到有一期刊登了鲁迅的图片,是由许广平提供的,无疑就是指这个专辑。一次性刊载这么多幅鲁迅的相关摄影照片,用图片展示鲁迅战斗的一生,这在当时的刊物上是少见的,特别是在当时战火纷飞的艰难处境下更加难得。

(三) 鲁迅名著《阿 Q 正传》在重庆上演(第 2 卷第 6 期,1938 年 12 月 16 日出版)

本期用整版刊登重庆演出《阿 Q 正传》的 8 幅剧照,文字标题为《鲁迅名著在重庆上演——阿 Q 正传》,说明文字为:“上海业余剧人协会在鲁迅逝世二周年纪念日在重庆上演鲁迅先生名著《阿 Q 正传》,本页各图为演出时所摄。”

8幅照片分别为：阿Q与小D为工作而动武；阿Q狱中生活；假洋鬼子棒击阿Q；七斤嫂大骂乃夫给剪去了辫子；从城里回来后的阿Q；阿Q调戏小尼姑。

1938年秋鲁迅逝世2周年之际，重庆曾演出过两台话剧《阿Q正传》。一台由上海业余剧人协会演出，赵丹导演；另一台是国立戏剧学校的学生演出，黄佐临导演。两台演出采用的都是田汉的改编本。本期刊登的就是上海业余剧人协会演出的剧照。1935年"剧联"组建上海业余剧人协会，以赵丹、魏鹤龄、顾而已、陶金等著名演员为主力。田汉改编的《阿Q正传》，还把《呐喊》中几篇小说里的有些角色也加入其中，更广泛地展示社会时代背景风貌。因此在以上的剧照中还出现了七斤和七斤嫂这两个《风波》中的人物。

除剧照外，本版还刊登鲁迅的2幅照片，说明文字为："阿Q正传作者鲁迅先生及其爱子，本影摄于十八年前。"这无疑也是许广平提供的。

如此，《大美画报》先后刊登了鲁迅20余幅照片，用影像资料生动地呈现了鲁迅伟大的一生。

二、赵家璧与良友图书公司的复兴

1937年"八一三"事变后，上海的出版业受到重创，良友图书公司更是损失惨重。1937年11月11日《申报》上一篇文章曾述及当时上海出版界的状况："自八一三战事爆发后，上海的出版界，正和整个的市面一样，全都陷于停止状态中。直接间接所受到的损失，都非常的重大。后来人心逐渐稳定，市面渐见恢复，文化街上除了二种点缀在沉寂的街头的抗战刊物外，也慢慢的振作起来了。可是除了应运而生的抗战画报杂志和各式各种的小册子外，以整个的出版界而论，自然都只是勉力支持，以应付这非常时期！"④这篇文章还专门谈到良友图书公司：

> 以画报起家，转为专刊文学作品的良友图书公司，发行部和栈房等等，都在北四川路，陷于敌人炮火中，虽曾搬出一些，大部分都牺牲了。嗣后又被小偷冒险潜入书栈，窃取大批的书籍，贱价贩卖，有一时期各处马路上，尽是些书摊子，而书摊上又尽是花花绿绿簇新的良友文学丛书和良友文库等。一般文学青年如获买藏，无不争相购买，到处搜求，法币一二元，可以满载而归。书贩亦利市三倍。顾客卖主，两得其便，而良友公司却暗暗吃苦不小。[5]

从1937年11月刊发的《良友图书公司紧要启事》可知，尽管形势极端严峻和不利，但良友公司仍苦苦支撑，搬迁到新址后做了一系列调整，希望能渡过难关。启事的开头大略介绍了"八一三"事变后公司的情况：

> 本公司北四川路原址自沦为战区后营业损失无可估计，栈房存书因事起仓猝，未能运出，又被窃取一空。公司资财虽受严重之损害，然值此全面抗战时期，仍不忘以出版事业服务国家民族，故自八月十五日起迁至江西路二六四号新址继续营业，另在香港分设办事处，香港德辅道国民银行五楼，并即日编印战事画刊以其鼓励全国军民之抗敌情绪，报告前线将士之英勇战绩。惟念吾政府说下长期抗战之决心，供给国民精神粮食之出版机关尤应详察环境之需要，继续过去之工作，乃将本公司定期刊物良友图画杂志先行恢复，值此复刊第一期出版之时，谨将本公司今后出版方针略述如后，邦人君子幸垂鉴焉。[6]

紧急启事宣布了一系列举措：公司原有4种定期刊物——《良友图画》杂志、《电影画报》、《妇女画报》、《知识画报》，除《良友图画》杂志继续出版，其余三种停刊。另辟《良友图画》杂志号外两种：《战事画报》（月刊）、《战事画刊》（五日刊），并从11月15日起另创《军事知识》（半月刊）。然而，由于内外的种种原因，良友图书公司不久也宣布破产，《良友》画报在香港出版到第138期后也最终停刊。

从良友起步的赵家璧，则始终谋求在上海恢复良友图书公司的事业。在自传中他说："这一时期我虽在光实中学和《大美画报》服务，却存着一种做客思想。我更主要的工作倒在设法使良友图书公司复活。我对于这样一所通过我四年的努力在中国出版界已有了相当地位，出版物也有了一定成绩的出版机构，就此倒闭，实不甘心。"《自传》中叙述了解决良友债务及恢复良友的经过，经过种种努力终于达成恢复良友出版公司的结果："债权人以债权作股本（仅折合一成）参加新公司，由我再向朋友们募集股本，组成有限公司，资本四万元，我自己也投入了二千余元资本，担任副经理兼总编辑。帮我们向法院办事的律师袁仰安任董事长，经理由陈炳洪担任。公司改称为良友复兴图书公司。1938年12月31日开创立会，地址设在上海四川路33号企业大楼。"

恢复后的良友复兴图书公司，人事和资本结构都发生了很大的改变：原良友图书公司的三位创办人之一陈炳洪任经理，赵家璧任副经理，董事长则改由袁仰安[⑦]担任。袁仰安是上海滩的知名律师，良友图书公司由破产到改组复业牵涉较多的法律问题，主要由袁仰安出面处理相关事宜。另外，对于恢复良友公司一事，曾与赵家璧共事多年的马国亮在《家璧和我》[⑧]一文中提到，除了袁仰安，袁的同乡李祖永[⑨]——上海宁波商帮的风云人物，也成了良友复兴公司大股东。这一方面可以看到赵家璧、陈炳洪、张沅恒等昔日良友人为了恢复良友图书公司而不得不千方百计融资，作出种种让步；另一方面也可见"良友"这一招牌的巨大吸引力。

1939年2月15日《申报》第11版刊登了《良友图书公司复业

良友画报复刊号出版》的消息：

> 良友图书公司为国内重要出版机关之一，其所出版之良友图画杂志，尤为我国历史最久印刷最精之画报。去岁因战事损失过重，宣告停业后，社会各界人士均甚惋惜。兹闻良友公司之一部分职员及热心文化诸人士已组织一良友复兴图书印刷公司，受盘前良友公司之一切权益继续营业。良友图画杂志则由美商密尔士氏为发行人，在四川路三十三号复刊出版，复刊号已自今日起公开发售。

1939 年 1 月 1 日良友图书公司复兴。作为良友复兴的标志，《良友》画报第 139 期于 1939 年 2 月出版，在这本复刊号上刊登了一系列启事，其中《良友复兴图书公司开业》一则公告内容如下：

> 查前良友图书印刷公司自破产后，其全部资产（包括存书版权发行权照片商标……）业由复兴银团于民国廿七年十二月十六日向前良友公司破产管理人受盘，兹复兴银团业以良友复兴图书印刷公司名义开始营业，除依法呈请为股份有限公司之登记外，深冀邦人君子，不吝指导，无任企祷，谨此公告。

诚如赵家璧所指出，当时上海文化界尚有可能开展活动，主要是因为当时租界地区还在英美的掌控下，利用了日本和英美之间的矛盾。但到了 1941 年 12 月 8 日太平洋战争爆发后，日寇进入英法租界，上海的租界“特区”不复存在，孤岛时代的上海从此结束。18 天后日寇在同一天查封了良友、商务、中华、大东、世界、开明、生活、光明等 8 家出版机构，良友总经理陈炳洪被日军带走关了半天。1942 年 3 月日军启封被查封的书店，但日本人只是想借良友等出版机构在东南亚地区的广泛影响力来宣传“大东亚共荣圈”,在此情形下,1942 年 4 月良友复兴图书公司正式宣布停业,陈炳洪避走香港,赵家璧、张沅恒于同年 9 月前往桂林,将公司迁往内地。

良友复兴图书公司在“孤岛”的 3 年间,虽历经坎坷,却始终致力于出版事业,其最突出的成绩是《良友》画报的复刊,此外还在力所能及的情况下出版了一些图书,现简要分述如下:

(一)《良友》画报复刊(139 期至 171 期,时间为 1939 年 2 月至 1941 年 10 月 15 日)

复刊后的《良友》画报发行人为密尔士(H.P.Mills),编辑张沅恒,经理陈炳洪。此后参与担任副编辑的还有张沅吉、李旭丹。尽管赵家璧未负责《良友》画报的具体编务,但正如有研究者所指出的:张沅恒能够出任《良友》的第五任主编,源于赵家璧不舍的‘良友’情结。在赵家璧与张沅恒等良友人的携手努力下,将《良友》画报的生命延续了 2 年多。自 1939 年 2 月出任《良友》第五任主编至 1941 年 12 月因公司被日军查封而被迫卸任,张沅恒共计主编《良友》画报 33 期,期数为第 139 期至 171 期。这 33 期画报特别报道了国内各条抗日战线和欧洲战场的实况,用影像纪实的方式,反映了当时的社会面貌,包括“孤岛”上人民的生活状况。虽然相比于梁得所和马国亮主编时期,张沅恒主编时期的《良友》不复有当年的辉煌,却记录了中国人民同仇敌忾抗击外敌的一段可歌可泣的历史,自有其非凡的地位和价值。

(二)出版《第二次世界大战画报》

赵家璧在自述中提到这份画报大约出了 14 期,实际上这份刊物共出版 16 期,1939 年 10 月创刊,第 1 期 1939 年 10 月 5 日出版,第 16 期 1941 年 10 月 20 日出版。1939 年仅出 1 期,1940 年出第 2 至第 6 期,1941 年出版第 7 至第 16 期。这份刊物主要报道世界战局——“紧随战事发展,每月出版一期,关心欧洲战局,允宜人手一册”。并称“本报全部照片由英国情报部、德国海通社、美国合众社供给稿件”(《良友》画报所刊广告语)。该刊有国内版和海外版,销行南洋等地。

(三)图书出版

由于许多熟识的作家都已离开上海,因此这一时期良友出版文学书籍的数量大大减少。根据赵家璧自述及《良友》画报的广告等,大致可知,良友图书公司复兴后,除了把“良友文学丛书”印刷普及本继续销售,还续出或策划出版了以下数种图书:

《苏联之儿童保护》,中苏文化协会编,1939 年 4 月 1 日初版。

《中国新文学大系导论集》,蔡元培等著,1940 年 10 月初版。

《家事》,[苏联]玛克辛·高尔基著,耿济之译,1941 年 5 月初版。

《记丁玲续集》(良友文学丛书),沈从文作,1939 年 9 月初版。

《法兰西的悲剧》(第二次世界大战丛书),[法国]西蒙原著,1941 年初版。

《谁出卖了法国》(第二次世界大战丛书),[法国]莫乐原著,1941 年初版。

《中国版画史图录》3 函 12 卷,郑振铎编,良友代发行,印数 200 册。

此外,当时《良友》画报还预告了耿济之译的陀斯妥耶夫斯基的《卡拉玛助夫兄弟们》,由于战局变化而未能及时出版,赵家璧和张沅恒将良友图书公司转移到内地后,1943 年 1 月在桂林出版了耿济之的《兄弟们》第一部。

以上列出的几种出版书目主要根据《赵家璧纪念集》及《良友》画报所刊图书出版广告，很可能还有遗漏。总之，关于“孤岛”时期良友图书公司的情况以及编辑出版的刊物图书，还有许多尚待研究的课题。

最后，本文还想指出的是，赵家璧身处孤岛 4 年间，他本人的编辑出版活动及翻译写作，是后人了解“孤岛”时期文化界生存境况的珍贵材料。例如 1941 年 10 月，在太平洋战争爆发前夕，赵家璧在给黎烈文的信中曾谈及“孤岛”文化界的近况：

> ××兄：好像有半年多不通信了，昨天接读你八月十二日的信，知道你很想晓得这里出版界的近况。其实上海出版事业早已入半死状态，成本之高，几使出版者无法出书，而到内地的邮路既不通，新书印一千本，只能在本埠销二百，香港南洋销三百而已，其余都得送栈房去。虽说如此，新书还在零零落落的出，因为书价也跟了物价在增长，战前一元的书，现在要卖到三四元了。出的书一部分是礼拜六派小说，因为这个魔鬼，现在又到了抬头的机会，他不但可以在上海通行，还能畅销到沦陷区。新出的一本《万象》月刊，创刊三月畅销一万五千册，就是礼拜六的复活。另一部分纯文艺的，因为创作不多，而盛行一时的剧本又失了读者的欢迎，所以翻译小说确实占据优势，光明出的《静静的顿河》现已分四册出齐，全部要卖二十余元，倒还有销路。良友请耿济之译的《兄弟们》(即陀斯退益夫斯基，Brother Karamazov)也要卖到十多元两册。你假如肯抽暇译些名著，我们倒极愿出版。前天碰到振铎、唐弢等，他们都很希望你能到上海来。你说寄我《改进》，我只收到一册，大约都被吞下。[10]

在这封致黎烈文的信中，可以看到，身为进步文化人，尽管对孤岛及沦陷区流行礼拜六派深感不满，但他此时对上海的文艺界还是颇有信心的，否则不会期盼黎烈文回到上海，加入他们的队伍中。虽然赵家璧这一时期主要从事繁琐的编辑出版业务，译作并不多，但从他的译作发表在《文艺新潮》《西洋文学》《人世间》等刊物，可以看到孤岛文人对文艺的坚持和执着，在捉襟见肘的处境下仍创办种种刊物，进行文艺创作活动。这几种刊物都是孤岛上出版的：《人世间》，半月刊，1939 年 8 月创刊，主编为徐讦和陶亢德，发行人为丁君匋，赵家璧在这一期发表《关于翻译》一文；《西洋文学》，1940 年 9 月创刊，发行人为林翊重，编辑者为西洋文学社，顾问编辑为林语堂，该社的编辑同人为张芝联、徐诚斌、周黎庵、林葆园、柳存仁、林憾庐，赵家璧与叶公超、李健吾、郭源新、巴金共同列为名誉编辑，赵家璧在该刊发表了翻译的 Anderson.S（安特生）的短篇小说《一个父亲的发现》；《文艺新潮》，主编为宇文节和林之材，编辑者为王俊伯等，发行者为野马文艺研究会，赵家璧在该刊第 1 卷第 3 期（1938 年 12 月 16 日出版）发表了他翻译的美国休伍·安特生著的小说《手》。

在"孤岛"的 4 年间，赵家璧和郑振铎等一批进步文化人互相扶持，互相鼓励。于险境中继续从事文化出版事业，进行抗日宣传，不仅需要一颗出版人的赤子之心，更需要大智和大勇。赵家璧在《怀念耿济之》一文中写道："回忆沦陷时期上海的'孤岛'文艺界，强敌入侵，四面受围，生活艰难，精神愁闷，却人人都在自己的岗位上，进行着不屈的斗争。"[11]这段话无疑也是他的自我写照。如果说赵家璧前期在良友一帆风顺，可谓少年得志，那么，抗战 8 年，包括"孤岛"这 4 年的历练，才真正使他成为"出版界的一颗彗星"[12]。

注释：

① 上海鲁迅纪念馆编：《赵家璧先生纪念集》，上海文艺出版社 1998 年版，第

289—314 页。

②《怀念耿济之》和《回忆郑振铎编印〈中国版画史〉》，收入上海社会科学院文学所编《上海孤岛文学回忆录》，中国社会科学出版社 1984 年版。

③ 上海鲁迅纪念馆编:《赵家璧先生纪念集》，第 301 页。

④⑤ 槐青:《抗战以来的文化街头》(上)，1937 年 11 月 11 日《申报》。

⑥ 1937 年 11 月 15 日《良友》画报第 131 期，同时刊于 1937 年 11 月 5 日《申报》。

⑦ 袁仰安(1905—1994)，浙江宁波人，毕业于东吴大学法学院，是上海滩的知名律师，当时开设有自己的律师事务所，同时投资出版、电影等文化产业。抗战后一度在香港成立长城电影公司，拍摄了《阿 Q 正传》等影片。赵家璧在自传中曾提及袁仰安打算与日本人合作，但 1946 年国民政府认定他是从事"地下工作"(见 1946 年 8 月 9 日《申报》)。

⑧ 上海鲁迅纪念馆编:《赵家璧先生纪念集》，第 15 页。

⑨ 李祖永(1903—1959 年)是李屑清的长子，李屑清在辛亥革命后历任南京、天津中国银行副行长，上海沪北工捐局局长等职。李祖永留学归来后，先在上海光华大学任教，后出任他父亲李屑清创办的大业印刷厂厂长，又在上海创办伦信地产公司，购进大批房地产。抗战后在香港创办永华影业公司。

⑩ 赵家璧:《上海出版界近讯》，1941 年 10 月 25 日《现代文艺》(永安)第 4 卷第 1 期。

⑪ 上海社会科学院文学所编:《上海孤岛文学回忆录》(上)，中国社会科学出版社 1984 年出版，第 364 页。

⑫ 鲛鹿:《出版界的一颗彗星——八年中的赵家璧》，1946 年 3 月《辛报周刊》第 6 期。

从出版标记看赵家璧的书籍装帧风格及内涵

高方英

一、赵家璧运用的出版标记

自新文化运动的大旗高高举起,中国的文化史翻开了崭新的一页。新思潮、外国文化艺术涌进了中国这片禁锢已久的土地。书在这个历史舞台上担当着重要的角色。出版标记在民国广泛流行,其题材丰富,特色鲜明,设计智巧,往往从书籍内容出发,选择倾向于传统文化或者西洋文化的设计风格和形式。赵家璧以其编辑家特有的才能和人格魅力,活跃于文艺界和出版界。他是20世纪20年代就开始从事编辑工作的,他出版的书籍,都运用了出版标记。具体有3枚最突出:一是从“一角丛书”开始的良友文学系列丛书的“播种”图,二是良友文学系列丛书的“双鹅”图;三是晨光出版公司的“雄鸡”图。

赵家璧在读书时就从事编辑工作。在光华大学附中时期,他就主编《晨曦》季刊。1928年夏,赵家璧从附中毕业,转入光华大学文学院西洋文学系读书。他撰写《中国学生》计划建议书寄呈伍联德。因此,赵家璧被伍联德所看中,为良友图书印刷公司主编《中国学生》。赵家璧大学毕业后就直接进入良友图书印刷公司工作,不仅创新主编了“一角丛书”“良友丛书”,而且第一次运用了出版标记,这个出版标记是他自己的灵感。据赵家璧在《编辑忆旧》中回忆:“我从西方出版的成套文学书的扉页上,看到都有一幅图案设计作为出版标记，这也引起了我的兴趣。正巧在一位老同学处看到一幅国外的藏书票，这幅木刻画虽带有洋味儿，但我欣赏它线条粗犷有力，含意深远，便请美术家加了几笔，用作‘一角丛书’的出版标记。画面上一位头戴阔边草帽的农民，在春天广袤的田野里，左肩挂着谷粒袋，右手正在向条条麦垄播撒种子。”独有的出版标记、精致的装帧艺术这时候已经在 24 岁的赵家璧心中初具规模。后来，这一出版标记就成为“良友”成套文学书的出版标记。鲁迅的《竖琴》《一天的工作》及其合成一册的《苏联作家二十人集》出版时就运用了这个标记。《新文学大系》也同样放上了这一“播种”图。据赵家璧后人回忆，“翻开书籍封面是两幅农夫播种的图案，这个图案有时还出现在封面的右下角或左上角，它是赵家璧作品的符号，凡是他编辑的书籍都可以看到，就好像是画家、书法家的图章”[①]。

大概从“良友文库”开始，良友的出版标记改换成了相对而视的圆形“双鹅”图案。印在书的封二和环衬上或者封底。这个图案由良友创办人伍联德设计。改换出版标记，一个重要原因是良友出版的文学丛书在社会上引起了很大的反响，曾经因为出版左翼作家的书籍而被砸破玻璃，勒令整改。可以说，这幅“播种”图带来的视觉第一印象是成功的，它引起了读者的共鸣，拥有广泛的读者群。而另一方面，对于民国文化管制部门，这一标记令他们敏感。另一个原因，我们可以从双鹅的翅膀上获得，那就是“良友”——良友图书希望成为读者的文化知己、良师益友，这一点也不断得到作者和读者的认同。正如“良友文库”之《尼采自传》的出版，就是因为鲁迅、徐梵澄对良友的充分信任以及对良友编辑理念的认同。鲁迅对于徐梵澄这位有点要求的译者，多次代为沟通协调，与赵家璧通信。1934 年 12 月 25 日鲁迅致赵家璧信写道：“《尼采自传》，良友公司可以接收，好极。但我看最好是能够给他独立出版，因为此公似乎颇有点尼采气，不喜欢混入任何‘丛’中，销路多少，倒在所不问。但如良友公司一定要归入丛书，则我当于见面时与之商洽，不过回信迟早不定。”1935 年 1 月 21 日鲁迅致赵家璧信终于针对前面是否放入丛书的问题给予了回复。“《尼采自传》的译者，昨天已经看见过，他说，他的译本，是可以放在丛书里面的。”

良友图书印刷公司自赵家璧编辑开创“一角丛书”，一直坚持出版文学系列丛书。1937 年“八一三”事变，日本飞机轰炸上海，正在印刷中的丛书第 40 本、曹禺编译的《戏》被炸毁。公司也因此迁址，经历了破产、改组。1939 年 1 月，改名为良友复兴图书印刷公司重新营业，因为战乱，自 1943 年起，良友先后迁往桂林、重庆。抗战胜利后，赵家璧回到上海，继续出版“良友文学丛书”，但好景不长，良友图书印刷公司因为内部原因而停业，从此退出了历史舞台。

1946 年冬，赵家璧和好友老舍合资创办了晨光出版公司。他们特意请好友，著名美术家庞薰琹设计出版标记。庞薰琹运用唐朝砖刻上鸡的图案，设计成了我们现在看到的砖刻式样“雄鸡”这一出版标记。这一出版标记线条流畅、简洁，富有生命力，雄鸡形象昂扬、挺拔、活泼，有着“雄鸡一唱天下白”的寄托和深远意义。赵家璧按照“良友文学丛书”的体例，编辑出版“晨光文学丛书”。而第一批印上这一雄鸡出版标记的有老舍的《四世同堂》第二部《偷生》，它由晨光出版公司于 1946 年 11 月出版上册和下册。而《四世同堂》第一部《惶惑》由良友复兴图书印刷公司于 1946 年 1 月和 3 月分别出版了上册和下册。可以说，《四世同堂》见证了从“播种”到“雄鸡”的更替，是历史的纪念。当然，目前我们也可以见到 1946 年晨光版的《惶惑》，那是因为良友停止营业后，老舍收回版权交由晨光出版的。“晨光文学丛书”从 1946 年 11 月开始一直延续到中华人民共和国成立初期的 20 世纪 50 年代。另外，在读者中流传广泛的还有同样印着“雄鸡”出版标记的“晨光世界文学丛书”，它也是赵家璧主编的，主要出版外国文学名著译本，数量也不少，其中美国文学丛书是核心，共18种。

二、赵家璧的出版标记呈现的书籍装帧风格及其内涵

赵家璧一生从事编辑工作，对编辑出版有着自己独到的见解，他的编辑思想体系发展形成过程值得我们多方探究和学习。单从他的出版标记看，我们也能发现很多因素共同促成了他的编辑风格。

“播种”这个出版标记，我们能够看出赵家璧受外国文化的影响深刻。这与他曾就读教会学校——圣约翰大学附中有关，也与他曾就读光华大学附中是分不开的，更与他受到徐志摩的教导密不可分。他在光华大学附中时主编《晨曦》季刊。这份刊物不仅在校内发行，而且向社会发行。在这份刊物上，赵家璧经常写些介绍英美作家的文章，也翻译一些世界著名文学家如但丁、王尔德等的作品。他的文学才能引起了当时在光华大学任教的徐志摩的注意。当赵家璧进入光华大学英国文学系就读时，徐志摩是他崇拜的授课老师。凡是徐志摩讲授的课，赵家璧一定去听。他已然成为了徐志摩的铁杆粉丝。徐志摩在课上用英语读外国名著，引导学生鉴赏文学，指导学生关注与文学相同的美术和音乐。外滩的外文书店是徐志摩常带学生们去的地方。那些装帧优美，附有版画、插图的外文书，常常令赵家璧流连忘返。它们或多或少、或隐或显地给了赵家璧编辑出版良友文学丛书启发和参照。当1931年徐志摩不幸坠机逝世后，赵家璧怀着悲痛的心情，坚持编辑出版其遗作，并写了充满感情的散文《写给飞去了的志摩》。赵家璧在大学4年中读了大量的西洋文艺作品，这为他以后的编辑工作奠定了深厚的世界文学艺术的知识基础。赵家璧还在其《生平自传》(1908—1953)中说：“大学读书时教授中给我影响最深的是徐志摩。”

在20世纪二三十年代,国内的许多报纸杂志纷纷翻译介绍外国的美术,包括思想、理论、作品等。鲁迅在这个时期力推外国的现代创作版画,倡导中国新兴版画,举办多次外国现代创作版画展览会,培训中国新兴版画青年,从而助推中国现代版画艺术迅速成为20世纪的大众艺术。

以"播种"为题材的美术作品在那个需要新的文明种子和文化新创作的时代,也被广泛地引进到中国,特别是最快速地传播到了当时的摩登城市——上海。这些作品中,尤以米勒的绘画《播种者》为最。各种报纸杂志有的进行专题介绍,有的印制封面,有的用作插图。但是为赵家璧所钟情的这幅木刻藏书票"播种"却没能在现存民国的种种杂志上查到。说明赵家璧所阅览的外国美术作品的范围很广。可以想见,当赵家璧见到这幅作品时那种一见钟情的眼神有多么明亮、喜悦。显然,20世纪30年代外国创作版画艺术赢得了中国大多数艺术欣赏者的认同。这种版画作品促进了中国的书籍装帧向插图时代迈进。

将"播种"这幅图用作"一角丛书"的出版标记,透露出赵家璧此时期所受外国文化的积累和熏陶已经内化成他的一种审美需求。这个出版标记,线条简练,人物形象突出,寓意鲜明,含义深刻,作为文学丛书的书标,大概象征着新文艺之路的开拓就像那位播种者播撒种子一样,万顷良田很快就要生机盎然,充满着无限的希望。正如赵家璧在《我编的第一部成套书》中所总结的:"把急需的精神食粮,送到千千万万的读者手中去。"这也就是"播种"出版标记的深远寓意吧。

在20世纪30年代,良友图书印刷公司出版了"一角丛书""良友文学丛书""中国新文学大系""中篇创作新集"等,无一例外地都在内封、环衬甚至包封上,印着这枚木刻画。

良友的书籍装帧好是大家所公认的,鲁迅生前曾戏称它"良友式"。1936年1月,张天翼的《畸人集》在良友出版了,共800

页，布面精装，包封正面印上作者近影，底面介绍作者另外两部新作。“播种”出版标记不仅在扉页中下方印制，而且在翻开来的两页面整版印刷这幅木刻的放大图。当年张天翼拿到样书时，逢人便夸说：“我的书第一次穿上西装，看多美啊！”据郑伯奇《左联回忆散记》道：“那时候，赵家璧同志刚从大学毕业，富于事业心，对新事物很敏感，对人也很热情。我们彼此有了相互了解，便着手商定《良友文学丛书》和《新文学大系》的编辑计划。在组织稿件方面，它奔走出力最多——这样的计划颇受读者欢迎，书店由此得到鼓励。”赵家璧这种播撒希望的种子，运送“精神食粮”的出版计划成功了。

在 1994 年 3 月，赵家璧给范用关于为生活·读书·新知三联书店写的两本回忆录再版的信中，谈了一些《文坛故旧录》编排制版的建议：“封面请你们设计，希望用所附播种图作底色，书名作者名用美术字和宋体字。”②从 20 世纪 30 年代到 90 年代，时隔 60 年，这幅播种图见证了良友图书公司的发展历程，体现了赵家璧对这幅图的钟爱，也是赵家璧对当初确定这幅图为良友图书出版标记这一灵感的无限回味。

回顾目前赵家璧回忆编辑生涯的 3 本书的封面设计，大致是这样的：1984 年生活·读书·新知三联书店出版的《编辑忆旧》封面整页印播种图。1991 年生活·读书·新知三联书店版《文坛故旧录——编辑忆旧续集》封面运用的是晨光出版标记——雄鸡。2008 年赵家璧百年诞辰之际，中华书局出版的《编辑忆旧》《文坛故旧录——编辑忆旧续集》《书比人长寿——编辑忆旧集外集》的封面也都再次运用播种图作为主图。因为大家都深深地体会到这一出版标记对于赵家璧的意义。

1981 年 7 月 15 日，费正清致赵家璧信中写道：“我深信刊印的书籍的价值，比起人来，更为长寿。”赵家璧为中国的新文化出版事业付出了毕生的心血，作出了创造性的贡献。书比人长寿，他创作、出版的书籍不仅仅是他生命的延续,也是中国文化更迭发展的见证。当我们再次欣赏他主要运用的这 3 枚出版标记时,也能略微感知一代老编辑的心路历程。从“播种”到“双鹅”(良友)再到“雄鸡”,是时代特征的冰山一角。播撒种子,积蓄希望,平等相待,良师益友,金鸡报晓,引领时代,这是一代出版人对事业的希冀,也是中国出版业发展的一种概括吧。

注释:

① 赵修慧:《赵家璧编辑〈良友文学丛书〉:只认作品不认人》,2013 年 6 月 4 日《文汇读书周报》。

② 赵家璧:《致范用》,上海鲁迅纪念馆编:《赵家璧文集》第 5 卷,上海文艺出版社 2012 年版,第 30 页。

从赵家璧与费正清通信看中美文化交流中的一段往事

丁佳园

赵家璧作为中国著名的出版家，曾经主持编辑出版过一套标志着中美文化交流的丛书，即《美国文学丛书》。在1949年正式出版时，赵家璧临时决定将其改名为《晨光世界文学丛书》，而以“美国之部”为其开端。在1980年4月30日发表的《出版〈美国文学丛书〉的前前后后》一文中，他详尽回忆了丛书出版的缘起，正是由费正清倡议促成的，过程十分艰难，出版之后相关人员更是历经风雨。但是借用文章中他自己的话说，“这套丛书印数少，又逢战乱，知道的人不多，影响也不大，但为编译这套丛书而由中美文化界人士所付出的辛勤劳动，今天看来，并未白费。在中美人民文化交流日益频繁的日子里，替三十多年前出版的这套丛书记下它的一笔坎坷的历程，还它以历史的本来面目，也不无意义可言吧”。

这篇文章在《读书》1980年10月号发表之后，赵家璧将此刊邮寄给了已经享誉学坛的哈佛大学教授费正清，并在1981年夏天收到了费正清的回信。关于这封回信的内容，赵家璧在《书林》1985年第2期发表的文章《“书比人长寿”——费正清博士从美国来的一封复信》（下称“《书林》一文”）中这样表述道：“对这样一位在四十年代曾经为促进中美文化交流做出过贡献的国际友人，他写给我个人的信，是有公之于众的史料价值的。”并附上由他翻译的费正清复信部分内容。信中费正清的一句话“书比人长寿”,是赵家璧非常喜爱的一句话,引为至言,他的“编辑忆旧”系列的第三种《编辑忆旧集外集》就用了这句话作为书名。

笔者在查阅了上海鲁迅纪念馆朝华文库之赵家璧专库中保存赵家璧的文稿后发现,以“从美国费正清的一封复信说起”为名的文稿一共有 3 篇。在从 1981 年收到复信,到 1985 年发表文章公开信的内容这几年中,关于这封复信和出版《美国文学丛书》的文章其实赵家璧共写了三稿,前后几经修改,可见赵家璧先生对这封来信的重视和将其公之于众的慎重。现在就将这 3 篇文稿做一个对比,借此追忆中美文化交流中的这段往事。

从 1985 年《书林》一文中,开篇提到“我把近三年来所写的回忆文章编成《编辑忆旧》后,最近发现还有不少新资料,值得记下一笔”。这与朝华文库内 3 篇手稿的其中一篇开头写法基本一致,文稿中写道:“最近我把近三年来写的有关三十、四十年代编辑出版方面的回忆文章,变成一集取名《编辑忆旧》,将由北京三联书店出版。在整理关于《美国文学丛书》一文时,又发现了不少新资料,因而另写这篇书话。《书林》编辑部同志认为尚有史料价值,把它作为该刊补白,便草成此文印在这里。”可见这篇文稿是 1985 年《书林》一文的原稿件,发表时由编辑进行了部分改动,以下简称“《书林》一文原稿”。

这篇原稿并没有对费正清的来信进行逐字翻译,而是着重回忆了 1947 年赵家璧在晨光出版公司时,收到了郑振铎的一套《美国文学丛书》全部译稿(共 18 种,20 卷),这是由当时担任美国新闻处处长的费正清博士在重庆发起的一项计划,打算较有规模有系统地翻译、介绍美国重要作家的代表作品,整个过程赵家璧在 1980 年的《出版〈美国文学丛书〉的前前后后》一文中写得十分详细,在这篇《书林》一文原稿中又作简述,并在《书林》一文发表时未作较大删改。

但是,这篇原稿所叙述的1981年费正清的复信中所提到的情况,在正式发表时又全部删去了,取而代之的是信件节选的译文。而朝华文库所藏的另外两篇标题皆为"美国费正清的一封来信"文稿,均对费正清复信的开篇与结尾做了逐句翻译。其中一篇为初稿,另一篇则誊写于1984年4月1日。

为何会有两个版本的《从美国费正清的一封复信说起》的文稿呢?一种可能是,赵家璧在写《书林》一文的原稿时,由于还未收到费正清复信中所提"我正在写我的回忆录,明年正月将以《中国旅程:五十年回忆录》为书名出版。我将会送你一册"。而在写1984年4月1日的稿件时,他应该已经收到这本书,所以文稿中不但专门翻译了信件,还摘录了费正清新著中提到《美国文学丛书》的部分:"在上海,我赞同美国新闻处去支持为中国读者翻译英语著作……把中国的、日本的、朝鲜的或越南的著作译成英文,是原著的再创作。我认为,反过来也是这样。如果我们需要真正的文学作品,我们就必须找中国的菲茨杰拉德去翻译我们美国的莪默·伽亚谟。我向权威学者郑振铎请教,并鼓励冯亦代尽力助推,他的妻子陈安娜正在美国新闻处担任文化联络工作。我们更谋取赵家璧、徐迟等人的支持……"费正清的自传《中国旅程:五十年回忆录》中记录了这件往事。

现在将信的英文原文(可见部分)和赵家璧翻译(节选)附录在此,从中可以真切感受到自觉担负起中美文化交流和传播的两位老人跨越近半个世纪的友谊。赵家璧先生对此信的翻译:

几个月前,你写给我的信没有及时答复,请鉴谅。我已经读了1980年第10期《读书》上你写的文章,你回忆了美国文学丛书中译本20卷的编辑经过。这计划始于1946年,到解放前的1949年才告完成。我很乐意知道你把它恢复了生命。这套丛书具有的高质量,关键在于参加的编译家们都是高水平的。此书之异乎寻常就在于此。

我所以迟迟未能答复,部分原因是我正在写我的回忆录,明年1月将以《中国旅程:五十年回忆录》为书名出版。我将会送你一册。它主要叙述我们在哈佛大学教育美国群众对中国历史和文化进行学术研究所取得的成就。像一切教育事业一样,收获总是很小,连自己也没有把握能取得多少成效。

你在《读书》上所写,为了出版美国文学丛书中译本所经历的长期斗争和最后胜利,是一篇动人的故事。我深信刊印的书籍的价值,比起人来,更为长寿,当然它比日报更能历久不磨。你要知道,新一代的有能力的中国文学翻译家已在美国成长。这批翻译家中,有中国籍的,也有美国籍的。有一位历史学家,既是能干的翻译家,又是文学创作者,他就是耶鲁大学的乔纳森·斯潘司教授(Prof. Jonathan D. Spence)。他出生于英国,就学于已故的玛利·赖特教授(Prof. Mary wright)。他的新著《天堂和平之门:中国人和他们的革命1895—1980》,利用最近从中文英译的资料,给读者介绍了康有为、鲁迅和丁玲,还有许多人,如沈从文、瞿秋白和徐志摩。这是一个例子,说明我们已经取得了进展。

……

现代化似乎是两边都锋利的一柄剑,必须谨慎掌握。它看来似乎需要得必不可少,但在人来社会中,要在运用道德问题上达到平衡和协调,它是无法解决的。在这个基本课题上,我们需要把各种不同的见解尽可能地进行国际交流,把成为争端的问题展开讨论。我深切希望,在中美两国之间,现在可以尽量发挥这种交流了。

两位老人的通信在现在读来虽是满纸回忆,但是也写满他们年轻时渴望推动中美两国文化交流的美好心愿,更是对翻译和出版过程中付出了心血的翻译家、出版家、参与人员的集体感谢。时隔70多年,往事尘封,但是被翻译出版的丛书可以世世代代流传下去,影响一代又一代读者。

附费正清原信(节录):

Dear Zhao Jiabi:

Please forgive my slowness in responding to your good letter of several months ago. I have read your article in Du Shu No.10 for 1980, recalling the way in which the 20-volume collection of American Literature in Chinese translation was put together. The project began in 1946 and was completed in 1949, Just before Liberation. Now I am very glad to learn you have … revived it. The key to it's quality lay in the high caliber of … of translators who participated. That made all the different …

……

Modernization seems to be a two-edged sword that must be handled with great care. Although it seems to be unavoidably necessary. It is no solution to our moral problem of achieving and harmony in human society. On this fundamental subject we need the fullest degree of international exchange of discordant views and discussion of controversial issues. I hope profoundly that such an exchange can now flourish between China and America.

With sincere regards and good wishes.

John King Fairbank

鲁迅作品及生平研究

在译与作之间“做”出的《摩罗诗力说》

——略谈《摩罗诗力说》的定性问题并以晚清到“五四”的译作实绩为背景

刘 锐

前 言

鲁迅《摩罗诗力说》自 1907 年问世,1908 年发表,到 1927 年被编选入集出版以来,纵观历年来的研究,在相当长一段时间里,国内学者都将《摩罗诗力说》定性为创作。直至 20 世纪 70 年代初,日本学者北冈正子发表了若干篇关于《摩罗诗力说》的研究笔记,并在 20 世纪 80 年代初的几年,北冈正子那几篇发表的笔记和一部分尚未刊载或有待进一步开掘的关于《摩罗诗力说》的考证笔记,被一并译介到中国,形成并出版了专著《摩罗诗力说材源考》[①]。至此,这种探源式的研究方法和《摩罗诗力说材源考》所表现出的对《摩罗诗力说》的重新定性,才对此后 30 多年的《摩罗诗力说》研究产生了新的影响。

但令人遗憾的是,北冈正子的《摩罗诗力说材源考》于中国问世以来,在此后相当长的一段时间里,并没有引起人们足够的重视,除了个别学者[②]对《摩罗诗力说》等鲁迅早期的所谓“论文”加以重新定性外,大部分国内学者都是囿于“创作”范畴,来研究《摩罗诗力说》。即便有一小部分注意到或者使用到《摩罗诗力说材源考》的成果,也只是停留在北冈正子对原文与材源的一种相对宏观的比较和一些解读上面。[③]

日本学界对《摩罗诗力说》的研究,在北冈正子的成果出来之前,与中国学者的认识是一样的。但此后由于《材源考》影响,以及中岛长文《蓝本〈摩罗诗力说〉第四、五章》的呼应与深入,日本学界比较看重《摩罗诗力说》作为译文的性质,或者说干脆把其看作是一种翻译来对待。[④]但正如许多国内学者所诟病的,这类“针对鲁迅留日时期或关涉日本的写作和思想情状”的实证研究,“无非是以还原夸大之名,行夸大之实,最终目的是将鲁迅的成就和价值绑架、贴附到日本社会和日本文化的肌体上”[⑤]。我固然不同意这样的说法,因为实证研究的价值就在于客观性,有无关联或有多少关联,都是很明白的事,不需要过多的议论。但又正因为是这样,使本该属于鲁迅自己的一部分被淡化或遗忘了,似乎把“鲁迅借鉴这些材料到底要做何用途”这个问题抛到了脑后。

是翻译还是创作,仅就《摩罗诗力说》而论,永远是争论不休的,也没有意义。我们的目的是认识鲁迅,解读鲁迅,所以,不论是翻译还是创作,我们既要看到定性为我们所带来的在研究上的新路径,也要看到一旦有了单一定性,其相互遮蔽,为我们研究所带来的盲区,即离开翻译谈创作,与离开创作谈翻译,都会遮蔽其中一方面的价值。故而,我这里要仅就《摩罗诗力说》研究提出“第三种定性”,即在译与作之间。而作为一种研究视角的所谓“译作之间”的定性,其如何界定,其研究之可行性又有多大……这些问题都需要一个历史的视角来考察,并以此来奠定通过“第三种定性”研究《摩罗诗力说》的时代背景基础。

一、从“译”“译述”“抄译”等概念的界定说起

由于本文提出的定性将“译”与“作”纠缠在一起,所以不得不

对相关概念进一步做出界定。将《摩罗诗力说》定性为“译作”或者说“译、作之间”，难免有人会问：什么是“译”？“译”与“作”各自所占比重又是多少？如果一方面的比重过大，文本的性质会不会就偏向一端？对于这些问题，没有量化标准，不好回答，然而要将一个文本量化，似乎又不太可能实现，即便做到了，也不一定可以正确判定。总之，这不是量化比重就可以解决的问题。

考察“译”的意思，最简单明了的解释，即把一种语言信息转化为另一种语言信息。“译述”，显然除了“译”的成分，又加入了“述”。所谓“述而不作”，“述”也是相对于“作”而言的，是对信息的传递和转化，那么“译述”并没有脱离“译”的范畴，可视为一种对原文加以重新编排或取舍的不严格翻译，这也是与《摩罗诗力说》同时期、同性质的《人之历史》在《河南》杂志上刊发时所属栏目的定性。此外，“编译”与“选译”也应在其所属范畴内。

所谓“抄译”是鲁迅在《集外集·序言》中对所收的古文《斯巴达之魂》《说钼》的定性，因为“那时的化学和历史的程度并没有这样高，所以大概总是从什么地方偷来的，不过后来无论怎么记，也再也记不起它们的老家”[⑥]。“抄译”在此处仍然属于“译述”的范畴，但小而言之，如果在创作的文本中，引用一条外文材料，也可以叫作“抄译”，它却是被统摄在整个文本的创作性质之下的。当然，在译本泛滥的当下，还有“抄袭翻译”的意思。

可见，只从上述概念也很难为《摩罗诗力说》定性，但会有论者就以上述小而言之的“抄译”概念来定性，以大化小，将《摩罗诗力说》的材源逐条分离，看作是鲁迅为作文而抄译并引用的外文资料，况且鲁迅在整段的“抄译”中会自己插话和援引中国传统经典，[⑦]这更是为这些论者提供了天然的“分割线”。

然而，如此下去，依旧是“大路朝天，各走一边”，并不是厘清问题的关键所在。历史的问题还需历史地考察，将《摩罗诗力说》的定性问题放在其“前身”和“来世”的历史语境中探究，辨别其中译作的成分,似乎较为可行。

二、“做”出的西书:晚清的译书风尚

——《摩罗诗力说》的产生背景

后来已经是很推崇“直译”的鲁迅,在批判“孩子之父”(有别于“人之父”)的杂感《随感录·二十五》中以惯用的“闲笔”开篇:

> “我一直从前曾见严又陵在一本什么书上发过议论,书名和原文都忘记了。大意是:‘在北京道上,看见许多孩子,辗转于车轮马足之间,很怕把他们碰死了,又想起他们将来怎样得了,很是害怕。’其实别的地方,也都如此,不过车马多少不同罢了。现在到了北京,这情形还未改变,我也时时发起这样的忧虑;一面又佩服严又陵究竟是‘做’过赫胥黎《天演论》的,的确与众不同:是一个十九世纪末年中国感觉锐敏的人。”⑧

其中,“究竟是‘做’过赫胥黎《天演论》的”一句很耐人寻味。⑨这里的“做”不仅有“作”的意思,而且在明确知道有“译”的基础上还包含了“编排”“组织”等含义,显然是认为严复的译书有比较主观的个人色彩在里面。这个看似不经意的闲笔,实则是一语道破了晚清时期中国人的译书风尚。后来鲁迅在回忆中梳理自己译文的风格流变时,并没有忘记这位“做”书的严又陵对自己的影响。⑩早年在南京读书时的鲁迅,就受到“看新书的风气”的影响,于是“一有闲空,就照例地吃侉饼、花生米、辣椒,看《天演论》”⑪,并不顾夜晚兴冲冲地将书送去给胞弟周作人看,⑫可见始读《天演论》所受冲击之大。不久,鲁迅便踏上了留日旅程,相信此时他脑子里还深刻地印着《天演论·译例言》里的话:“词句之间,时有所颠倒附益,不斤斤于字比句次,而意义则不倍本文。题

曰达恉,不云笔译”[13],也就是后来自己概括的“做”。留学日本后,“初学日文”但“急于翻译”[14],于是顺理成章地也“做”起文章来了。先是在不到一年时间里“做”出 5 篇[15],几年之后再“做”出 5 篇。[16]

但是,并不能仅以严复在国内对鲁迅的影响为依据。鲁迅赴日后,还接触了大量的林纾与梁启超翻译的小说,以当时的情况而论,“做”还是中国人在日本译介西书的主要方式。一方面,鲁迅那一代留学生接触的媒介主要是流亡日本的革命者所主办的刊物和各省的留学生报刊,上面有不少是“做”出来的文章,有的原题照宣而内做处理,有的则改头换面而重现编排,还有的是拼凑粘贴,所以在大环境影响下并没有多少人持有单纯的“译”或“作”的概念,只能是杂糅二者或处于其间的“做”。[17]

另一方面,日本虽然经过了明治维新,吸收了先进的西学,但毕竟独悬一岛,凡是进来的东西,不待有“西化”,首先被“日化”[18],那么通过汉语译介的便就是“第二手材料”,从一开始就构建在被“日化”的主观性材料上(并非客观的原典材料),况且由于对日语的轻视态度,速成学习并急切操作,在中间形成改译(包括误译),也是难免的。[19]

所以,即便是到了 1907 年,《摩罗诗力说》仍是被鲁迅“做”了出来。但饶有意思的是,上述提到的与《摩罗诗力说》同时期、同性质的古文《人之历史》在《河南》杂志的创刊号上刊发时在目录中归于“译述”一栏,而紧接着在第二、三期上连载《摩罗诗力说》时,却将这篇与《人之历史》同一性质、被后人证实的“做”出的文章,归入了“论著”一栏,这似乎预示着“做”在后来的命运及变体。

三、“五四”新风尚:以“译”代“作”
——以胡适为中心

告别晚清,进入“五四”,作为新文化运动代表人物的胡适,其最具分量的文学实绩当属《尝试集》,1920 年初版,次年出第 2 版和第 3 版,1922 年 10 月出第 4 版。[20]前后 4 版的《尝试集》(附《去国集》)共收诗词 89 首。而 1922 年以后的诗词,共 43 首,后成《尝试后集》的"初选"[21]。所以,胡适生前亲自选定的两本集子,诸版合计共 132 首。不论这些诗歌的新旧,"放脚"的多少,其中却将"译诗"9 首[22]混入了本属创作的集子里,"明目张胆"以"译"充数,但此中的用意恐怕又不是"充数"这么简单。如果只是单纯地将这些"译诗"定性为翻译的话,只能说明胡适此举算"充数",那么对于"五四"时期胡适将翻译混入创作集(乃至几十年后编选《尝试后集》的"初选")的事,进一步讨论的价值也就不大了。就以历来被研究者讨论最多、在"译诗"中最具代表性的《关不住了!》为例,一些研究者觉得胡适将翻译收入创作集中定有其意图,他们从各方面阐发了此诗在翻译之外更为重要的性质,或者说更为主要的定性,概言之,即胡适自己已经有意识地对收入集中的"翻译"定性为具有一定自主意识的译作。不论是说"用现代口语传达现代思想感情风格"[23],还是说个体翻译在"构建现代诗学过程中的自主意识和首创精神"[24],或者是说"拒绝对原作和译作做初级(Primary)和二级(Secondary)的划分"的"作为原作的译作"[25],都是将此种"译文"赋予了有别于翻译又不等同于创作的内涵。联系到上述晚清的"做"书风尚,如果较为宏观地考量作为诗集的《尝试集》的构成,那么这种构成也说得上是"五四"时代的一种"做";而从"译诗"所承载的意义上讲,可能仅从译文表面无法作更为丰富的阐释,但是从其内蕴上讲是对晚清"做"书风尚的一种承袭。似乎这样我们便更能较为清晰地对上述《摩罗诗力说》与《人之历史》在《河南》上刊发时被做不同定性的问题做出理解。

此外,关于胡适《尝试集》的"删诗"一事,作为被邀请的删诗者之一的鲁迅,对再版《尝试集》的删订意见是:

《江上》可删。

《我的儿子》全篇可删。

《周岁》可删；这也只是寿诗之类。

《蔚蓝的天上》可删。

《例外》可以不要。

《礼！》可删；与其存《礼！》，不如留《失（希）望》。[26]

有意思的是，此中要删的并没有涉及集中“译诗”，不妨可以看作是对“译诗”存在状况的默认。可见，至少包括鲁迅，对其中“译诗”的态度，也不是以“翻译”定性而从创作集中删除那么简单。不敢说鲁迅可以像后世研究者那样察觉并阐发出其中的真意，但至少从诗集的构成上讲，在已经是推崇并坚持“直译”的鲁迅，并没有丢掉晚清以来“做”书风尚的精髓，即有作有译，有自己的也有别人的，后者是前者的基础和载体（或部分），而前者引领后者更好地表达自己。这里固然没有准确的量化分析和明晰的性质构成，只是要谨慎偏向一端的定性。

四、难拆难解难辩明：周作人散文中的抄译

——兼说《摩罗诗力说》

似乎在“做”的统摄下，越往后发展译作之间的界限便越来越难分辨了。周作人在中国现代散文史上与鲁迅“双峰并峙”，其散文的丰富多样，是研究者们历来谈论不止的话题，其中的“文抄体”尤甚。

周作人成熟于20世纪30年代的文抄体散文，在大量抄录中国古书的同时，也在自己外语能力的覆盖范围下，边抄边译了不少外国书，并且不是个别词句的资料性摘引，而是连篇累牍式的“抄译”。若是只从文字所占比重看，一篇文章写下来，除了开头结尾和中间几句穿针引线的文字外，在自己的文章里绝大部分却是别

人的文字。

如收在“文抄体”已经相当成熟的《苦茶随笔》中的《东京散策记》一文，在介绍了永井和风《日和下驮》（又名《东京散策记》）的版本流变等信息外，遂抄书一段作为题解，在提炼了作者“对于本国的政治与文化”的“态度非常消极”“几乎表示极端憎恶”[27]的意旨后，即抄译永井和风《江户艺术论》和《日和下驮》各一大段进行互证。接着是从集子中摘出自己感兴趣的民俗部分，有专篇《淫祠》，便全文照录。至此再抄一段中国古书与外文材料相印证，方才收手。像这样的文章，又该怎么定性？定性为“节译”，太过简单；似乎又羞言“创作”，因为文章中几乎是别人的文字；也未尝不能说周作人只是像文章节选一样，添上了几句解读的话。由此看来，将这种“文抄体”散文独立出来，重新冠名，似乎是为周作人这类文章在“创作”上提供了一种合法性。

如此说来，怎么“抄”成了关键。当“抄译”成了“创作”的一种体现，怎样通过对别人的文字进行择取、串联、编排以表达自己的思想并注入自己的生命色彩，成了我们可以对这样的文章进行有别于“翻译”“译述”的一种阐释角度。学者高远东曾回忆起自己在日本参加过木山英雄主持的一次关于《夜读抄·清嘉录》的读书会，讨论对象是典型的“文抄体”，日本学人的方法是借来顾禄的《清嘉录》，对周作人征引的原文进行逐句地查检[28]，我以为用意当然在于对“抄”的观察。如果精通日文的读者将永井和风《日和下驮》的原著打开对勘，不论文字的翻译，单看周作人的取舍，也是一样的道理。如此方法上的启示，同样可以从北冈正子《摩罗诗力说材源考》那里寻得，不再赘述。所以，这既是研究“文抄体”散文创作的方法，也是研究“译述”“编译”的方法，在方法相通的同时却对所谓“创作”和“译述”的两类文字带来一种难以界定的模糊性质，这不能不说又是晚清“五四”以来“做”的变体，是它随着时间而流变的结果。同此前把看似“译述”的《摩罗诗力说》

定性为翻译一样，数十年后如果把看似“创作”的“文抄体”定性为“译述”，这将成为一场无休止的论争。

可见，不论是从实证出发定性为“译述”，还是从译者的主体性出发定性为“创作”，对此类“做”出的书或文章的定性，将一直难解难分难辨明。它应该是留在那个转折时代的一种特殊的历史产物，既有“借鉴”，也含“己出”，断不可以用现在的概念再来界定，只能是放在其具体的产生环境和流变过程中进行审视。这并不是“和稀泥”，而是这种具有自性和他性的“做”文体，可以兼容地从两方面进行开掘和阐发，尤其是对其中一些细节进行拆分时，不论是其中的“译”还是“作”，两者相交织，所展示出的东西远比一味地单纯定性而阐释要丰富得多。这也是我将《摩罗诗力说》定性为“译述与创作之间”的本意。

注释：

① 北冈正子：《摩罗诗力说材源考》（何乃英译，陈秋帆校），北京师范大学出版社 1983 年版。应当说，这是北冈正子所考证的《摩罗诗力说》材源首次较为完整地公之于众并形成专著，它首先是被译为汉语出现在中国大陆的。在此书出版后的 30 多年中，并没有日文版在日本出版，直到 2015 年 6 月，日文版的《摩罗诗力说材源考（修订本）》方于日本汲古书院出版，汉译名为《探索鲁迅文学之渊源〈摩罗诗力说〉材源考》，详参李冬木《从中文版到日文版——读北冈正子先生的〈摩罗诗力说〉材源考》（2016 年 10 月 19 日《文艺报》）。

② 陈福康在 20 世纪 80 年代中期，在《对〈鲁迅早期五篇论文〉提法的商榷》（《天津师大学报》（哲学社会科学版）1983 年第 4 期）、《〈人之历史〉的再认识——兼述评日本中岛长文先生对鲁迅此文的研究》[《东北师大学报》（哲学社会科学版）1984 年第 4 期] 等文中，对这个问题不断有所论述。

③ 关于《摩罗诗力说》研究史，请详参刘锐《九十年来〈摩罗诗力说〉研究述评——兼说〈摩罗诗力说〉及对鲁迅早期研究的限度与可能》（《上海鲁迅

研究・鲁迅与左翼作家》,上海社会科学院出版社2018年版)。

④ 如森冈优纪:《中国近代小説の成立と写実》(京都大学学术出版会,2012年11月5日初版一印)中第四章第一节《鲁迅の日本留学期におにる翻訳》。由于目前尚无中文译本,故笔者试译如下:1902年,鲁迅往日本官费留学,在弘文学院学习,1904年,入仙台医学专科学校(现东北大学)。1905年从仙台医专退学后在东京从事文学活动,直到1909年回国。在这大约7年的留学时期内,鲁迅发表了不少论文和翻译。所以,先尝试着将鲁迅日本留学时期的翻译编年列出。

鲁迅日本留学时期的翻译

年代	作品
1903年6月	《斯巴达之魂》
1903年6月	《哀尘》
1903年10月	《月界旅行》
1903年12月	《地底旅行》第一、二回(《浙江潮》第十期),1906年3月出版
1904年	《北极探险记》(遗失)
1905年春(?)	《造人术》
1907年夏	《红星逸史》之诗 《摩罗诗力说》(论文) 《文化偏至论》(论文)
1908年	《诗论》(论文) 《破恶声论》《论文》
1909年	《域外小说集》

⑤ 李林荣:《新世纪鲁迅研究全球本土化态势的省思》,《上海鲁迅研究2013夏》,上海社会科学院出版社2013年版。

⑥《鲁迅全集》第七卷,人民文学出版社2005年版,第4页。

⑦ 如"其言有反抗之音"一句,即鲁迅自己在抄译材料中插入的一句评论。再如这一段话:"宁止英伦。中国汉晋以来,凡负文名者,多受谤毁,刘彦

和为之辩曰,人禀五才,修短殊用,自非上哲,难以求备,然将相以位隆特达,文士以职卑多诮,此江河所以腾涌,涓流所以寸析者。东方恶习,尽此数言。然裴伦之祸,则缘起非如前陈,实反由于名盛,社会顽愚,仇敌窥覗,乘隙立起,众则不察而妄和之;若颂高官而厄寒士者,其污且甚于此矣。"其中,"人禀五才……寸析者",引自刘勰《文心雕龙·程器》。而"东方恶习……甚于此矣"几句,当是鲁迅所发之评论。按,"析"在刘勰原文中作"折","寸折"意为涓流曲折,若是"寸析"则不通。"析"之误,疑是排版者误植,因为以行草书的书写规范来看,作为偏旁的"木"与"扌"极为相像,很容易混淆。当然,即便是用楷书书写文稿,也容易误看。

⑧《鲁迅全集》第一卷,人民文学出版社 2005 年版,第 311 页。

⑨ 需要辨明的是,鲁迅的文字在不同的文体中有不一样的表达效果。陈平原就多次强调过这个问题,例如在一次对话中,他说,"检索到的词语,一旦脱离了上下文及写作心态,你的理解很可能出现偏差。除非作家有意进行'越界'和'混搭'的实验,否则,讨论具体文本时,必须考虑语境及文类","杂文和学术著作也有很大的差异,杂文可以'攻其一点不及其余',著作则必须努力做到客观公允"(陈平原、王德威、藤井省三:《中国现代文学研究的方向》,《学术月刊》第 46 卷,2014 年 8 月)。那么,根据此处上下文的文意,在这里可不可以把鲁迅杂文中的话引入本文的论述中作为依据呢?我以为是可以的,因为严复本身和文章的论题无关,鲁迅的目的乃是引出要议论的没人管教的孩子,意在批评中国,以西方作对比,故而引入严复的译文,并以此夸赞了 19 世纪末译介西学的严复的敏锐,想说他不同于其他没有接受过西学的中国人,故而有与众不同的认识,而"做"过《天演论》是敏锐和有与众不同认识的前提条件。所以,单落实到这个"做"字上,并没有主观色彩,可以说是对严复译述一种简洁客观的描述。

⑩《集外集·序言》:"我的文章里,也有受着严又陵的影响的,例如'涅伏',就是'神经'的腊丁语的音译,这现在恐怕只有我自己懂得的了",《鲁迅全集》第七卷,人民文学出版社 2005 年版,第 4 页。

⑪《鲁迅全集》第二卷,人民文学出版社 2005 年版,第 5 页。

⑫ 周作人辛丑年十二月二十四日日记:"晴,冷。上午看今《水经》。饭后步

行至陆师学堂,道路泥泞,下足为难。同大哥谈,少顷即偕至鼓楼一游,同乡张君协和(邦华矿生)同去,啜茗一盏而返,予循大路回堂,已四下钟矣。晚饭后大哥忽至,携来赫胥黎《天演论》一本,译笔甚好。夜同阅《苏报》等,至十二钟始睡。"摘自《周作人日记》(影印本)(大象出版社 1996 年版,第 278 页),为笔者释读并标点,括号内为原稿小号字体。至于鲁迅对《天演论》的接受时间,笔者赞成蒙树宏的说法,即 1912 年。参见蒙树宏《关于鲁迅购读〈天演论〉的时间》(《云南社会科学》1981 年第 3 期)。

⑬ 赫胥黎:《天演论》(严复译),译林出版社 2011 年版,第 7 页。

⑭《鲁迅全集》第七卷,人民文学出版社 2005 年版,第 4 页。

⑮ 1902—1903 年间的 5 篇:《斯巴达之魂》《哀尘》《说鈤》《中国地质略论》《月界旅行》。

⑯ 1907—1908 年间的 5 篇:《人之历史》《摩罗诗力说》《科学史教篇》《文化偏至论》《破恶声论》。

⑰ 如梁启超在《新民丛报》上连载其翻译的日译本小说《十五少年》,首先就将题目改为了《十五小豪杰》,于此能够体察到,"十五个少年在无人岛度过危机,是十五个英雄度过列强侵略的危机而建立共和国的一种类比"。其次在第一回的译后记中说,"今吾此译。又纯以中国说部体段代之"。所以,"这部小说被附上了回目,在每回的背后都有模仿章回小说的'且听下回分解'",而且"从原译的十五回变为了十八回。在第四回译后记中说,因为用白话体例翻译,很困难,所以加入了文言(《新明丛报》第六期)。此外,对照日译本可知,有些词被改译,有些词上打了着重符号被突出,如"诸君"改为"大众","自由"及"权利"是被突出的重点。以上观点参考森冈优纪:《中国近代小説の成立と写実》(京都大学学术出版会,2012 年 11 月 5 日初版一印),引文为笔者所译。

⑱ 如鲁迅对尼采的接受,并不是德国的原尼采,而是被"日化"了的尼采。参见张钊贻:《鲁迅:中国"温和"的尼采》,北京大学出版社 2011 年版。

⑲ 由于日语中掺杂着大量汉字,这使得当时赴日的中国人对日语产生了一定的误解。梁启超赴日后,学习日语的同时,也编出一本供给中国人使用的日语教材《和文汉读法》,后来周作人《苦竹杂记 · 和文汉读法》对此书有过中肯的评价,"一方面鼓励人学日文,一方面也要使人误会,把日本语

看得太容易”,并认为此书对日语中的虚字,“即天尔乎波等助词与表示能所等助动词”,存在错误的认识。这可以说对当时一部分人日语学习埋下了一个巨大的隐患,学日语的人都知道,助词是最复杂的,甚至有人认为,学日语就是学助词。可见,当时翻译中形成的改译,也有其不能避免的客观因素。

⑳《尝试集》收入《胡适全集》第10卷(安徽教育出版社2003年版)时,整理者认为“1921年的‘三版’与‘二版’相同”;也有研究者认为,“《尝试集》在再版、四版之间,并没有‘第三版’。换言之,第四版就‘第三版’”(罗义华《〈尝试集〉“第三版”考辨》,《江汉论坛》,2013年第11期)。

㉑《尝试后集》最初见于1964年台湾“商务印书馆”影印出版的《胡适之先生诗歌手迹》。这册“影印”的“手迹”选收了胡适1922年以后的诗词43首,即胡适所谓“《尝试后集》的初选”(1952年9月)以及未入“初选”的23首(摘自《胡适全集·第10卷》整理说明)。

㉒ 胡适明确标记了9首译诗:《老洛伯“Auld Robin Gray”》《关不住了!》《希望!》《哀希腊歌“The Isles of Greece”》《墓门行》《译白朗宁的〈清晨的分别〉》《译白朗宁的〈你总有爱我的一天〉》《译葛德的Harfenspieler》《一枝箭,一只曲子》。

㉓ 王光明:《现代汉诗百年演变》,河北人民出版社2013年版,第81页。

㉔ 廖七一:《硬币的另一面——论胡适诗歌翻译转型期中的译者主体性》,《中国比较文学》2003年第1期。

㉕ 陈太胜:《跨文化旅行中的原作与译作:胡适的译诗与新诗的发生新论》,《中国比较文学》2011年第4期。

㉖《鲁迅全集》第十一卷,人民文学出版社2005年版,第388页。

㉗《周作人自编集·苦茶随笔》(止庵校订),北京十月文艺出版社2011年版,第43页。

㉘《现代中国》第6辑(陈平原主编),北京大学出版社2005年版,第274页。

摩罗诗人与侠义精神的重生

高　磊

鲁迅的思想及小说创作当中的确体现了与侠义精神千丝万缕的联系,他欣赏为了民众行侠仗义、舍生忘死的侠者形象。而鲁迅自己以写作来行使社会批判使命的精神,亦使得他本人的作家身份与侠士形象产生了某些重合,从中可以体现一种文人与侠士的精神共通性。鲁迅所推崇的是富有正义感与斗争精神的先秦侠士品格,而他指出:汉代以后的侠士全都沦为了取巧的侠,只剩下了奴性与流氓气,真正的侠义精神已经不复存在。在鲁迅看来,中国的侠文化如今已步入了末路。另一方面,鲁迅素来欣赏来自西方世界以拜伦为代表的摩罗诗人。而摩罗诗人身上叛逆、自我、顽强抗争的灵魂,会令人不自觉地联想到鲁迅所赞赏的先秦侠士的品格。鲁迅似乎将借着他对于摩罗诗人的呼唤,来使得已经消失殆尽的中国传统侠义精神得以重生。本文将首先论述中国传统侠士与文人之间存在着怎样的共通之处,接着指出随着时代变迁,文艺与侠义精神的双双衰颓,然后探讨摩罗诗人品格是如何被继承到鲁迅笔下的侠士身上,以此来说明中国传统文化借着对西方文化的引入,从而焕发出了新的生机。其中体现了鲁迅希望改造与发扬传统文化中的可取之处,使之与世界文化协同生长的意愿。

一、文人与侠士的共通性

鲁迅的老师章太炎曾写《儒侠》,将本应在九流之外的"侠"与诸子置于同一地位来探讨其与儒的关系。首先他认为儒侠相近，“漆雕氏之儒废，而闾里有游侠(《韩非显学》：漆雕氏之儒，‘不色挠，不目逃，行曲则违于臧获，行直则怒于诸侯。’是漆雕氏最与游侠相近也)”。其次，儒家的仁义观与侠士的伸张正义的精神亦是相通的，他说：“且儒者之义，有过于‘杀身成仁’者乎？儒者之用，有过于‘除国之大害，捍国之大患’者乎？”[①]可见，文人与侠士在精神上存在着共通性，他们的心中都怀着仁义，遇见世间的不平敢于出手相助，即便是牺牲自我也在所不辞。身为章太炎的学生，鲁迅想必也受到了这种“儒侠合一”思想的影响。他曾引用司马迁的话说道：“儒以文乱法，而侠以武犯禁。”[②]鲁迅格外欣赏先秦墨侠那种孤身一人也要进行反叛斗争，为大众奔走献身的精神，这在他的小说《铸剑》《非攻》中均有体现。而鲁迅自己也将这种精神身体力行，文学在以鲁迅为代表的“五四”知识分子看来，是战斗与启蒙大众的有力武器。他以笔代剑，揭露封建传统势力内部的腐朽，抨击虚伪的道德观，为底层民众发声，只为将他们蒙昧已久的灵魂唤醒。他是对传统势力与统治阶级的叛逆者，同时又是底层民众权益的代言人。从社会批判的意义上来讲，文人所扮演的角色的确与路见不平，拔刀相助的侠士有着相似之处。正是由于这种社会功能上的精神共通性，文学与侠义精神得以能够被结合起来加以探讨。

而在20世纪的中国，文艺与侠义精神都双双步入了衰颓之境。鲁迅在《摩罗诗力说》中认为，原先充满了生机与活力的古代国家的文化，随着时代更迭，无不变得萧条衰落，是谓“如脱春温而入于秋肃”。其原因在于国民的心中已经无法再发出“至大之声”。无论是印度还是以色列，两国都曾有过文艺繁荣的辉煌历史，而如今却走向了衰颓，文艺上变得寂然无声。鲁迅引用了英国卡莱尔的话来说明“昭明之声”的重要性，他说：“得昭明之声，洋洋乎歌心意而生者，为国民之首义。”[③]可见，倘若失去了敢于“发声”的意志,那么文艺必然没落,国民精神也随之颓废,国家将变得衰败。那些所谓的文明古国,直至今日文艺已经陷入了停滞,变得不思进取,只是一味夸耀自己过去文化的灿烂。如今中国的大街上,弥漫着痛斥印度与波兰的奴性的军歌或国歌来显示自己国家的优越,而真正自觉的歌声与诗人却早已绝迹了。当雄伟有力的歌声逐渐被自我安慰、自我欺骗的颓靡之声所取代,中国的文艺就同样步入了衰颓。

与文艺上的“失声”相类似的,是“侠气”的丧失。在《流氓的变迁》中,鲁迅说:“孔子之徒为儒,墨子之徒为侠。‘儒者,柔也’,当然不会危险的。惟侠老实,所以墨者的末流,至于以‘死’为终极的目的。到后来,真老实的逐渐死完,止留下取巧的侠,汉的大侠,就已和公侯权贵相馈赠,以备危急时来作护符之用了。”

原侠的侠气逐渐消失,取而代之的是奴性,鲁迅认为:

“满洲入关,中国渐被压服了,连有‘侠气’的人,也不敢再起盗心,不敢指斥奸臣,不敢直接为天子效力,于是跟一个好官员或钦差大臣,给他保镖,替他捕盗,一部《施公案》,也说得很分明,还有《彭公案》,《七侠五义》之流,至今没有穷尽。他们出身清白,连先前也并无坏处,虽在钦差之下,究居平民之上,对一方面固然必须听命,对别方面还是大可逞雄,安全之度增多了,奴性也跟着加足。”

此外,原本侠士行侠仗义的品格,如今已被庸俗化,堕落成了流氓习气。鲁迅对于那些流氓这么描绘道:

“于是有流氓。和尚喝酒他来打,男女通奸他来捉,私娼私贩他来凌辱,为的是维持风化;乡下人不懂租界章程他来欺侮,为的是看不起无知;剪发女人他来嘲骂,社会改革者他来憎恶,为的是宝爱秩序。但后面是传统的靠山,对手又都非浩荡的强敌,他就在其间横行过去。”

可见鲁迅所欣赏的是传统文化中的先秦墨侠,而非汉以后已经变质了的侠。一旦失去了反抗到底的叛逆精神与为民牺牲的社会责任感,侠也就失去了“侠气”,沦为了当权的走狗奴隶以及恃强凌弱的流氓地痞。正如前文所述,不仅文人与侠士有着精神上的共通性,连文学艺术与侠义精神,也在后来双双呈现出衰颓的状态。

二、鲁迅作品中摩罗与侠士的相遇

在鲁迅看来,文学在社会中发挥着启迪国民心智的作用,而文人扮演着“撄人心者”的重要角色。那么,既然文人与侠士之间存在角色的共通性,唤回过去传统侠士的高尚品质则亦将成为实现鲁迅“立人”主张的一条途径。究竟该如何让枯竭的侠义精神重获新生呢?就文学而言,在《摩罗诗力说》的开篇,鲁迅引用了尼采的话:“求古源尽者将求方来之泉,将求新源。嗟我昆弟,新生之作,新泉之涌于渊深,其非远矣。”[④]当那古老的源泉穷尽之时,就不得不寻找新泉,焕发出新的生机。这说的正是鲁迅试图在异邦寻找新声,以此来重新振作本国步入萧条的古老文艺传统所做的努力。那么,与文艺一样步入衰颓的侠义精神,是否也同样呼唤着来自异邦的新生命力呢?赋予侠义精神的生机的“新声”,正是“摩罗诗人”。

鲁迅文艺思想中所涉及摩罗诗人的一些品格,落实到他的文学创作当中,恰巧是以中国传统的侠士形象来呈现的,这也许是鲁迅将东方的侠义精神视作了将西方摩罗诗人的品格引入中国的合适载体的缘故。摩罗诗人与鲁迅笔下侠士间存在的精神契合之处,主要有三点:叛逆反抗的战斗性、高度张扬的个人意志以及启蒙与自我牺牲精神。

(一) 叛逆反抗的战斗性

摩罗诗人拒绝随波逐流,顺应时代。他们敢于反抗当权势力,充满斗争精神,并且永不妥协。鲁迅描述摩罗诗人“立意在反抗,指归在动作”“大都不为顺世合乐之音，动吭一呼，闻者兴起，争天拒俗”[⑤]。鲁迅认为这种斗争精神对于一个民族来说十分重要的，因为永恒的和平在这个世界上并不存在，自然界当中的一切生物都是在不断的斗争当中存活下来的。安于现状终将导致萎缩堕落，唯有斗争才能不断地进取发展。这种观点显然是受当时西方进化论的思想影响才形成的。而当权者为了巩固自己的统治，自然不希望看到民众富于斗争精神，故鼓吹虚伪的和平，来麻痹民众的心灵。而鲁迅理想中的诗人乃是站在与当权者相对立的立场上的“撄人心者”，他们能够唤醒民众的心灵，正所谓“握拨一弹，心弦立应，其声澈于灵符，令有情皆举其首，如睹晓日，益为之美伟强力高尚发扬，而污浊之平和，以之将破”[⑥]。因此，当权者才会厌恶而又畏惧着这些诗人的力量，将他们称为“摩罗”“撒旦”。尽管和平被摩罗诗人们打破了，但是人道却得以发扬。

这种与统治势力不合作、勇于针砭时弊的精神，同样也是先秦侠士所具备的品质，无奈却没能很好地传承下来。正如鲁迅在《流氓的变迁》中所指出的那样，一些侠士沦为权势的附庸，斗争精神渐渐被奴性所取代。在鲁迅《故事新编》中的《非攻》篇中，墨子的学生曹公子对宋国民众宣扬什么“民气”说，煽动大家都去死。当墨子让他另一个学生管黔敖去阻止曹公子时，管黔敖回答道：“他在这里做了两年官，不大愿意和我们说话了。”这说明侠义精神正是因为与官方势力的同化而逐渐消失殆尽。

而《铸剑》中的黑衣人“宴之敖者”，却是一个彻底的、纯粹的复仇与斗争的化身，他曾说：“仗义、同情，那些东西，先前曾经干净过，现在却成了放鬼债的资本。我的心里全没有你们所谓的那些，我只不过要给你复仇。”这段话暗示了曾经高尚的侠义精神沾染了不洁之物，而宴之敖者身上所保留的却是无比纯粹的复仇性。当锅中眉间尺的头在与国王的头的厮斗中陷入劣势时，宴之敖者甚至不惜切下了自己的头，义无反顾地参与到了与统治势力的决绝斗争当中。眉间尺性情优柔寡断，刚踏上复仇道路时，处处显得生涩不成熟。正是与宴之敖者的相遇与对话，才使得他下定决心割下自己的脑袋，将自己的生命与复仇托付给了宴之敖者，保证了复仇的坚决执行。是宴之敖者的出现促使眉间尺做好了最后的觉悟，犹如摩罗诗人触动并振奋了民众决绝的战斗意志。因此，宴之敖者身上寄托了摩罗诗人叛逆反抗的战斗品性，这同时也是先秦侠士的叛逆与斗争精神的回归。

（二）高度张扬的个人意志

拜伦是摩罗诗人的代表，他个性叛逆，崇尚个人自由，深受鲁迅的推崇。鲁迅在《摩罗诗力说》中提到了拜伦所创作的长诗《海盗》。《海盗》的主人公康拉德心中有着纯洁高尚的理想，却受到世人的排斥。后来，凭借着极强的个人意志，康拉德愤而当起了海盗。他蔑视一切道德、法律，无论是旁人的看法，还是上帝的命意，都阻止不了康拉德的行动。他在海上建了一个大国，率领众多部下。鲁迅认为康拉德就是拜伦自己的化身，体现了拜伦自己身上强而有力的个人意志。

拜伦离婚以后，遭到了来自社会各界的嘲笑与谩骂。他的仇人们窥伺时机对他进行攻击，而那些并不了解真相的群众们也随之附和。鲁迅将之视为一种大众对天才的迫害，说“窘戮天才，殆人群恒状，滔滔皆是”⑦。这里便体现了一种庸众与少数天才的对立。

在分析拜伦的《天与地》中，鲁迅这么分析了撒旦与众人的关系。他认为上帝毁灭了包括人类在内的自己的创造物，而人类却对上帝的一点所谓的恩惠大唱颂歌，跪地膜拜。正因如此上帝才得到更多的力量。接着，人们又借上帝的力量来压制撒旦。这段论述说明在鲁迅看来，撒旦作为一个反抗上帝的觉醒者，遭到了来自尚未觉醒的众人的压制。这再次说明了庸众容不得少数天才的个性张扬。但是，拜伦并没有因此放弃个性。越是遭到众人的排斥，他就越是独立自主，意志坚强，“地球上至强之人，至独立者也”。他一生都“贵力而尚强，尊己而好战”，追求着独立、自由与人道。

侠士游走江湖，独来独往，既以拯救苍生为己任，却又保持着与人群的距离，身上带有个人英雄主义的倾向。在鲁迅的作品中，我们同样也能看到这种对侠士与众人的关系的探讨。在《铸剑》的最后，宴之敖者、眉间尺、国王三人的头被煮得只剩了头骨，难分彼此，只得放在一个棺材里一同被安葬。出殡时，对一切都木然无知的百姓对着棺木跪拜，这无疑构成了对宴之敖者与眉间尺的牺牲的嘲弄。庸众无法理解侠士的牺牲，甚至还有所谓的义民因为两个“逆贼”的魂灵正与国王一同享受葬礼而忠愤不已。侠士与蒙昧群众的对立可见一斑。

在《野草》中《复仇》的最后，复仇者最后“捏着利刃，干枯地立着；以死人似的眼光，赏鉴这路人们的干枯，无血的大戮，而永远沉浸于生命的飞扬的极致的大欢喜中”。这是他们对围观路人的成功复仇，他们的大欢喜宣告着强而有力的个人意志对庸众的胜利。

由此可见，摩罗诗人所遭受的来自群众的压制，体现在鲁迅笔下庸众对侠士的不理解当中，而这些卑琐的非议与鄙薄终究无法盖过高扬的个人意志。

（三）启蒙与自我牺牲精神

摩罗诗人“发声”的动机，在于他们人道主义的关怀与启蒙大众的崇高理想。为了实现这一理想，他们赴汤蹈火，不惧牺牲。雪莱所作《伊斯兰的起义》中的莱昂，以自己的雄辩希望唤起民众的觉醒。他鼓吹自由，反对压迫，最后为了正义的事业而死。鲁迅认为胸怀崇高理想与不懈信念的莱昂，正是雪莱自己的化身。雪莱热情鼓吹自己的进步思想，使人奋勇向前。而世人排挤他，孤立他，最终造成了他的死亡。在鲁迅眼中，雪莱之死有着这样一种为启蒙理想而殉道的意味。此外，裴多菲受到革命的感召，创作《起来，马扎尔人！》，振奋了读者的心灵。后来他甚至直接参军入伍，奔赴战场，最后在军队中牺牲，实践了他“平日所谓为爱而歌，为国而死者”[⑧]。

鲁迅评价墨家之侠：“惟侠老实，所以墨者的末流，至于以‘死’为终极的目的。”[②]这反映了先秦侠士有着与摩罗诗人相类似的殉道者般的牺牲精神。在《非攻》中，鲁迅塑造了一个为了阻止强楚攻打弱宋而舍生取义的墨子形象。他为了阻止战争而远赴楚国，丝毫不顾自己磨破的鞋底与起茧的脚掌。成功说服楚王以后，墨子在归途上比来时更加晦气，不仅被搪去了包裹，还淋了雨，鼻塞了十几天。他的所作所为，可谓为了大众利益不畏牺牲个人，体现了崇高的侠义品格。对于生死，墨子有着这样的看法，他说：“死并不坏，也很难，但要死得于民有利！”倘若是为了民众的利益的话，他可以为之献身，将生死置之度外。

而鲁迅本人，亦有着甘愿随着旧时代一同消亡，将新时代留给后人的历史中间物意识。在《影的告别》中，影子不愿跟随人前往所谓的天堂与黄金世界，宁愿沉没于黑暗当中，与黑暗一同消亡。在《死火》中，死火为了助人走出冰谷，毅然决意道：“那我不如烧完！”，而人最终也被碾死于车轮之下。不过人在生命的最后还是看到了石车也坠入了冰谷，这便值得庆幸，显然体现了一种自我牺牲精神。鲁迅自觉履行并继承了源自摩罗诗人与先秦侠士两方的献身品格。

三、走向世界文化的侠义精神

鲁迅在创作中以摩罗诗人的品格赋予传统侠士，令行将就木的侠义精神重获生机。摩罗诗人的品格以侠士传统为土壤被移植入中国，而侠义精神也借摩罗诗人的桥梁得以与世界文化接轨。

鲁迅选择以传统墨侠形象承载摩罗诗人品格绝非偶然。首先在当时文化界有一个“墨学复兴”的背景。孙中山就将墨子学说类比西方基督教精神，认为：“古时最讲爱字的莫过于墨子，墨子所讲的'兼爱',与耶稣所讲的'博爱'是一样的。"[9]梁启超也曾试图在传统墨学中寻找其中与西方文明同构的契合点,提出:"墨子之政术,非国家主义,乃世界主义,社会主义也。"而墨子舍生取义的侠义精神,更是被他视为了拯救如今中国的良药:"欲救今日之中国,舍墨学之忍苦痛则何以哉,舍墨学之轻生死则何以哉!"[10]可见墨学在当时受到了极大的重视,被认为是适合与西方文明发生联系的救国之方。

其次,鲁迅为唤起当今麻木的国民灵魂中武勇、刚毅因子的努力是孜孜不倦的。他在早年就希望引入西方文化元素来振奋国人精神,如1903年的《斯巴达之魂》中,鲁迅就取材古希腊故事,赞颂斯巴达勇士们爱国尚武的精神,号召孱弱的中国青年们奋起抗争。而若干年以后,鲁迅呼唤起反叛、坚毅的摩罗诗人品格,同时又找到了适于沟通西方的墨侠精神以承载前者,再度作出"撄人心"的尝试,这也是可以理解的。

而鲁迅以摩罗诗人品格复活传统侠义精神的意义在于:

首先,这是一种民族自信力的确证。《非攻》创作于1934年8月,而在紧随其后的9月鲁迅发表《中国人失掉自信力了吗?》一文,针对当时社会对抗日前途感到悲观的失败主义论调提出了反驳,其中赞扬了中国自古以来"有埋头苦干的人,有拼命硬干的人,有为民请命的人,有舍身求法的人"[11],称他们为"中国的脊梁"。他所称赞的那些人士显然指的就是墨侠。可见尽管一直以来鲁迅都是以传统文化的叛逆者的形象出现的,但他并没有真的对传统文化全盘否定。当整个中国社会笼罩在一片悲观氛围之下的时候,鲁迅依然从传统文化中挖掘出民族自信力的根基。而传统文化对西方文化海纳百川的接受亦是民族自信力的体现。在鲁迅写于1925年的《看镜有感》当中,他赞赏汉唐之人毫不拘忌地将外来动植物、器物融入本土艺术当中,有别于宋代对外来文化的惶恐退缩。鲁迅认为汉唐"魄力究竟雄大,人民具有不至于为异族奴隶的自信心”，所以面对外来文明能够“将彼俘来一样，自由驱使，绝不介怀”[12]。由此联系侠义精神对摩罗诗人的接受可知，鲁迅利用摩罗诗人品格复活并重塑传统墨侠形象，也体现了敞开胸怀迎接外来文化的民族自信。

其次，这也是鲁迅将中国传统文明与世界文明相适应所做的努力。在《随感录三十六》中，鲁迅表达了他对中国人要从“世界人”中挤出的忧虑，理由是中国人“国粹”太多，难以与世界协同生长。鲁迅认为正确的做法是：“想在现今的世界上，协同生长，挣一地位，即须有相当的进步的智识、道德、品格、思想，才能够站得住”[13]，也就是说，传统文化如果不能与进步的智识、思想等现代元素相适应的话，便难以融入当今世界环境中。所以，传统侠义精神对摩罗诗人品格的接受不仅令步入绝境的自身重获生机，在此过程中鲁迅还使得中国传统文化成功与世界文化接轨，得以在现代世界获得一席立足之地。

结　语

王德威在分析晚清侠义公案小说时曾提出过这样一个观点：“鲁迅一代承担了侠义式批判的任务，并成为侠义公案小说的真正继承者。”[14]这说明了文人所扮演的社会批判者的角色，与游走江湖、行侠仗义的侠客角色的确存在某种意义上的重合。而当中国社会的文艺与侠义精神都走向衰败之时，鲁迅决意从异邦寻找新声，呼唤着来自西方的摩罗诗人品格，接着将这些品格注入对中国传统侠士的描写当中，复活了丧失已久的侠义精神。鲁迅令高尚的侠义精神重获了生机，这不仅确证了民族自信力，高举“中国的脊梁”振奋了国人心灵，也使得中国传统文化得以跟上现代步伐，与世界文化协同生长。

（上海交通大学人文学院）

注释：

① 章太炎:《訄书》,生活·读书·新知三联书店 1998 年版,第 143 页。

② 鲁迅:《流氓的变迁》,《鲁迅全集》第四卷,人民文学出版社 2005 年版,第 159 页。原出韩非子《五蠹》。

③ 鲁迅:《摩罗诗力说》,《鲁迅全集》第一卷,人民文学出版社 2005 年版,第 66 页。

④ 鲁迅:《摩罗诗力说》,《鲁迅全集》第一卷,第 65 页。

⑤ 鲁迅:《摩罗诗力说》,《鲁迅全集》第一卷,第 68 页。

⑥ 鲁迅:《摩罗诗力说》,《鲁迅全集》第一卷,第 70 页。

⑦ 鲁迅:《摩罗诗力说》,《鲁迅全集》第一卷,第 78 页。

⑧ 鲁迅:《摩罗诗力说》,《鲁迅全集》第一卷,第 100 页。

⑨ 孙中山:《孙中山文集》(上册),团结出版社 1997 年版,第 121 页。

⑩ 梁启超:《饮冰室合集》专集(之三十七),中华书局 1989 年版,第 48 页。

⑪ 鲁迅:《中国人失掉自信力了吗?》,《鲁迅全集》第六卷,人民文学出版社 2005 年版,第 122 页。

⑫ 鲁迅:《看镜有感》,《鲁迅全集》第一卷,人民文学出版社 2005 年版,第 209 页。

⑬ 鲁迅:《随感录三十六》,《鲁迅全集》第一卷,第 323 页。

⑭ 王德威:《被压抑的现代性》,北京大学出版社 2005 年版,第 174 页。

陈映真、胡风与“鲁迅传统”

蔡洞峰

“鲁迅传统”作为一种鲁迅精神的阐释和话语建构，本身有着丰富而复杂的内涵，作为一种被建构的传统，它被赋予复杂的精神内核与开放性、多元性与共时性的延宕，渗入中国现代思想、传统思想的创造性转化以及政治、文化等方方面面，成为现代中国文化与历史政治转型语境下一个绕不过去的存在。“1936 年其人辞世，鲁迅的存在，就成为一种可以称之为‘鲁迅传统’的存在，它本质上是一种对鲁迅的话语阐释。”①陈映真将台湾的问题用鲁迅的眼光来看待；胡风作为深受“五四传统”影响成长起来的青年，他主要立足“五四传统”和“文学立场”并从思想文化层面来阐释“鲁迅传统”。将鲁迅传统与“五四”传统联系起来，并将“鲁迅传统”作为指导自己一生的文化实践活动。可以说，陈映真与胡风两人虽然不是同一时代、同一空间中的存在，但他们都是鲁迅精神的传人。

一

台湾作家陈映真曾经说过：“鲁迅给了我一个祖国”，“鲁迅给我的影响是命运性的”。这种影响为陈映真一生的思想足迹奠定了一个基调，即对中国的民族认同。作为一位“在台湾的中国大

陆人”,他对台湾的认同也许出于一种生养栖息的故土的一种天生情感,而对中华民族的认同则来自鲁迅的影响——《呐喊》:

> 随着年岁的增长,这本破旧的小说集,终于成了我最亲切、最深刻的教师。我于是才知道了中国的贫穷,的愚昧,的落后,而这中国就是我的;我于是也知道:应该全心地去爱这样的中国——苦难的母亲,而当每一个中国的儿女都能起而为中国的自由和新生献上自己,中国就充满了无限的希望和光明的前途。[2]

这使他以后碰到一些“对中国的苦难和落后抱着无知的轻蔑感和羞耻感,甚至幻想着宁为他国的臣民,以求取‘民主的、富足的生活’的中国人,在痛苦和怜悯之余,深切感谢少年时代的那本小说,使我成为一个充满信心的、理解的、并不激越的爱国者”[3]。无独有偶,胡风在回忆鲁迅对自己的影响时,也谈到《呐喊》对自己的影响:

> 一个刚刚从闭塞的僻县跑进大都市的中学生,就在《晨报》副刊上读到了他的《呐喊·自序》。当然,懂是没有读懂的,但却本能地感到了,他是沉痛地写着这古国的灵魂。后来红皮《呐喊》出版了,马上买了回来,当然也不会怎样读懂的,但也本能地感到了,他所写的正是包围着我自己的黑暗和痛苦。从此,鲁迅变成了最亲爱的名字。当时的少年人,也正和现在的少年人一样,梦似地向往光明,寻求友爱,对于他认为值得敬爱的友人,总想有所献赠,而最好的东西当然是书,是他认为能够给予(光明)的最宝贵的书,记得那红皮《呐喊》,或就买过四五本,每一本都是和自己的热情一起,赠给了将要别离的或远在异地的挚友。[4]

胡风作为一位左翼文艺理论家，将传承鲁迅精神视为自己的毕生志愿，矢志不渝，九死而不悔。作为文艺理论家，他对文艺理论的研究凭着自身对文学创作的实感，以鲁迅创作实践经验作为构筑其理论体系的主要依撑。他在论证其理论观点时，始终以鲁迅的创作实践为依据，形成独特的文艺理论观，这是他理论研究的特点；而他之所以研究鲁迅，又是为了能够在鲁迅思想中寻找激活自身精神的火种，传承鲁迅精神，指导自己的理论与人生方向，可以说陈映真与胡风在不同的时空中与鲁迅相遇。

首先，胡风从“五四”思想革命的角度来阐释鲁迅传统，认为鲁迅是思想家和战士。在 1937 年鲁迅逝世一周年，胡风写了《关于鲁迅精神的二三基点》的纪念文章。胡风认为虽然“鲁迅没有创造出一个完整的思想体系”，但鲁迅思想是在社会的战斗实践中形成的，因此胡风认为鲁迅是一位真正了解中国社会的伟大思想家。作为思想家的鲁迅并不在于是否创造了一个思想体系，而是对中国社会有着深刻的认识，并“抓住了由市民社会发生期到没落期所到达的正确的思想结论，坚决地用这来争取祖国的进步和解放”[5]。

其次，胡风认为鲁迅是充满现实主义战斗精神的战士，鲁迅是“最了解中国社会，最懂得旧势力的五花八门的战术的人”，他“一步也不肯放松地和旧势力作你一枪我一刀的白刃血战”[6]。并且揭示了鲁迅与那些不懂中国的人战斗的区别[7]，是“主观战斗精神”的典范。

胡风将鲁迅塑造为一位与反动势力战斗的战士形象，但他没有从政治意识形态立场出发，而是从思想文化层面突出鲁迅的战斗精神，即“精神界战士”传统，认为鲁迅的战斗特点是“心”与“力”的结合[8]，这是鲁迅作为战士和艺术家的基本条件。胡风认为，“五四运动”以来，只有鲁迅“摇动了数千年黑暗传统”[9]，始终在“解放”的目标旁边放着“进步”的目标，亦即始终不放弃“五四启蒙”的立场，他从“五四”反帝、反封建立场来阐释鲁迅传统，作为思想家和战士，鲁迅的特点是与封建传统作坚决的战斗。

胡风阐释鲁迅传统的另一个角度是从文学革命立场出发将鲁迅看作诗人和战士，胡风在《略论文学无门》这篇文章中，认为“战士和诗人原来是一个神的两个化身”⑩，“鲁迅的一生就是一首诗”⑪。认为诗人（文学家），鲁迅开创了“五四”新文学现实主义传统，其特征是开启“为人生”的文学模式，这种“为人生”的现实主义文学传统包括两个特征：战斗性和主观性，“这种主观精神和客观真理的结合或融合，就产生了新文艺的战斗的生命，我们把那叫作现实主义”⑫。鲁迅的作品就是这种现实主义的代表：“处女作《狂人日记》，那立意，是为了揭开社会的丑恶实际，也是为了叫出自我燃烧的战斗要求。对过去和现在，他提出了‘人吃人’的控告，对现在和未来，他发出了‘救救孩子’的呼声。在他身上，‘理想’和‘现实’的分裂找不着任何的根据。”⑬借助于《狂人日记》，胡风将鲁迅阐释为与封建势力进行坚决斗争的战士。

因此，鲁迅的文学体现了客观的现实主义与主观的战斗精神的结合，亦即“心”与“力”的结合。胡风特别强调鲁迅对当时中国社会的启蒙意义，对鲁迅的研究“在展开和深入的过程中，却升华为‘鲁迅作为一个存在的精神构成’这种文化和文学史意义上的认识成果”⑭。胡风正是在“五四”启蒙的语境下与鲁迅相遇，传承的主要是鲁迅“五四”启蒙传统。

胡风树立鲁迅的斗士形象是为了给自己和读者树立一个永不妥协的战斗楷模。在“两个口号”论争仍余波未消的时候，胡风坚决站在鲁迅的立场，并将继续同周扬为代表的“国防文学”派的鲁迅论敌斗争到底的决心与意志。自此，胡风开始了塑造“胡风鲁迅”的征程。而“民族革命战争的大众文学”这一口号的提出以及以此为目标进行的文学创作实践，在 1937 年抗战全面爆发后，由胡风创办的《七月》杂志上得到体现。

陈映真与鲁迅的相遇，是有着当时特定的历史政治背景的。如陈映真一再强调的，1950年在当代台湾思想文化文学史上是一个转折点：在此之前，特别是在1945—1950年间，中国大陆20世纪三四十年代的作品被大量介绍到台湾，“日政下被抑压的台湾文学激进的、干预生活的、现实主义的文学精神传统，在这五年间迅速地复活，并且热烈的发展”；但从1950年开始，随着世界冷战结构的确立，“左翼的、激进的，经中国30年至40年发展下来的反帝、反封建的文学思潮，在这个时代里，受到全面压制”，以鲁迅为代表的左翼文学遭到全面封杀，从此，台湾的思想、文化、文学与20世纪三四十年代的中国，特别是其中的左翼传统发生了断裂。未来台湾最重要的作家陈映真正是在这样的背景下，和鲁迅相遇，这实在是历史性的。它象征和预示着彼此精神的相承相续。而陈映真本人正是在这样的相承相续里起到了关键性的作用，也因此确立了他在整个中国现当代文学史中不可替代的历史地位。[15]

二

陈思和认为：“陈映真一生主要所面对的，都是属于台湾的，或者说是台湾与大陆之间的问题。”[16]关于这一些问题，陈映真的小说都有很具体的描写，都是针对具体生活环境下的一个具体场景，他看见的、感受到的，就把它写出来讨论。这一点与鲁迅的小说非常相像。他们都是针对自己所处的生活现场，针对自己周围的形形色色的社会现象发言。由于他背后有一种精神力量支撑着，所以他的发言不是纯技术性的，而是作为一个知识分子，把现实问题上升到思想和精神的层面上加以分析和表达。他们讨论的问题是超越时空的，与中国新文学传统的核心精神是非常接近的。《我的弟弟康雄》里的康雄之失去童贞，《乡村的教师》里的吴锦翔之酒后失言，《故乡》里的哥哥之自甘堕落，他们所遭遇并致他们死命的，仿佛都是一些具体小事，而这些小事的背后却有一个来自内心的巨大痛苦，推着他们走向沉沦，由此散发出感染人的力量。这样一种创作现象，在“五四”新文学传统里是很普遍的。

鲁迅一直在告诫我们：要论中国和中国人，要“自己去看地底下”，那里自古就“有埋头苦干的人，有拼命硬干的人，有为民请命的人，有舍身求法的人”，他们才是中国的“筋骨和脊梁”。而鲁迅更是把“对社会永不会满意”的，永远的批判者的知识分子称为“真的知识阶级”。因此鲁迅的文学创作，几乎很少关心自己脚下这片土地以外的事情，可是在表现具体事件的背后，他却有一种大的关心，使之对具体问题的思考上升为精神的问题。同时，当他把问题提高到对民族现阶段某种弱点的克服和批判的时候，又总是把自己放进这个被审视甚至被批判的“民族”中去。当他从具体事件中看到民族性的弱点，他不是说，这个民族与我无关；而是痛苦地发现，原来自己身上也存在了“民族”的弱点。这种反省与精神上的痛感缠绕在一起，主人公揭发了问题，却成为一个被自己心灵严厉追问的肇事者。

这种复杂的情感纠结“只可意会，不可言传”，作家只有通过文学创作，用文学的手法描述出灵魂的痛苦和挣扎。鲁迅就是通过文学这种特别的格式来表达这种强烈的感情和精神，借此来唤醒国人沉睡的灵魂，“揭示病苦，引起疗救的注意”。达到立人兴国的目的。同时创造了新文学传统的独特文学魅力。在新文学开山之作《狂人日记》中，鲁迅揭示了何为这精神自省：那个反抗旧传统的狂人，最后发现了自己也是吃人家族的一员而崩溃，足以让人震撼，让人的灵魂最隐蔽的部分暴露在光天化日下无处躲藏，纯洁的理想主义的青年知识分子，敢于反抗罪恶的社会，却无法承受和直面自我本性上的恶魔性因素。像吴锦翔（《乡村的教师》）、麦克·H.丘克（《贺大哥》）都曾经在战争中被动地卷入这类兽性的“吃人”行径，与鲁迅笔下的抽象探讨“吃人”的狂人有着内在的精神暗合。

陈映真认为:“文学与艺术,比什么都要以人作为中心和焦点。”“放眼世界伟大的文学中,最基本的精神,是使人从物质的、身体的、心灵的奴隶状态中解放出来的精神。不论那奴役的力量是罪,是欲望,是黑暗、沉沦的心灵,是社会、经济、政治的力量,还是帝国主义这个组织性的暴力,对于使人奴隶化的诸力量的抵抗,才是伟大的文学之所以吸引了几千年来千万人心的光明的火炬。因为抵抗不但使奴隶成为人,也使奴役别人而沦为野兽的成为人。”[17]

自从登上文坛,陈映真心中的探索从来就没有停止过,除了真理,没有什么东西是真正美丽的。那么真理又是什么?从阅读鲁迅中使他的面前彰显一番新的天地,他孤独地顺着鲁迅向他预示的“五四”新文学的现实战斗道路走下去,先驱们决绝地反帝反封建的知识分子启蒙精神,使其逐步走上左翼知识分子的道路。“在现代文学史上,从鲁迅到左翼并不是一条自然而然发展过来的顺畅道路,而是两个先锋运动在对立中达成的政治策略。‘五四’新文学运动本身是一场先锋运动,它以狂飙突起的形式出现在社会思想领域,以激烈地批判社会与批判传统为先导,传播西方先进文化与思想。”[18]而在20世纪20年代末这种类似的运动又重复了一次,这一次以“革命文学论争”为标志,以狂风暴雨的大批判为先导,横扫了“五四”一代知识分子开创的新文学成果,并且把文化批判与政治批判结合起来,传播了新的西方思想——打上了苏俄印记的马克思主义的理论和观点。

陈映真在小说中一直强调的是追求人的自由、解放、健全发展,“使奴隶成为人”,为此,必须抵抗一切“奴役的力量”:陈映真的这一基本信念、理想、追求和价值观,是和鲁迅的追求“人的个体精神自由”的“立人”思想完全一致的。这可以说是鲁迅与陈映真所共有的“乌托邦”彼岸理想。我们说陈映真与鲁迅之间存在着精神的相通,这正是他们心灵契合之处:他们都对自己所生活的时代,人的“物质的、身体的、心灵的奴隶状态”(后来陈映真用马克思的理论,将它称为“人的异化”)有着天生的敏感。这其实是一个真正的思想家、作家最重要最基本的精神素质。在他们看来,导致这样的人的奴隶状态的奴役关系,是广泛地存在于现代社会,来源于各个方面,并且会不断再生产,是永远存在于此岸世界的。[19]

同样,胡风是鲁迅的精神传人,在鲁迅逝去的日子里,继承鲁迅的遗志,弘扬“五四”精神,追求光明和解放,反抗国民党的专制统治,并一直对附在民众内心深处的精神奴役的创伤保持着高度警惕。为了摆脱人的被奴役状态,胡风从鲁迅那里接过启蒙现实主义的大旗,坚持通过文学方式对人民进行启蒙,他反对那种把“人民”抽象化,视而不见人民身上带有的“精神奴役的创伤”,而只要“善良的、优美的、坚强的、健康的”人民的拜农主义、民粹主义危险。人民“并不是抽象的概念,而是活生生的感性存在。那么,他们底生活欲求或生活斗争,虽然体现着历史的要求,但却是取着千变万化的形态和复杂曲折的路径,他们底精神要求虽然伸向着解放,但随时随地都潜伏着或扩展着几千年的精神奴役的创伤”,“用快刀切豆腐的方法,以为封建主义和人民是光光净净地各在一边”,“以为说人民底生活要求里面潜伏着精神奴役的创伤就等于说人民是‘妖魔鬼怪’,那除了证明自己不愿意接近具体的活的人民以外,是不能有别的解释的。”[20]因此,作家在创作上“我们写人民应该让读者看到与自己是同时代的人,让读者感到熟悉和亲切,从作品人物中的优缺点,能够引申到自己身上去,这样才能对读者起到教育的作用”[21]。胡风认为,教育的作用亦即是启蒙的作用,鲁迅精神里面,有一个本质的核心,那就是对于“受压迫、受摧残、甚至精神上受着奴役的劳动人民的爱”[22]。因此,胡风认为鲁迅精神最宝贵的东西是“高度的原则性”,鲁迅的战斗是为了劳动人民应该有的“新的生活”。鲁迅要自己“肩住了黑暗的闸门”,放年轻人“到宽阔光明的地方去;此后幸福的度日,合理的做人”。这在陈映真的早期小说《一绿色之候鸟》中化成了饱受苦难的季叔城在有人说他的孩子长得像父母时断然的答语:“不要像我,也不要像他的母亲罢,一切的咒诅都由我们来受,加倍的咒诅,加倍的死都无不可,然而他却要不同,他要有新新的,活跃的生命。”陈映真的创作实践是对鲁迅精神的传承,这与胡风对鲁迅精神的总结是契合的。钱理群认为,“鲁迅左翼”的核心精神就是独立知识分子的全面、彻底、永远的批判、创造精神。作为鲁迅精神的传人,胡风和陈映真在不同的时代、各自的时空中,传承着鲁迅的左翼传统。

三

深受鲁迅先生的影响,胡风、陈映真在国民性批判思想上也有一种承继关系,当然,随着时代和地点的改变,他们批判的具体对象与鲁迅时代已经不同。鲁迅是在国家遭受生存危机,民族生存危在旦夕时,极力挖掘抑制中华民族优秀精神健康发展的国民劣根性,以引起民众的警觉,对优良人性的呼唤;胡风是在抗战语境中,强调思想同一性以及背离“五四”启蒙精神,“知识分子化大众”的思潮下,保卫鲁迅“五四”传统和知识分子思想的尊严。陈映真虽仍延续着鲁迅先生的国民性批判思想,但已是侧重于对国民性中奴性揭示的同时,着力挖掘国民性中的纯美品质,也就是鲁迅先生后期国民性批判中所指的民族脊梁,以重聚民族精神,防止国民灵魂的异化。但两种精神却是相通的。连接两者的纽带,都是对脚下的故土,对国民怀着一颗灼热的爱心,“责之愈深,爱之愈切”。胡风始终强调鲁迅在追求民族进步的同时,不忘记民众的解放。始终将个体解放与集体解放结合起来考虑,永远保持对个体的关注,在胡风所处的特殊年代里显得弥足珍贵。因此,在那些激情燃烧的革命战争岁月里,胡风在大家“沉醉在炮声中”,投笔从戎,拜倒在农民脚下时,清醒而沉痛地指出人民身上所带有的

"精神奴役的创伤",坚决反对把人民当作毫无个体精神的"战争工具",传承"五四"启蒙精神,对大众进行启蒙。而晚年时期,大家都在控诉"四人帮"的罪恶,诉说自己的伤痕时,胡风并没有对自己遭受的冤屈有任何抱怨,而是对"四人帮"及"文革"形成的原因进行深入反思。这是胡风作为鲁迅精神传承者的伟大之处。陈映真也多次表述"鲁迅给了我一个祖国"。但由于两者所处的时代形势和民族任务不尽相同,因此,在对国民性关注的视角上也有所不同。

由于客观的时代背景和陈映真自身的政治、文化、历史知识结构,其对国民性揭示的力度、广度和深度上,远不及鲁迅。陈映真童年生活于日据时,青年时期后,又深受海峡两岸政治、文化、历史分隔的影响,因而陈映真对中华民族历史知识之贫乏就可想而知了,因此,在陈映真的笔下,很难勾勒出像鲁迅笔下那些受中国千年封建文化毒害至深的群像,也无法像胡风那样描写人民受封建势力迫害的"精神奴役的创伤"。陈映真和鲁迅一样,都具备与社会黑暗作永不停息斗争的精神,只要是丑恶的东西,不管它有多大的权势,甚至可监禁、杀害人之肉体,他们都要不留情面、不与妥协地反抗,揭露到底。鲁迅在遗嘱里仍表示对于敌人"让他们怨恨去,我也一个都不宽恕"。陈映真则借《圣经》之语与战友共勉:"那杀身体不能杀灵魂的,不要怕它!"

陈映真在文学实践中,传承了鲁迅的文学启蒙精神,敢于"正视惨淡的人生和力量的鲜血",从少年时期目睹血淋淋的台湾曾经发生的历史,包括台湾"二二八"事件,看见被打伤在地的外省人,老师被国民党的士兵押走、枪毙,这时候,遭遇鲁迅,找到了精神偶像,开始大量地阅读中国现代文学史上著名的、进步作家鲁迅、巴金、茅盾的作品,读《联共(布)党史》《红星照耀中国》、马列著作,甚至《毛泽东选集》,逐渐形成了自己的左翼思想。鲁迅精神潜移默化地引导着陈映真,使他隔着遥远的海峡,却坚定认为自己应该像鲁迅那样的知识分子那样,去拯救苦难的中国,继承“铁肩担道义,妙手著文章”的中国知识分子传统。知识分子负有批判地评估自己的传统文化,对传统文化进行再认识的责任,他们应该回到人民中去,成为他们的一员。

在理论上,陈映真主张文学的大众性,但实际上他笔下的人物更多的是中小知识分子。陈映真认为自己就是个小资产阶级知识分子作家,受到阶级、文化的限制,自己只能做好一个小知识分子作家。但关于文学的大众性问题,陈映真认为除了作家要受到教育,民众也要受到教育。一方面是作家在一定认识上要丢弃个人的东西,努力地理解民众的愿望和要求;另一方面是民众主动争取接受文化,并提高自身的认识水平,而且绝对可以提高自己在文化、艺术和文学上的认识水平。

一个真正的左翼作家,其创作的最大特点就是有了信仰马克思主义的立场。现在学术界讨论陈映真的创作,都用“理想主义”这一模糊的概念来解说他的思想。理想主义是一个含糊的概念,它包含了基督教精神、人道主义、乌托邦、安那其(无政府主义)等庞杂元素,这样来分析陈映真当然是可以的,因为一个杰出作家的世界观里总是包含了多元成分。但由此也淹没了作为其世界观最主要的成分,就是马克思主义。陈映真一生最主要的信仰还是马克思主义。

“永远要以弱者,小者的立场去凝视人、生活和劳动”,陈映真在一篇介绍日籍国际报道摄影家的文章里,概括了这样一条左翼知识分子的原则。这和鲁迅在《关于知识阶级》的演讲里谈到“真的知识阶级”除了永远不满足现状外,还必须坚持“平民”立场,“感受平民的痛苦”,“为平民说话”,其基本精神是完全一致的。鲁迅在“五四”时期提倡“幼者本位,弱者本位”,20 世纪 30 年代又坚持和“革命的劳苦大众”“受一样压迫”,“作一样的战斗,有一样的运命”的左翼方向,他终其一生,都在“为一切被侮辱和损害者悲哀，抗议，愤怒，斗争”。

胡风在20世纪40年代承接了鲁迅开创的“为人生，而且要改良这人生”的启蒙文学思想，强调“想文学运动一开始，就向着两个中心问题集中了它的目标。怎样使作品的内容适合大众的生活欲求，是一个；怎样使表现那内容的形式能够容易地被大众所接受——能够容易地走进大众里面，是又一个。这是文学运动的基本内容，也是大众化问题的基本内容”[23]。这是胡风通过考察“五四”新文化运动结果，发现“五四”启蒙只在知识分子中有所影响，而对广大平民无多大关系，就是在这一点上，胡风强调对劳苦大众进行包括识字运动、街头剧在内的初步启蒙的重要性，以此帮助民众摆脱封建统治造成的“精神奴役的创伤”。

在鲁迅逝世后，胡风正式扛起传承鲁迅精神与“五四”传统的大旗，带领“七月派”的文坛闯将勇敢驰骋。“鲁迅精神”则成为抗战时期胡风及其“七月”同人在文坛上坚定前行的“灯火”。

比较而言，陈映真在许多台湾知识分子心目中最重要的精神品质，就是他“同情一切被损害、被侮辱、被压迫的人们”。这样的相近相通都不是偶然的。即使在晚年，陈映真始终坚持“鲁迅传统”，对于社会发展的独立思考丝毫也不受到现实环境的影响，他仍然保持了一个批判的马克思主义者的敏锐性。在台湾的土地上，他的眼睛永远看到的就是这个社会的现实，他身上有一种跟晚年鲁迅一样的——死缠烂打的精神。鲁迅晚年坚持不离开他生活的环境，坚持不去苏联养病，而是死死卡住这个病态社会的命脉，一直到去世了还毅然宣布决不宽恕一个敌人。这样一种被升华了的战斗精神，在晚年陈映真的孤独的创作中依然存在，并且散发出感人的力量。学界有人把《铃铛花》《山路》和《赵南栋》称为“白色恐怖三部曲”。对于这些作品，可以有不同角度的解读，但文本里面有着明显不同的元素，既有早期的孤独和绝望，又有着成熟的马克思主义者坚定的社会认知、思想信仰以及饱经风霜的政治经验。作品所面对的都是台湾现实的问题,既有理想的历史追怀,又有现实的无奈变化,是陈映真独特感受到的问题。

鲁迅一直呼唤“立意在反抗,指归在动作”的精神界战士。在“五四”运动以后,他又有了这样的反省:“比较新的思想运动起来时,如与社会无关,作为空谈,那是不要紧的,这也就是专制时代所以能容知识阶级存在的原故”,“只是思想运动变成实际的社会运动时,那就危险了。往往反为旧势力所扑灭”[24]。这标志着从事思想启蒙到参与社会实际运动是一个必然的历史过程。陈映真也有类似的精神发展趋向和生命体验,他很早就介入了实际反抗运动,并因此两度遭遇牢狱之灾。“所谓的左翼,就是对经济发展,社会发展过程中我们不仅仅瞩目于进步,经济发展,东西多而已,而是我们关注到这个过程里面一些弱小者被当作工厂的报废品,不合格品一样被排除出去的那些人,为什么关心这些人,不是因为他们穷,我们才关心,穷人都是好人,不是这个意思,而是站在人的立场,人毕竟不是动物,不是靠森林的法律来生活,人固然有贪婪、欺压别人的行为,可是内心的深处也有一种需要去爱别人,去关心别人,去帮助别人。”[25]这确实是陈映真区别于许多知识分子的特点,但也确实提供了知识分子的一种范式。

作为鲁迅精神的两代传人,胡风和陈映真在不同的时代、不同的地域都通过文学实践来传承鲁迅精神最核心的部分。首先,他们都发扬着鲁迅的“左翼传统”,坚持独立自主的思考,不盲从和屈服任何外来的权威;热爱自己的祖国和民众,始终站在大众平民的立场思考问题,对现实的不合理的存在始终保持警觉和批判的立场,坚持鲁迅开创的现实主义启蒙传统。始终不放弃思想的自由思考和反抗一切不合理的存在。就继承鲁迅精神传统而言,胡风和陈映真分别辉耀于20世纪大陆和台湾文坛,也为20世纪中国文学留下一笔宝贵的精神遗产。对胡风和陈映真的比较研究,有助于我们挖掘鲁迅精神在20世纪大陆和台湾文学中的精神谱系,对我们今天的中华文化在什么层面上走向鲁迅渴望的那种层次,都是值得我们继续思考的问题。

[本文系国家社科基金项目"鲁迅与20世纪中国文学新范式与新传统的形成研究"(14BZW108)、安徽省高校人文社科重点项目"传统文化、新文学与鲁迅传统关联研究"(SK2018A0317)阶段性成果。]

注释:

① 汪卫东:《现代转型之痛苦"肉身":鲁迅思想与文学新论》,北京大学出版社2013年版,第184页。

② 陈映真在香港浸会大学"鲁迅节座谈会"上的讲话,据香港《大公报》2004年2月23日报道。

③ 陈映真:《鞭子和提灯·代序》,许南村:《知识人的偏执》,台北远行出版社,第25页。

④ 胡风:《如果现在他还活着》,《胡风全集》第2卷,湖北人民出版社1999年版,第675—676页。(下同)

⑤ 胡风:《关于鲁迅精神的二三基点》,《胡风全集》第2卷,第500页。

⑥ 胡风:《关于鲁迅精神的二三基点》,《胡风全集》第2卷,第501页。

⑦ 胡风从中国"五四运动"的现实来阐释鲁迅与众不同之处:有些人根本不懂中国社会,只是把风车当巨人地大闹一阵,结果是自己和幻影一同消亡;有些人想深入中国社会,理解中国社会,但过不一会就投入了旧社会的怀抱,所谓"取木乃伊的人自己也变成了木乃伊";只有鲁迅才是深知旧社会的一切而又和旧社会打硬仗一直打到死。这就因为那些思想运动者只是概念地抓着了一些"思想",容易记住也容易丢掉,而鲁迅却把思想变成了自己的东西。思想本身的那些概念词句几乎无影无踪,表现出来的是旧势力望风奔溃的他的战斗方法和绝对不被旧势力软化的他的战斗气魄。(同上,第501页。)

⑧⑨ 胡风:《关于鲁迅精神的二三基点》,《胡风全集》第2卷,第501页。

⑩ 胡风:《略论文学无门》,《胡风全集》第2卷,第428页。

⑪ 胡风:《关于人与诗,关于第二义的诗人》,第74页。

⑫ 胡风:《现实主义在今天》,第 38 页。
⑬ 胡风:《文学上的五四》,《胡风全集》第 2 卷,第 623 页。
⑭ 王毅:《聚焦于先驱者的生命状态——论胡风的鲁迅阐释》,《鲁迅研究月刊》2009 年 7 期。
⑮ 钱理群:《陈映真和“鲁迅左翼”传统》,《现代中文学刊》2010 年第 1 期。
⑯ 陈思和:《试论陈映真的创作与五四新文学传统》,《文学评论》2011 年第 1 期。
⑰ 转引自钱理群:《陈映真和“鲁迅左翼”传统》,《现代中文学刊》2010 年第 1 期。
⑱ 陈思和:《试论陈映真的创作与五四新文学传统》,《文学评论》2011 年第 1 期。
⑲ 钱理群:《陈映真和“鲁迅左翼”传统》,《现代中文学刊》2010 年第 1 期。
⑳ 胡风:《青春的诗》,《胡风全集》第 3 卷,第 268 页。
㉑ 胡风:《创作上的三个现象和一个问题》,《胡风全集》第 6 卷,第 17 页。
㉒ 胡风:《学习鲁迅精神》,《胡风全集》第 6 卷,第 32 页。
㉓ 胡风:《大众化问题在今天》,《胡风全集》第 2 卷,第 503 页。
㉔ 鲁迅:《关于知识阶级》,《鲁迅全集》第 8 卷,人民文学出版社 2005 年版,第 227 页。
㉕ 许爱珠:《比较鲁迅与陈映真的文学观》,《南京师范大学文学院学报》,2010 年第 1 期。

江南陆师学堂考

陈占彪

1898 年 9 月，正值鲁迅为入学不数月的江南水师学堂的“乌烟瘴气”倍感失望之际，江南陆师学堂附设的矿路学堂开设并招生。于是，鲁迅投考该学堂，并于光绪二十四年九月十二日（1898 年 10 月 26 日）被录取。从此，他开始了在矿路学堂的 3 年学习生活，直到光绪二十七年十二月十八日（1902 年 1 月 27 日）毕业，被公派选送赴日留学。

无论是此前在江南水师学堂，还是此后在仙台的医学专门学校，由于诸种原因，鲁迅都没能在那里完整地完成自己的学业，然而，在江南陆师学堂附设的矿路学堂，他却是完整地、顺利地完成了 3 年的学习生活，并获得了两江总督刘坤一颁发的文凭。后来，他在演讲时就这样说：“诸君的所以来邀我，大约是因为我曾经做过几篇小说，是文学家，要从我这里听文学。其实我并不是的，并不懂什么。我首先正经学习的是开矿，叫我讲掘煤，也许比讲文学要好一些。”①文学是他一生最大的成就，但开矿才是他本来的专业，而且是他“正经学习”过的，在他的求学生涯中，能“有始有终”地完成一个完整的学业，可并不多见。准确地说，正是在这矿路学堂中，他接触到了诸多新鲜的西学知识，开阔了眼界。对鲁迅来说，江南陆师学堂其实比江南水师学堂更为重要。

对这所曾经打开其文化视野、刷新其知识结构的江南陆师学堂附设的矿路学堂，鲁迅在《朝花夕拾·琐记》对他当年的学习生活有所回忆，在《呐喊·自序》《集外集·俄文译本〈阿Q正传〉序及著者自叙传略》等文章中时有提及。但对矿路学堂所在的江南陆师学堂所提不多。本文通过一些原始文献和当时的报刊报道等材料，可以约略了解该学堂的开办缘起、章程、招考、课程、考核、学潮等情形。

开设：仿照德制，造就将才

早在光绪十一年六月二日(1885年7月13日)，遵旨筹议海防的两江总督曾国荃就提出在南京仿照德国规制设立“武备总学堂”。这恐怕是设立“江南陆师学堂”的最初动议。

> 至江南陆营不乏精悍之勇，而于西法操练，尚未熟谙；即于各种后膛枪炮，亦未一律演习。今拟仿照德国规制，设立武备总学堂，分建学舍两所：一讲实学，专选粗通英国文字之敏干子弟，延请德国能通英文之陆路员弁，分别教授格致、勾股、测地、绘图，建筑营垒、炮台，施放水雷、枪炮，行军传音、电学、光学、气球各项根底之学；一讲操练，拟照李鸿章所奏成法，由各营挑送精健聪颖、略通文义之弁，到堂学习泰西行军布阵、分合攻守、枪炮、水雷各新法，学成仍回各营因材器使。然后复挑二批，如前学习，庶几更番迭进，材出无穷。[2]

1894年，甲午战争爆发，军务紧要，两江总督刘坤一被授钦差大臣，节制关内各军，湖广总督张之洞接任两江总督。和议成后，光绪二十一年十一月十八日(1896年1月2日)上谕，刘坤一回任。光绪二十二年正月十七日(1896年2月29日)，张刘二人交接。江南陆师学堂正是张之洞接替刘坤一任两江总督时所创设。

江南陆师学堂筹办于中日媾和后的1895年年末。光绪二十一年十一月初七日(1895年12月22日)的《申报》上有这样的一则消息:候补道钱德培由吴淞回,委办为江南陆师学堂统领。[③]可见江南陆师学堂此时正开始筹办。

钱德培(1843—1904),字琴斋,号闰生,山阴(今浙江绍兴)人,鲁迅的老乡。光绪三年(1877),钱德培前往德国,任刘锡鸿使署随员。光绪四年(1878),为接替刘使的李风苞留任,在欧洲工作生活长达7年,光绪十年(1884)归国。其著述的《欧游随笔》正是此段时间的在德见闻。1887年,他作为第二次出任驻日大使的黎庶昌[④]的参赞出使日本。[⑤]后任天津武备学堂监督,1893年,以补用道分发江苏。[⑥]1895年,受张之洞之委托与江南水师学堂总办桂芗亭办学。[⑦]受张之洞委托办理江南陆师学堂。

一切准备妥当后,光绪二十一年十二月十九日(1896年2月2日),张之洞奏请创设江南陆师学堂。

> 窃惟整军御武,将材为先,德国陆军之所以甲于泰西者,固由其全国上下无一不兵之人,而其要尤在将领营哨各官,无一不由学堂出身,故得人称盛。今欲仿照德制,训练劲旅,非广设学堂实力教练,不足以造就将材。
>
> ……
>
> 查江南省城原设有水师学堂,今于仪风门内之和会街地方创建陆军学堂,取其宽旷清净,远隔市廛,讲舍住屋操场一律备具。现已电托出使大臣许景澄延请德国精通武事者五人为教习,慎选年十三岁以上二十岁以下聪颖子弟,文理通顺、能知大义者百五十人为学生,分马队、步队、炮队、工程队、台炮各门,研习兵法、行阵、地利、测量、绘图、算术、营垒、桥路各种学问,操练马步炮各种阵法。炮在武学中又别为专门,尤非浅尝所能见效,所有应习各门约以二年为期,二年后再令专习

炮法一年；又须略习德国语言文字以便探讨图籍，大约通以三年为期满。期满合考，分别甲乙，是乃毕业。仿照总署同文馆章程三年期满请准择优保奖，并选其学业贯通，秉性忠正者，分派各营任用，不使已成之材坐叹闲散；庶肄业者以好学为劝，闻风者以来学为荣，而国家亦遂收得人之效，此整饬武备之至要关键也。所有造建房屋、置备器具等费，约需银四万数千两，拟在筹防局款拨用，其常年经费约需银四万余两。[8]

江南水师学堂是以"英"为师的，江南陆师学堂则是以"德"为师的。因为在当时，英国为海军之魁首，而德国为陆军之翘楚。因此我们就能看到，鲁迅在江南水师学堂读的是"It is a cat.""Is it a rat?"而在江南陆师学堂的矿路学堂读的就是"Der Mann, Die Weib, Das Kind"了。当然这奏章中所提的150个生员名额，后来减为120个名额。

对于张之洞的奏请，光绪帝朱批"著照所请"。1896年春，江南陆师学堂于南京三牌楼即行兴建，至夏间，因徐州匪扰，未能兼顾而暂时停工，而接任的刘坤一担忧陆军青黄不接，以此为当务之急，未便中止，决定继续接办。报云：

金陵访事人云，前署江督张香帅在宁时，除设立自强军延请德员教习外，又拟创办陆师学堂，以为自强全图，曾将创设情形缮折入奏，一面饬善后局就城外盖造屋宇，并札委候补道钱琴斋观察德培为总办。缘观察向在武备学堂，曾经历练有年，故有是选。嗣后刘岘帅回任，以此系奏案，而且成功不废，亦即派员在清凉山之麓相地起盖学堂，俾事有成，不以经费支绌而中止。计自春初以来，鸠工庀材，已非一日，业已建成广厦若干间，迨夏季当轴以徐州匪扰，方拟调兵拨饷，未遑兼顾，且库款亦经入不敷出，当此上下维艰之日，实有应接不暇之势，因于陆师一节，恳暂且缓办，其时亦即停工矣。近日官场中人云岘帅统筹全局，以陆军渐就凌夷，诚恐一旦有事，缓不济急，目下老成宿将日见凋谢，勇丁习为狡诈，无复当年淳朴气象，亟宜培植后起，因念此举实为当今急务，未便中止。刻下复遴委干员，接办此项工程。所有学堂规模一遵北洋制度，并札谕钱观察开具详细章程，呈候查核，且料理招考学生一事宜云云。然则此事如果大宪胸有成竹，自不至行行且止矣，人材振起可拭目待。⑨

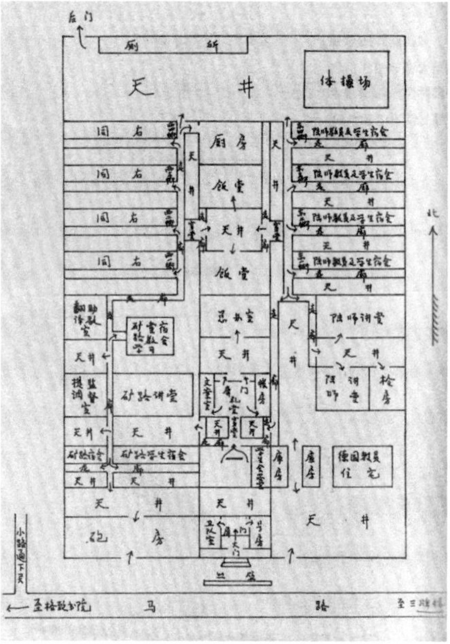

1899 年 10 月 20 日，周作人收到大哥鲁迅的信函，中有“陆师学堂形图一张自绘（己亥年俯视形图）”（《周作人日记》，大象出版社 1996 年版，第 64 页）即鲁迅小说中的人物中作“陆师学堂俯视形图，自绘。”1979 年前后，当年鲁迅的同期同学徐森画了这幅“江南陆师学堂和矿路学堂房屋图”。图片选自薛绥之主编：《鲁迅生平史料汇编》第一辑，天津人民出版社 1981 年版。

从1896年10月间报上新闻可知,学堂已经建成。“省中陆师学堂前经筹办,某日刘岘帅接奉廷寄,即会集司道熟商谕饬工程局赶紧起盖。旋由局员丈勘绘图,计塾舍若干间,及堂皇厅事,一切俱布置周详,鸠工庀材,大兴土木,刻下工程已竣。总办钱琴斋观察德培亲往收工,禀覆岘帅。”[10]江南陆师学堂的建筑式样与江南水师学堂有相似之处。比如洋员所住为洋楼,其余建筑则系中式建筑。从1896年11月18日《申报》上的招考布告中可窥该学堂的建构和规模。

金陵访事人云,前报载江南陆师学堂大工将次告竣,不日可赋落成。兹谂学堂基址在三牌楼地方,屋房共有五进。前进五开间,门房一所,中进厅事,后进堂宇,俱各五楹,再由穿堂入内,则横舍云连,为诸生燕息之所,规模宏畅,不下二百间。四面缭以垣墙,其中院落极为宽大,盖以备各学生就中操演技艺也。此外又有洋式层楼两座,高大轩昂,与水师学堂仿佛,但少船桅及鱼雷各制度耳。总办陆师学堂钱琴斋观察德培于某日阅视工程毕,随诣督辕,禀闻岘帅,出示招考,不及旬日陆续报名者已不一而足,所收名条,惟江浙闽广等处人最多,大约十居六七。刻据钱观察又出示晓谕,大略谓报考学生固宜填写某省籍贯,但现在旅寓何处,亦须详细注明,以便稽查,分别收考。且试期伊迩,统望速具保结前来,毋得自悮云云。似此造就人材,不遗余力,想有志为国干城者均当奋袂而兴也。[11]

江南陆师学堂招生章程与江南水师学堂的大同小异。《江南陆师学堂招募章程》首条即云:

现在江南陆军奏明仿照德国军制,次第开办。而培植将材,尤为先务。现拟延聘德国陆军教习,参仿北洋章程,开堂教授兵法、行阵、地利、测量、绘图、算学、营垒、工程、军器、台炮、操练马步炮队及命中取准、德语文字。一切功课,惟其理法精密,必须聪俊子弟,方能学习。今拟招募一百二十人,不拘省份籍贯,自十三岁以上,二十岁以下,已读数经,能作策论,文理已通顺者,俟本学堂出示招考时间,开明年貌三代,来堂投考。察其年貌相符,验明体气结实,身无隐疾,即由本人家属出具甘结,及绅士保结,声明身家清白,并不崇奉别教,当留堂试习四个月,再行察看。或情性执拗,资质鲁钝;或举止轻浮,语言涩滞,即行剔退另选,甘结保结发还。其自外省投习者,往来不给州资。已录取者,在堂以三年为期,甘结内声明未满三年,不得自行告退、请假、完娶以及应试各项。内外场功课繁重,倘因登高履险,设有他虞,各听天命。如或借众滋事,畏难逃学,除将该生革除外,仍行县提其家属,追缴历领赡银,及已用伙食银两,以警效尤。

从中可见其专业课程设置。而关于学堂功课中的汉文功课,章程这样说:“学堂设汉文教习四员,照排定功课单,按时教授经史,以及《春秋》《左传》《战国策》《武经》诸书,并有益经济之文,以扩知识。定期教习,命题作论,呈送改阅。授课则通力合作,管束则每员分带三十人。立品励学,责在教习。”⑫其他生活待遇(费用、饮食)、医疗、奖惩、考核与水师学堂大致相同。

招考:冒名枪替,滥竽充数

章程发布,随即进行招考。所谓招考就是作文一篇。1896 年 12 月 2 日《申报》记述了江南陆师学堂招考的情形。

金陵访事人云,江南陆师学堂出示招考学生已纪报简,兹

> 悉投考者均由地方官处报名，备文申送，总办钱琴斋、观察德培当即禀明督宪定期开考。计已考过三次，均择城北文昌宫内面试。观察公服南向坐，俟考生鱼贯入，按册点名给卷毕，握管命题，黏贴楹柱，并有委员三四辈奉总办谕，在考堂中往来巡察，以杜枪冒等弊，规矩极形严整。第一次考题人才首重德行论，第二次考题治天下以正风俗得贤才为本论，第三次考题先天下之忧而忧论。时有旗籍考生某甲当脱稿誊真之际，委员在旁巡阅，见其真草字迹不符，疑系请人捉刀者，诘之至再，甲怒而詈之，委员遂面禀观察，观察亲临阅视，讵甲性颇崛强，不服盘诘，将试卷当面扯碎，拂袖出门而去。阅日评定甲乙，缮榜揭晓，分正取副取备，取三等计共六十四人，距额设一百二十名之数，仅得其半。观察饬于廿三日先行取具保结呈核，以便入学堂居住。嗣后投考者均在本学堂分别考试，并闻俟录取满额，一齐到馆，即按月给发膏火。每名二两，积至四月，仍须通同覆考，以定班次，头班四两以下，则递减有差，再积至三年毕业之时，由本学堂德国洋教习带领原班学生出洋游历，练习军务，亦以三年为限。返华充当哨长一年，以觇能否后升充管带、统领等差，惟视上游量才器使，是皆该学堂章程中所附及者，故觍缕述之，以副有志诸君快睹之意。[13]

虽然招考进行了三次，也仅只录取了64名，距离120名满额尚差半数，这不是要求过高所致，而是生源质量太劣。也由此可见，其时青年人是不愿报考此类学校的。从报道中可知，当场还从考场发现一名替考之“枪手”，但是还有众多没被发现的“枪手”暂时得以蒙混过关。

由于生源严重不足，学堂接着于农历十一月初二、初七两日再进行两次续考，初二日的题为“听其言而观其行论”，初七日的题为“君子欲讷于言而敏于行论”。“文试”后还有“武试”，考生于

“缴卷后即饬当阶搬舞青石，试其膂力，石之轻重不等，自三十斤至数十斤，各随量力而试，以百斤为度”。两次续考后，再行录取三十余人。[14]

勉强取足学生，学堂正式开课。自然，凡事于起步阶段，各方总都是竭力尽心、认真对待的。

> 江南陆师学堂总办钱琴斋观察德培自综理学堂事务以来，于学生功课非常认真，前所聘请之洋教习，现在尚未到馆，因先延北洋武备学堂中著名人员充副教习。每晨，副教习领带学生下操场，讲究列阵、步伐、演习洋枪诸艺，每次计时有四点钟之久。诸学生得其指授，亦即坐作进退，仰听指麾，无不婉转如意。操毕，仍入塾，分班肄习汉文。汉文功课以讲解《战国策》《左传》及《孙子十三篇》、《诸葛武侯兵法》等书为正宗。所延汉教习数员俱系时下名流，非如吕蒙之出自行间者可比，每值礼拜六日期，由教习按切时务命题，作论一篇，课卷在本堂领取，纳卷后听凭总办披阅，评定甲乙。有逃课一次者，即在该生名下记过，如已记过三次即行开除。每月月终，又由总办命题面试，试之日有委员三四辈在堂稽查，以防捉刀舞弊，名曰堂课。课程较民间学塾尤为严紧，以故期望子弟读书成名之家，无不啧啧称羡，以为难得似此培植人材乐地。

由于学堂的认真负责，纪律严明，使得学堂成为人们羡慕的培育子弟之良所。“每值礼拜六日期，由教习按切时务命题，作论一篇”，从中也可以看出该学堂的新派气象，鲁迅日后遇到的“华盛顿论”这样的题目正是学堂中“按切时务命题”的产物。

尽管学堂如此认真负责，但是学生却不成器。当初招考时蒙混过关者，特别是冒名枪替者，纷纷现出原形。而这种情形竟不是个别现象，而是普遍情形！逢周六作论之时，竟有一半学生是“白卷先生”,令人大跌眼镜!最后总办钱德培痛加澄汰,一百二十余人中弄虚作假、冒名顶替者竟高达八九十名,最后仅余二三十名学生,而这留下的二三十名学生,也多是些半天憋不出几句通顺的话的学生。

> 第内中有一种得题镇日竟不能成一字而曳白交卷者,居其大半。一时受卷委员大为骇异,叩其何以始终不符若是,皆不肯吐实,穷诘至再,乃知满馆皆羊公鹤也,云由前此招考时人人皆以为进身之阶,夤缘干进,以期滥竽。其无援引者类由人为之枪替,不尽真姓实名,刻下经此一番面试,所有弊端,尽行水落石出。观察于是痛加澄汰,凡有年貌不符与文字不通者,一律开除。计从前早报额满之一百二十名,现已革退八九十人,留堂者仅二三十名。然犹大半终日握管城子,不能挥洒自如,操纵由我。说者谓人家好子弟即能文理明顺,其父兄必不肯付之堂中,或者开年再招,未必有如是之踊跃矣。⑮

从中可见当时社会上人们对此类学堂的认识,也可知当年鲁迅考入江南陆师学堂附设的矿路学堂,实在并非什么难事。

考试:甄别优劣,奖叙优等

后来总办钱德培是如何补足这 120 个名额的,不得而知。江南陆师学堂考试制度是一年四考,每季一考。“金陵陆师学堂定例每年分四季考试,而以春季课为甄别,总办钱琴斋观察示期三月二十五日循例举行,先内场、次技艺逐一详加校阅,优者留堂肄业,劣者即行黜退,以期学有实效,费不虚縻。”⑯春考似最为重要,甄别优劣,以定赏罚。且看 1898 年春考之情形。

> 金陵访事人云,陆师学堂于本月二十一日举行春季大考,

已志前报。嗣闻二十二日清晨水师学堂总办柯受丹观察又命驾到陆师学堂，由学堂总办钱琴斋总办迎入花厅，茗谈片刻，旋同莅操场，升坐演武厅。洋教习率领通班学生齐集厅下，奉令先演排枪，次放巨炮，再次试□墉踰沟等技，最后演西国各种阵图，一切操法，悉本于德国《陆操新议》一书。两观察校阅之下，诸生优劣皆于花名册中详晰存记，自朝至暮，其事□竣，两观察至花厅晚膳后，互论诸生孰精于语言文字，孰长于枪炮阵图，孰擅专长，孰兼众美，评论许久，意见相同，时近子刻，柯观察始起兴辞，约诘□再，将诸生优拙详细造册，呈请南洋大臣鉴核评定甲乙分别赏罚。[17]

最重要的考试，当然是毕业考。光绪二十五年（1899），学堂招收的第一届学生三年期满毕业。毕业之际，刘坤一等各路官员、客人联翩而至，前来检验学生成绩。学堂中120名学生，分为步队、马队、炮队、马炮新队四队，每队30人，依次演示。报上详细纪载了江南陆师学堂学生毕业演武之情形。

金陵访事友人云，江南陆师学堂自开办迄今，洵经三载，各学生已一律卒业。总办钱琴斋观察禀知两江督宪刘岘帅，示期本月二十日亲加考试。计堂中学生一百二十名，分为四队，曰步队，曰马队，曰炮队，曰马炮新队，每队各三十名。是日，天甫黎明，咸装束整齐，由教习率同晋谒本学堂总办，俄而府县各官先后戾止，盐巡道江宁藩司暨督中协城守协亦联旆而来，辰巳之交，长江水师提督黄芍岩宫保节钺遥临，司道府县两协迎入花厅，序坐甫定，金陵新关税务司教堂司铎，与夫旅居省垣之各西人咸具公服，佩宝星，联翩荟萃，盖先期由岘帅折柬相招也。钟鸣十下时，岘帅鸣驺莅堂，中西各官齐至阶下恪恭迎入坐定，略叙寒喧。钱观察禀请开考，岘帅颔之，遂由观察导至演武厅，厅之正中排设两公案，左督宪，右提宪，皆南向，东西两旁，各设数公案，司道以下居东，两协以下居西，各西人则在檐前依次列坐。四队学生，鹭翘鹄立，肃静无哗。观察趋诣督宪前请令，岘帅商之宫保，传令先试步队。于是步队三十人，趋前献艺，先演步法，后列阵，动作进退，变化无端，各极五花八门之妙，岘帅顾而色喜，各赏给银牌二面。次试炮队，先于五十码外，设一纸人为的，学生三十人共舁巨炮四尊至演武厅陛下，安置平稳，装配子药，以次轮流开放，每人连放三出，中的者多，试毕，岘帅各赏银牌一面。再次考马炮队，学生三十人合力从演武厅后挽五炮车出，在操场中安放木马五，将五炮从车上拆下，置诸木马之背，作运动机括势，作装放药弹势，作策马使行势，良久仍由木马背上将炮卸下，还置车中，岘帅虽不甚惬意，亦各赏银牌。最后考马队，学生三十人分作，三班每班十马，并发追风逐电，超轶等伦，既而三十马排成十字，忽又分为两行，为六队、为十队，忽又改作方围、圆围，均能齐止齐行、不先不后。岘帅宫保暨中西各官大加称赏，每人各赏银牌二面，事毕。钱观察乃请同莅堂中午膳，时已钟鸣一下矣。[18]

四队之中，步队、马队表现不错，炮队时有未中，而马炮队做的都是一些“假动作”，岘帅因之“不甚惬意”。

学生表演过打炮，但还没打过枪。“岘帅以陆师莫重于枪炮，各学生操炮课程固已早经面试，须再试放枪打靶以定优劣，爰示期本月十二日亲临考试。”于是，刘坤一再来学堂考试打靶。

是日清晨，四班学生咸戎服携枪齐集演武厅。去厅一百五十码设立高五尺宽、二尺五寸之铁靶靶心作八卦形，八方填写数目自一字至十一，字居中则写十二两字。平日操枪工课以中数目字为优等，中靶而不中数目字者为次等，不中靶者为劣等。钟鸣十下，岘帅升座演武厅，传令五人一排同时开枪打靶，自巳至酉仅试六十名，尚有六十名以时将薄暮，不必作全豹之窥，乃鸣驺返节辕，观察命通堂学牛排队鸣枪恭送。闻岘帅之意，将于诸生中择其殊尤出众者，派往泰西游历，俾成有用之材，其余则拨入沿江各要隘炮台效力。[19]

本拟挑选一些优等学生赴西游历，然而，由于经费问题，此举不得不取消。但对这届毕业生来说，此时陆营正改习洋操，亟须教习，这批毕业生适有其用武之地。刘坤一奏称，"江南陆师学堂已届三年毕业，各该学生于泰西戎事实力讲求，确有心得，迥非专袭皮毛者可比。江南各军业经改练洋操，自应将此项一二等优生分发各营旗，教习测绘及一切攻守机宜，俾各勇丁取法有资，日臻精进；各学生亦可藉事历练，以储异日将领之材，实于武备大有裨益。"[20]报上亦云，"本拟择其尤者派员带赴泰西各国游历，而以其次拨往各要隘炮台营伍当差，嗣以游历之举，川资经费需用浩繁，因思目今三江陆营改习洋操，需人教习，爰将头二两班学生分派各营，俾得悉心训练，其三四两班则令留堂再习数月，陆续派差。"[21]

光绪二十五年十二月十五日（1900年1月15日），刘坤一奏请奖叙优等学生及出力人员时说到学堂办学成绩。

臣维今日时势，以练兵为亟，而练兵次序当以陆军为先。泰西陆军以德国为最，而德国将才悉由学堂而出。兹江南创设陆师学堂，廷聘德国将弁为教习，三年以来，无间寒暑，各学生悉心探讨，造就均有可观。迭经德国亲王亨利、英国议绅贝思福、美国使臣康贝请赴该堂阅操，极口称许，咸谓中国如此教练，何患不强？是此项学堂为戎事强弱之基，亦各国观瞻所系。现经臣将毕业一、二等优生分派各营任用，增其历练，广其智能，度必有英才出乎其间，仰备国家干城之选。[22]

首届学生毕业后。江苏候补道钱琴斋观察德培随同两江总督刘坤一北上入觐,并见过荣禄。1900 年 4 月 12 日,报称,荣禄拟将武卫全军分为南北二军,“北军由中堂自行统带分防北洋,至南军则分扎南洋各要区,顾非得知兵大员不足以资镇慑”,“中堂以观察创办江南陆师学堂于今三年,成效昭著,堪以委统南军,当即檄令将武卫前军十营后军十营概归观察总统,仍听中堂节制。”此一消息传到江宁,校长大人受此重任,学生自然欢呼雀跃,“陆师学堂诸生知观察旌旆遄回,必当量材器使,故皆欢忻雀跃,拟为国家效力戎行焉”㉓。可是,怎么可能呢?“钱校长”固然不错,但论资历和经验,钱德培和荣禄能称得上是一个量级的人物?

光绪二十六年四月十九日(1900 年 5 月 17 日),被委任江西淮盐督销局总办的钱德培,搭附招商局江永轮船抵浔盐局就任新职。㉔

风潮:亲兵逐生,集体退学

1903 年,江南陆师学堂发生了一起学生反抗校方高压管理,集体退学,并请愿督宪之事。关于这件事,报载云:

> 南京陆师学堂甲乙丙三班学生,因该堂压力过重,致与监院马某及军器翻译刘某有所龃龉,竟被派兵强拉学生徐某出堂。是以全体咸抱不平,于初六日同盟三十一人出学,赴督辕上控,经江督魏午帅饬将该监督委札调去,并记过一次,又以教习不合有苛待学生之事,仍饬该学堂总办秉公查办云。㉕

江南陆师学堂 31 名学生集体退学事件,报上只是含糊地称“因该堂压力过重”,但在 1903 年出版的《经济丛编》上刊载的《江南陆师学堂学生退学记》一文中将此次冲突的前因后果,记载颇为详细。该事件的经过如下:

陆师学堂之始创也，钱观察德培，实手定规制，颇参用川军礼，学生谒总办，必半跪，呼大人，而稽查、支应、文案各员，皆师焉，向固安之。平等自由之说盛，浅者不知其真谛，士气日嚣，惟势陵其上，以为豪举。于是陆师诸生，必欲去其向者所用之礼制。张冠瀛者，尝力争其事，监院为马晋羲，诉于俞而不直之。章士戛、徐大纯讼冠瀛屈，忤马意。马固汉文教习，俞方受制军之旨，整顿学务，乃别置监院，以马任之。马所倚信者，学堂经理腾璧。腾故毕业生留堂者也，尝欲有建树，所以立威信。而翻译刘维骙，亦欲得间以见好于总办。

三月五日，刘维骙方从德教习讲军器，验视炮弹。徐大纯问弹何名，用于何炮。刘斥其渎问。适大纯与同坐者耳语，刘疑其诽谤，罪之曰，犯堂规，宜黜革。大纯遽出，遇马。马责其擅离讲堂。令即入，及入。刘怒叱，逐之出，未几辍讲。张钟武偕三人者无故偶出，而堂规无故不得出大门。腾璧侦知之，乃邀监院坐厅事以俟之。钟武等归，马乃传集诸生而指斥之。钟武曰，学生过，自有堂规，何辱为？腾遽厉声曰，今非往岁比，无所谓记过也，过即黜退，汝等凡自料不见容于此者，宜早自谋，勿俟甄别。已而语涉徐大纯，谓已犯堂规，不宥。大纯请其罪状，腾不能答。大纯固请，腾奋袖曰，无多言，总办已有示黜革，复何喋喋。当是时，翻译刘维骙，已白总办逐大纯也。大纯乃曰，此非总办革黜，乃徐大纯自不愿居此奴隶学堂。腾大怒，乃立逐大纯，叱仆役挥之出。诸从皆愤，林懿均者，首出抗辩，谓不以盗贼待学生。叱仆役无敢动，腾乃与算学副教习李勋，率亲兵，自逐大纯，于是诸生大哄。腾、李以寡不敌众，遁去。诸生乃聚议，议定，明日谒总办，请黜退马、腾、刘、李四人。

翌日，总办至。而时当讲堂受课，诸生皆集而要于总办。总办责其聚众，而究问首事何人。诸生答以事出公愤，无首从。总办则诘曰,果将何为。诸生方欲言,马、腾遽出而驳诘之,总办乃挥令入讲堂,所请当徐议,诸生不入者不及半。总办乃曰,不入讲堂,可归自习室,于是皆归。总办随其后,至引手而噢咻之。文案萧第者,遽前曰,汝等动以亲兵逐徐大纯辱学生全体为口实,大纯之妄,以亲兵逐之固宜,如汝等举动之妄,皆宜以亲兵逐者也。诸生复大愤,势汹汹。萧遽遁,总办亦去。诸生以未得白其意,乃举代表三四人,诣总办,固不得见,惟传谕归室俟后命。诸生即归,监督彭某,出而调停,约以黜罢腾、李,久之不得要领。诸生乃相约上书于总办,请退学。联名者三十一人,总办思有以解散之,诸生三十一人遂出学。

学生退学之后,曾欲学南洋公学的"样",创办"共和学校",而总办俞明震害怕事态扩大,一面安慰留校之学生,一面致函退学学生,以求息事宁人。而就在此时,传言将有大狱,于是诸生上书两江总督魏光焘,魏一面严令俞总办查明事实,秉公办理,一面言辞严厉地指斥学生,学生一时惊惧,遂与南洋公学退学学生组成的爱国学社商议合流。

方事之始,诸生固有动于南洋公学之往事,既出学,则亦欲如公学诸生退学故事,自立共和学校,乃僦居一寺以谋之。总办俞观察惘于三十一人之去,方亟思有以慰其留者,则登讲堂演说退学诸生之负义。适有毕业生游学日本者十八人,方归国,乃更使登堂演说忍耐服从之义。而退校诸生,方聚而未散,乃密白制军取进止。而致手书于诸生曰,谕学生等知悉,初六之事,出于仓卒,本总办办理无方,深自媿悔。数年来苦心经营之事,一日瓦解,尤所痛心。尔等皆热心向学之十,一日事有所激,未遂初心,此心之怅惘难安,当与鄙人同也。然恐明此中原委者,传说纷纭,激成事变,不知本总办方自疚之不暇,并无苛责于人之义意。前事不提,不忍提,惟自伤自疚而已。至堂中之事,仍当极力改良,以图补救,尔等其各努力,鄙人有厚望焉。怅怅不知所云。

诸生即得书,而闻道路喧传,将有大狱,乃共上书制军。制军批曰,官设学堂,所以造就人才,并非为该生等自便起见。乃近来风气日薄,多因小忿聚哄,挟制官长,更误会平权自由之说,一唱百和,此破坏学界之大病也。本部堂见善必劝,惩恶尤严。仰陆师学堂总办俞道,传谕申饬,仍迅速查明实情,并监院人等有无侮辱学生情事,分别据实详复核办,毋稍循隐。诸生得批,益惊惧。适上海吴稚晖、蔡民友以电招之,林懿均、章士钊先往议,议江南陆师学堂退学诸生,同入爱国学社讲学。既定议,乃同往上海,其资给则编译新书以求售。爱国学社者,南洋公学退学诸生所立之共和学校也。吴稚晖、蔡民友者,教育会之会员也。[26]

对于学堂官吏粗暴对待学生,并激起学生退学之事,向与学生相得的总办俞明震总的来说还是偏向于缓和事态的。但是为了安慰留校之学生,他曾登堂演说,指斥退学诸生之负义。在东京出版的《江苏》杂志中有一首打油诗《总办来》,当系写俞明震当时对学生训话之情形和内容。

总办来,制奴隶,蝮虵伸头狗竖尾。皤其腹,睅其目,大呼学生真可恶。官与汝食,官与汝衣,传汝衣钵,为奴隶基。出洋捷径觅优保,似我赫赫真威仪。我今长官尔学生,倡言平等真狂伧。尔书自由我专制,谁将虎须敢尝试。尔曹全班任退学,乃公私人好安插。国破家亡事等闲,黄金横斗头堪斫。汝曹善为计,毋撄乃公忌。乃公服官数十年,心肺久等枯油煎。绿舆红顶囊万钱,趾高腹肥背耸天。妾妇十年一朝贵,怀中羹面今须卖。只惜文殊运告终，难得长留好时会。呜呼！总办来，猛如虎，夷奴一呼虎如鼠。会见汝肩挑粪土，长安路。[27]

该文发表域外东京，言辞泼辣，放言无忌，当然也不免油滑，同时夹带着其时流行的一贯的“反满”气息。

经过调查，经总督同意，粗暴对待学生的学堂监督等人受到处分。“监督委札调去，并记过一次”。对于江南陆师学堂此次学潮，报刊上自然也有批判学生不反求诸己、滥用“自由”的论调。比如，人家就问，学堂官吏之果不称职，那么你莘莘学子“果皆已纯洁无可指瑕而为完人之资格乎”？“吾见外国学堂之生徒，皆劬苦而限制之，使不得自便。西儒之言曰，不能爱[28]人检制，安能真得自由。彼固谓是国家之人材，非如是不足以磨砻而成就之也。夫人才之成就，其磨砻于形质者效小，而精神之效宏。然则当此学制未备，拂逆百端，吾益振奋淬厉，自进于学，以达吾之所自期，已非第形质之磨砻矣，而何独不逆拟一成才之境，以观其得失也？”[29]

江南陆师学堂学生风潮看似事出“偶然”，但却有其“必然性”。

1902 年，南洋公学学生为了反抗学校的“奴隶教育”，纷纷宣布退学以示抗议，并在上海成立爱国学社，由蔡元培担任总理，吴敬恒为学监。当时各省地的学堂都是依样画葫芦，其管理制度也大同小异。南洋公学的学潮引发了东南各省学生的“学界风潮”，距离上海不远的南京各学堂也深受影响。“自往岁南洋公学退学事起，风潮所激荡，凡学校生徒皆思一逞以为快，语及服从义务，则攘臂啮齿而不甘，当道者固所思以靖之也。”[30]当时身在江南水师学堂的周作人等人就曾效法南洋公学之学潮而鼓动风潮。

当时讲维新，还只有看报，而那时最为流行的是《苏报》，《苏报》上最热闹的是学堂里的风潮，几乎是天天都有的。风潮中最有名的是“南洋公学”的学生退学，以后接续的各地都发生了，仿佛是不闹风潮，不闹到退学便不成其为学堂的样子，这是很有点可笑的，却也是实在的事情。这时候新总办到来，两堂的监督都已换了人，驾驶堂的姓詹，管轮堂的姓唐，椒生公则退回去单做国文教习，虽然没有新气象，却也并不怎么样坏。我们四个人——即我和胡鼎，江际澄，李昭文的小组，可是觉得水师学堂是太寂寞了，想响应《苏报》，办法是报告内情，写信给报馆去。内容无非说学生的不满意，也顺便报告些学堂的情形，却是很幼稚的说法，如说管轮堂监督姓唐的绰号"糖菩萨"，驾驶堂的姓詹，绰号就叫"沾不得"，这些都没有什么恶意，其重要的大约还是说班级间的不平，这事深为老班学生所痛恨。这是四月中间的事，到了四月廿八日学堂遂迫令胡鼎退学，表面理由是因为他做"颖考叔茅焦论"，痛骂西太后，以大不敬，以禀制台相恫吓，未几胡君遂去水师，转到陆师去了。[31]

"仿佛是不闹风潮，不闹到退学便不成其为学堂的样子"，在这样的氛围中，"当道者固所思以靖之也"。一方是蠢蠢欲动；一方是虎视眈眈，这便是江南陆师学堂风潮发生之背景。

此后，学堂还是相对开化了些，甚至学生都可以创立自治规条。"总办某，虽负开化之名，具有专制之实。特犹知爱惜名誉，故冲突之事尚稀。七月间易以湘人某公，压力略弛，学生得以其间联络团体，创立自治规条。"然，次年即 1904 年，日俄战争迫近之际，学生对俄国侵我土地愤闷填膺，南京各学堂学生汇集北极阁会议，慷慨陈说，各校请增兵式体操，"陆师请改速成，期以三月成军，某公亦既首肯，讵学界蟊贼某某等亟言于江督曰，学生如此，是实行革命矣，不速创惩之，祸未有艾。于是倡议者名捕，某公亦撤差，另择老猾无耻之钱某总之，钱甫受事，即废速成之课，革自治之条，学生等亦群忍之。"

此时，江南陆师学堂又发生了学生与学堂之冲突，这次学生相约不退学。

逾数日，学生柳、韩二君以功课事禀商。钱怒曰，我为总办，自有总办之权力，尔曹动违公令，可速退学，全班数十人，岂患无来者耶？我居官数十年，深知此时学堂非用重大压力不可。学生等见其声色俱厉，语无伦次，咸相视腭眙。有他顾而哂者，钱益怒。柳、韩二君遂被黜，继复出其种种专制手段，凌辱挫虐，殆甚舆台。揣其意盖以学生无奴隶根性，故必欲尽去之以为快。实则钱素憎于江督，欲藉是为迎合之具而已。学生习知其情，相约不得退学，横逆之来，直受不辞。钱计既穷，其情益愤，突于本月初五日，手书姓名十余，令监督传语，悉令退学，同日，普通学生亦革退十二人。于是堂中之良亦垂尽矣。[32]

1907年，报刊称江南陆师学堂将改为"士官学校"。"该学堂教由战术学，及专门之陆军学述，以储为陆军将校，其学科略仿日本士官学校章程，分为步骑炮工辎五种，任人择习一科"。[33]

以上是材料所见江南陆师学堂之筹建、招生、考试、学潮的大致情形。

要之，江南陆师学堂系1896年由张之洞奏请创设并于同年开办，该学堂仿照德国军制，以培植将才为目的。在当时社会保守气氛和错误认识下，报考的生源素质极差，招考中冒名枪替、滥竽充数而蒙混过关者，竟十有七八，以至首任总办钱德培不得不痛加澄汰。学堂通过考试，甄别优劣，以定赏罚，学成毕业后，被分派各营任用。1903年，在此前南洋公学反抗学校压迫集体退学的示范效应下，江南陆师学堂学生因偶发琐事，为反抗学堂的高压管理、野蛮手段,31 名学生集体退学,请愿总督,一时掀起学堂风潮。

（上海社科院文学所）

注释:

① 鲁迅:《而已集·革命时代的文学》,《鲁迅全集》第三卷,人民文学出版社 2005 年版,第 436 页。

②《两江总督曾国荃遵旨筹议海防折》(光绪十一年六月二日),张侠等编:《清末海军史料》,海洋出版社 1982 年版,第 45 页。

③《江督辕门抄》,《申报》1896 年 1 月 6 日。

④ 黎庶昌先后两次出任驻日大使。第一次是 1882 年 2 月 14 日到任,1884 年 10 月 5 日忧免;第二次是 1888 年 1 月 4 日到任,1891 年 1 月 29 日卸任。其任职时间可参见佚名辑:《清季中外使领年表》,台北文海出版社(无出版日期),第 28 页。

⑤《星使启行》,《申报》1887 年 12 月 27 日。

⑥《析津近事》,《申报》1893 年 11 月 21 日。

⑦《白下官场纪事》,《申报》1895 年 10 月 14 日。

⑧ 张之洞:《创设陆军学堂及铁路学堂折》(光绪二十一年十二月十九日),《张之洞全集》第 3 卷,赵德馨主编,吴剑杰,周秀鸾等点校,武汉出版社 2008 年版,第 324—325 页。

⑨《举办陆师学堂》,《申报》1896 年 8 月 16 日。

⑩《学堂告竣》,《申报》1896 年 10 月 22 日。

⑪《陆师招考》,《申报》1896 年 11 月 18 日。

⑫《江南陆师学堂招募章程》,《皇朝畜艾文编》卷 42,高时良编:《中国近代教育史资料汇编·洋务运动时期教育》,上海教育出版社 1992 年版,第 505—506 页。

⑬《陆师招考续述》,《申报》1896 年 12 月 2 日。

⑭《学堂补考》,《申报》1896 年 12 月 21 日。

⑮《人材难得》,《申报》1897 年 1 月 29 日。

⑯《钟山滴翠》,《申报》1899 年 5 月 19 日。

⑰《陆师季考续志》,《申报》1898 年 4 月 19 日。
⑱《陆师演武》,《申报》1899 年 10 月 2 日。
⑲《大考学生》,《申报》1899 年 12 月 20 日。
⑳ 刘坤一:《毕业学生分发营旗充当教习拟给薪水片》,中国科学院历史研究所第三所主编:《刘坤一遗集》第 3 册,中华书局 1959 年版,第 1190 页。
㉑《学成致用》,《申报》1900 年 1 月 18 日。
㉒ 刘坤一:《陆师学堂期满请奖折》(光绪二十五年十二月十五日),中国科学院历史研究所第三所主编:《刘坤一遗集》第 3 册,中华书局 1959 年版,第 1190 页。
㉓《总统南军》,《申报》1900 年 4 月 12 日。
㉔《浔上官场纪事》,《申报》1900 年 5 月 23 日。
㉕《学界风潮》,《蒙学报》1903 年第 1 期,第 88 页。
㉖ 寄斋:《江南陆师学堂学生退学记》,《经济丛编》1903 年第 26 期,第 4—6 页。
㉗ 侠迦:《总办来》(纪南洋陆师学堂事),《江苏》(东京),1904 年第 9、10 期,第 261 页。
㉘ 原文如此,此处"爱"字或为"受"字。
㉙ 寄斋:《江南陆师学堂学生退学记》,《经济丛编》1903 年第 26 期,第 6 页。
㉚ 寄斋:《江南陆师学堂学生退学记》,《经济丛编》1903 年第 26 期,第 4 页。
㉛ 周作人:《知堂回想录》上,止庵校订,北京十月文艺出版社 2013 年版,第 143—144 页。
㉜《江宁陆师学堂之覆败》,《江苏》(东京),1904 年第 910 期,第 268 页。
㉝《南京:改陆师学堂为士官学校》,《南洋兵事杂志》1907 年第 13 期。

2005年版《鲁迅全集》注释补正21则

吴作桥

又发现2005年版《鲁迅全集》（以下简称《全集》）若干失注与误注，现补正如下。不当之处，望方家读者正之。

一、关于老舍的生年。《全集》关于老舍只有一个注，即第13卷第151页注【4】，此注标老舍生年为1898。老舍之子舒乙在《老舍失去父亲以后》一文中称"老舍……（生）于光绪二十四年腊月二十三日（1899年2月3日）"①老舍生年应是1899年，不是1898年，差了一年。

二、关于邵洵美的本名及对其评价。《全集》关于邵洵美共13个注，即第4卷第512页注【8】、第5卷第293页注【6】、第321页注【4】、第596页注【7】、第6卷第4页注【1】、第226页注【3】、第415页注【4】、第7卷第442页注【16】、第8卷第408页注【2】、第12卷第446页注【3】、【4】、第13卷第13页注【4】、第109页注【1】，这些注均未注邵洵美的本名，其中有几个注说邵洵美是清末大官僚资本家盛宣怀的孙女婿，言外之意，此人是封建势力的孝子贤孙，不怎么样。

施立松先生在《多情"败家子"诗人郡洵美》一文中称："邵洵美名云龙，出身优渥"。"洵美"是后改名，邵妻盛佩玉，此名取自《诗经》郑风中的《有女同车》，诗中有句："佩玉将将"（将同锵），邵知此出典，此诗还有一句："洵美且都"（真的美且文雅），因此改名洵美，以示与妻心连心之意。

施蛰存评价邵洵美称:“邵洵美是个好人,富而不骄,贫而不丐。”邵出身富家,有点纨绔是自然的,他把财力、精力贡献给了新文学事业,仅此一点便难能可贵。他喜欢文学,终成了一位唯美主义诗人。他家客厅挂着高尔基像,不少名家来此聚首,其中就有鲁迅、茅盾、郁达夫、老舍、白薇、冰心、周作人、张资平、凌叔华、傅东华、巴金、沈从文、杜衡、张天翼、鲁彦、施蛰存、徐霞村、丁玲、叶灵凤、郑振铎、穆时英等,他家客厅成了中国现代有名的文艺沙龙。他是个诗人,有诗集《花一般的罪恶》等多种问世。他出资办过书店、出版社,先后出过 11 种刊物。他还资助沈从文出版了《边城》。还与他的美国情人项美丽(原名艾米莉·哈恩,项美丽是邵为其取的中文名)合作将《边城》译成英文,他与项美丽一起共同创办抗日刊物《自由谭》。萧伯纳访华时,中国作家在功德林宴请萧,宴资大洋 46 圆是邵洵美出的,宴后,他还用车把鲁迅送回家。1949 年前,国民党方面约邵洵美去台湾,他婉言谢绝,因为他离不开上海。1949 年后,他竟因一封向项美丽借钱的英文信而被打成特嫌、历史反革命,被判刑,出狱后因贫病交加,无生活来源而于“文革”时死去,死时年仅 62 岁。[②]这些都表明,邵洵美不是官僚资本家的孝子贤孙,他是一个有正义感的、对我国现代文坛有过贡献的著名诗人,《全集》之注对他的负面评价,似“文革”时的株连风,应予纠正。

三、关于蒋介石的本名。《全集》关于蒋介石只有一个注,即第 11 卷第 582 页注【2】,此注云:蒋介石名中正字介石。好似说“中正”是蒋的本名。刘继兴先生在《蒋介石胞兄吓死于西安事变》文中称:“蒋介石的父亲蒋肇聪有三个儿子:蒋介卿(蒋瑞生)、蒋介石(蒋瑞元)、蒋瑞青。”[③]这就是说,蒋介石本名是蒋瑞元,“中正”是后改名。

四、关于陈师曾的号。关于陈师曾,《全集》有 3 个注,即第 7 卷第 429 页注【9】、第 12 卷第 101 页注【1】、第 17 卷第 136 页,前二个注无陈氏之号，后一个注云陈氏号槐堂。近读王晶晶之文《陈师曾/一个人捍卫一个时代》，文中说，陈氏号朽者、朽道人。④这一信息，似可补入《全集》这 3 个注中。

五、关于培根的生卒年。《全集》关于培根只有一个注，即第 1 卷第 41 页注【60】。此注无培根的生卒年。王勤田在《献身于自然科学的哲学家——培根》一文中云培根的生卒年为 1561—1626 年⑤。《辞海》亦说培根的生卒年为 1561—1626 年，⑥此信息为可信，《全集》似可采用。

六、关于艾青的笔名"伽"。"伽"是艾青的笔名"莪伽"的略称，也是艾青的笔名。此笔名出现在《全集》第 16 卷鲁迅 1932 年 12 月 31 日日记中："下午得介福，伽等信"，可是查《全集》第 18 卷《全集》人名索引，却查不到"伽"这一辞目。只有一个人名"伽利略"。《全集》第 18 卷人名索引，是《全集》人名的总汇，不应遗漏一个《全集》出现的人名或其注。第 18 卷释"谷非"还说："见胡风"，为什么连"伽"字也不见呢？只有第 17 卷第 107 页释"伽"字："见艾青"。可见这是第 18 卷编者一时疏忽所致。《全集》如再版，第 18 卷人名索引应补入"伽"这一人名。

七、关于易斐君。与上一则相同，《全集》第 18 卷人名类索引中查不到易斐君这一名字。易斐君本是蔡斐君（即蔡健，著名文艺理论家蔡仪之弟）的一个笔名。《全集》第 17 卷第 147 页有易斐君这一人名，释文为："见蔡斐君。"第 18 卷人名索引是《全集》注释总汇，第 17 卷有此注释第 18 卷也应有，这肯定是第 18 卷编者一时疏忽。《全集》如再版此应补之。

八、关于罗暟岚。《全集》第 12 卷第 137 页"281104 罗皑岚"，而此信之抬头语却是"暟岚先生"。标题与书信文本不一致，撞车了。鲁迅写为"暟岚"是对的⑦是皑岚，只少一撇，却是两个字。（暟音 kǎi，皑音皜）《全集》此处宜正之，将标题中之"皑"字改为"暟"字。

另外,鲁迅日记1928年11月5日记:"上午复暠岚信",此"暠"字实是鲁迅笔误。8卷本《汉语大字典》无此字,据《全集》惯例,鲁迅写错的字,在此误字后,以方括号注之,印为"暠【皑】"。此处《全集》无括号注,应加上。

《全集》第17卷第246页对"皑"有注,注文为"见罗皑岚"。为《全集》注释总汇的第18卷却无"暠岚"这一人名。这是一个缺失,此处应补上。

九、关于叶之林、叶之琳。叶之林或叶之琳本是端木蕻良的化名或笔名,出现在鲁迅日记中。《全集》第17卷第38页有叶之林、叶之琳的词条和注文,注文均为"见端木蕻良"。可,作为《全集》注释总汇的第18卷人名类注释中却查不到这两个名字。这又是此卷编者之疏忽所致。

十、关于浅草社成立的时间与地点。对这个问题,《全集》之注又撞车了。《全集》第6卷第268页注【32】云,浅草社1922年在上海成立,第15卷第562页注【2】云,浅草社1923年3月在北京成立。偶读陈金淦一文《关于浅草社成立的时间》,陈文刊于1923年4月2日《时事新报》副刊《文学旬刊》一文《浅草社消息》,此文开头第一句话是:"我们这个小社,是在一两年前,由十几位相同爱好文学的朋友组织的。"[8]落款是浅草社发起人陈炜漠、陈翔鹤。此文刊于1923年,一两年前,当指1922年或1921年,成立于上海。浅草社另一发起人,著名诗人冯至又说,浅草社成立于1922年[9]。可以肯定,第6卷之注是正确的,第15卷之注为误,应予纠正。

十一、关于朱大枬的"枬"字与其生卒年。《全集》第17卷第50页"枬"字是印为"柟"字的。"柟"字的异体字有枬、梅、楠等。姓名是不应乱改异体字的,应以其本人选定的为标准文本。朱大柟1925年2月8日致鲁迅信手迹是写为"柟"字的。[10]近读李朝平《新月诗人朱大柟生平著译简表》,此文注①介绍了一个信息。一次朱问他的同班同学，挚友蹇先艾他的名字中之“枬”字念什么，蹇先艾来个艾字念半边，说念丹，朱说不对，应念南。[11]可见，朱大枬的权威文本是朱大枬而不是朱大枏。《全集》中朱之名印为朱大枏不对的。应予更正。

《全集》第 17 卷第 50 页注朱大枏生卒年为 1900—1931。这也是错的。同是李朝平之文注②说，著名作家蹇先生与朱大枏是北师大附中的同学，而且是一个班的很要好的同学。赛说朱之生卒年为 1907—1930。蹇是 1906 年生[12]，只比朱大 1 岁，(如果朱比蹇大 6 岁，岂有不知之理)蹇还说：“是他(指朱——引者)是 1921 年以第 1 名考取师大附中的，……那时他才 15 岁。”[13]以此推算朱之生年亦为 1907 年，同是李文又说：“对‘徒然社’颇有研究”的赵国忠亦称朱大枏逝世的准确时间是 1930 年 11 月 6 日。《全集》关于朱之生卒年之注亦为误注，应更正。

十二、关于风沙寄鲁迅之“稿”。鲁迅日记 1936 年 9 月 19 日：“得风沙信，并稿，午后寄还之，并复。”此风沙寄鲁迅之稿，叫什么名字，《全集》无注。阮先羽在《鲁迅日记中之“风沙”》一文称，风沙寄鲁迅之稿是一本书稿，书名是《东北的抗日英雄》。此书稿鲁迅阅后即寄还并复一信。此书 1939 年春由抗青社出版。[14]此信息应收入《全集》注中。

十三、关于《百喻经》的原名或全称。关于《百喻经》，《全集》共 5 个注，这 5 个注均未介绍《百喻经》的原名或全称。只有第 17 卷第 329 页说《百喻经》又名《百喻法句经》。看来，这《百喻法句经》只是又名，不是原名或全称。徐昭武先生在《鲁迅与金陵刻经处》一文中指出：“《百喻经》全名《百句譬喻经》，内收 98 则佛教寓言故事。”[15]这就是说，鲁迅称之的《百喻经》只是一个略称，它的全名或原名是《百句譬喻经》。徐先生之说，当为可信，《全集》关于《百喻经》这 5 个注，应将其全名或原称补上。

十四、关于《流产与断种》题解。《全集》第 3 卷《这个与那个》中之小标题《流产与断种》无题解。读此文后，不知鲁迅此番议论为何而发。王锦泉写的《〈华盖集〉若干史实考》回答了这个问题。王先生说，鲁迅写此文是针对江绍源、徐志摩打压青年作家的贵族老爷式的言论的。江绍原在1925年7月4日《现代评论》上发表一文《黄狗与青年作者》，认为报纸副刊应尽量少发表青年作者的文章，因为这类文章十分幼稚。徐志摩1925年10月1日在《晨报副刊》上发表《我为什么来办我想怎么办》将报纸副刊视为一种灾殃。还有一位作者直接为文称报纸副刊是一种"副刊殃"。[16]为什么是"副刊殃"？就因为报纸副刊发表的青年作者的文章太多了。鲁迅针对这些错论，于是写了《流产与断种》，指出青年作者的文章有些幼稚，但应该扶植青年作者，成熟都是由幼稚发展而来的，恰如一个孩子学走路，不能因为他最初的步子幼稚，就不让他学走，那样这个孩子就终生不会走路。应该扶植青年作者，不要让他们流失，断种。否则，中国作家就有断种的危险。

王文是针对1958年版《鲁迅全集》此处之缺失而写的，想不到1981年版，2005年的《鲁迅全集》此处仍未吸纳王文的意见有所补充。

十五、关于"文士"。《全集》第3卷第162页，鲁迅提到一位"文士"："则专是一个人的御前侍卫，托尔斯泰呀，托她斯泰呀，指东画西的，就只为一个人做屏风。"这里的"侍卫""屏风"指谁呢？《全集》此处无注，应设注。王锦泉先生说，这里的"文士"是指徐志摩。徐志摩1925年3月至4月间旅欧，路经莫斯科。他在1925年8月1日《晨报副刊》上发表。《欧游漫录（十一）——托尔斯泰》，他说他在莫斯科访问了托尔斯泰的大女儿，她对徐志摩说，在书铺买不到她父亲的作品，徐对苏俄当时查禁托尔斯泰的作品极为不满并提出批评[17]。应当指出，徐志摩这一批评是正确的，鲁迅对徐志摩的调侃，有明显的失误。

十六、关于“断指和晕倒”。《全集》第3卷《忽然想到(十一)》中的小标题《断指和晕倒》,1957年的《鲁迅全集》有注:1925年6月10日,北京民众为沪案在天安门开大会,当时报载:参加者因过于激动有失去知觉晕倒及断指流血等事发生。1981年版的《鲁迅全集》对此注略有改动,将“沪案”改为“五卅惨案”等。《全集》此处与81年版文字雷同,照抄不误。说实话,此注实很简略。王锦泉先生在《〈华盖集〉若干史实考》中引1925年6月15日上海《时事新报》报道,此断指写血书者是中华教育改进会代表陈潜夫,他在演说伊始,即断指写下血书“誓死救国”、“愿同胞猛省,勿存五分钟热心”。晕倒者为农大学生李文涛,朝大学生王畏三。[18]王先生介绍的上述史料,《全集》应予采纳,以让历史真相更加细致生动。

十七、关于《戛剑生杂记》中“涕不可仰”句中之“仰”字。《全集》第8卷第527页《戛剑先杂记》中有一句:“涕不可仰。”祝肖因先生在《周作人早期日记与鲁迅研究》一文中称此“仰”字系“抑”字之误。祝先生说他查了《辞海》《辞源》《中华大字典》《汉语大辞典》中之“仰”字各义项,用此字各义项来释“仰”字,均解释不通。[19]祝先生的意见是正确的,可惜这一意见未能进入《全集》注释者的视野。《全集》此处文之本仍沿袭如旧。笔者手头有《汉语大字典》,查其中之“仰”字,读音为yǎng时,义项共九:1.仰头;2.企盼;3.敬辞;4.切望;5.敞露;6.依赖;7.为;8.时;9.姓。读音为áng时,义项只1个:威武。[20]用上述10种义项释“涕不可仰”中之“仰”字均讲不通。[19]此误,可能是周作人抄录时之笔误或手民之误。《全集》再版时,此处不应径改,应设注,指出疑应为“抑”字。

十八、关于《别诸弟》,上引之祝文,也涉及这个问题。主要是说,周作人在日记中曾两次抄录《别诸弟》。第一次抄录时,此诗第一首第二句“有弟偏叫各别离”中之第四字为“叫”字。第二次抄录时,此“叫”字改为“教”字(祝文未指明二次抄录的具体时间）祝先生的意见是以第一次抄录的文本为准。第二次抄录系周作人径改。这意见是对的。

《全集》第8卷第531页注【1】释此诗出处说："本篇录自周作人日记……据周作人日记庚子三月十五日（1900年4月14日）。"可《全集》此诗第一首第二句第四字却是"教"字，可知此诗不是录自周作人的这一天日记，而是录自辛丑二月二十四日（1901年4月12日）[21]周作人日记，此诗第一首第二句第四字恰是"教"字。

可见此注有误。《全集》再版时，应将此诗中之"教"改为"叫"字，如不改，则应将此注改为"录自周作人日记辛丑二月二十四（1901年4月12日）"为妥。

十九、关于《祭书神文》。收入《全集》第8卷第534页的《祭书神文》中有一句："君之来兮毋除除"，此句之"除除"，1981年版《鲁迅全集》作"徐徐"。据祝肖因先生之上文云，周作人从日记中抄录此文时，可能觉得"除除"不好懂，于是将"除除"二字改为"徐徐"。"徐徐"就是慢。这就是说，诚如祝先生所说，那么，《祭书神文》此处之"除除"是鲁迅原创文本。1981年版《鲁迅全集》"徐徐"为周作人径改，《全集》更正为"除除"是正确的。可惜的是《全集》此处在"除除"下无注。不注，读者不懂这"除除"二字是什么意思；注上，读者就知道"除除"就是"徐徐"，是慢的意思，（祝文云据《中华大字典》）所以，此处应设注，指明"除除"与"徐徐"同义，即慢。

二十、关于《惜花四律》的标题。前引祝文指出，1981年版《鲁迅全集》目录上的诗题是《惜花四律》，而正文的诗题却是《惜花四律步湘州藏春园主人元韵》，两者文字不一样了。祝先生还说，正文标题是周作人原来的标题，目录标题应与正文标题一致才对。这个意见是正确的。可惜的是，在过去了17年之后，《全集》这一疏漏依然如故。《全集》再版时，此疏漏应予纠正。

二十一、关于鲁迅13岁后的家境。鲁迅在《鲁迅自传》和《自传》中曾说过:“但到我十三岁时,我家忽而遭了一场很大的变故,几乎什么也没有了。”[22]“家里原有祖遗的四五十亩田,但在父亲死之前已经卖完了。”[23]同是祝先生在上文中指出,这两段话,不够确切。实际上据周建人在《鲁迅故家的败落》中称,祖田并未全卖完,“还剩下祖田二十亩”。周作人在日记中也称,周家此时还在收租:1899 年 1 月 11 日收租谷 33 袋;1900 年末还收租谷 45 袋。1901 年还有 4 起佃户“告灾”,鲁迅此时已 20 岁了。这些可证明,鲁迅 13 岁以后田产并未卖光,还有 20 亩田产。祝先生的意见是对的,《全集》在鲁迅这两则话后无注,应设注以说明鲁迅这两则话不够准确。

注释:

① 见《作家文摘》2016 年 9 月 30 日。

② 以上史料均据施立松《多情“败家子”诗人郡洵美》,《名人传记》2016 年第 6 期。

③ 见《作家文摘》2016 年 10 月 28 日。

④ 见《环球人物》2017 年第 12 期。

⑤ 见《天津师院学报》1978 年第 3 期。

⑥《辞海》,上海辞书出版社 1980 年版,第 541 页。

⑦ 罗皑岚 1976 年 9 月 6 日,致鲁编室信,信末署名为“罗皑岚”见马蹄疾:《鲁迅日记若干人名考辨》,《新文学史料》总第 3 辑(1979 年 5 月版)。

⑧⑨ 均见《新文学史料》1981 年第 1 期。

⑩ 张杰编著《鲁迅藏同时代人书信》,大象出版社 2011 年版,第 56 页(手迹),第 364 页。

⑪⑬ 见《新文学史料》2016 年第 3 期。

⑫《中国文学家辞典》第一分册,四川人民出版社 1979 年版,第 616 页。

⑭ 见《绍兴鲁迅研究专刊》(总第 12 期)1991 年 9 月 9 日版,第 20 页。

⑮ 见 2016 年《绍兴鲁迅研究》,第 139 页。

⑯⑰⑱《天津师院学报》,1978 年 2 期。

⑲《绍兴鲁迅研究专刊》总第8期,1988年12月5日版,第111页。

⑳《汉语大字典》第1册,四川辞书出版社、湖北辞书出版社1981年版,第125页。

㉑《鲁迅研究资料》(10),天津人民出版社1982年版,第80页。

㉒㉓《鲁迅全集》第八卷,人民文学出版社2005年版,第342页、第401页。

口述与笔谈(七)

裘士雄

1. 陈士豪:《先外舅王积文的简历暨家况》《先四叔陈季才简历》

记得是徐斯年托我了解陈古遗其人其事的。他的名字出现在鲁迅作品中仅一次而已,即在《集外集拾遗补编·〈吕超墓志铭〉跋》一文中写道:“吕超墓志石,于民国六年出山阴兰上乡。余以陈君古遗得打本一枚,以漫漶难读,久置箧中。”经过一番努力,我打听到陈古遗的儿子陈士豪健在,并住在离鲁迅故居不远的作楫坊,我登门拜访过一次,多数是他到鲁迅纪念馆来,1980—1981 年陈士豪三天两头来馆。他除了提供其父陈古遗的生平史料外,又将遗物两枚印章捐赠给鲁迅纪念馆(一枚为阳文“一片冰心”,另一枚为阴文“赏心惟笔砚,知己有琴书”),还应我的要求写了《先外舅王积文的简历暨家况》《先四叔陈季才简历》两文,因为举人出身的王积文(恕常)在山会初级师范学堂教国文,与鲁迅为同事,而陈季才与鲁迅获得吕超墓志铭拓本有关。

先外舅王积文的简历暨家况

陈士豪

我的亡妻王德娴之父王积文,字恕常,号素藏,又名煦庄,本县昌安门外孙端镇后礼江人。前清孝廉,年 30 岁中举并结婚。不久国体更新,即被东关某绅家(可能是竺姓)延聘为西席,已故科学家、中国科学院副院长竺可桢即其得意门生,生平鱼雁往还,过从极密。两年后改任山会师范和(绍兴)简易师范校国文教员,与周树人先生共事。数年后转入第五师范校任国文、经学教职,品德文章称颂一时,门生遍布全浙。自"五四"新文化运动后辞去第五师范校教员,即应同年娄裕熊(翔青)在江苏督军公署秘书长任内之招去南京督署担任秘书之职,以后升任苏浙皖三省巡阅使公署秘书主任(督军齐燮元兼任巡阅使)计 6 年之久。因素性酷爱文学兼嗜书画古玩,将历年薪俸如数购置书画古玩、文房四宝。卸职返籍时冗重四大皮箱均藏是宝,乡里不察,误传为王老爷发财回来了。

嗣后,闭户编著医书兼代乡里义务治疾,手到病除,约 3 年。许多城市富绅所知,相继争聘为西席,如东昌坊口朱阆仙、上大路平宜生、司狱使前胡雨湘以及西兴某绅家先后教读子弟,最后任昌安门外豆姜村鲍显臣家教读多年,鲍亚白即其得意门生,此时已年逾古稀了。

抗战时期,蜗居故里,不问世事,手不释卷,忙于编著医书。胜利以后,复因年事垂老,身体衰弱,直至不病而卒,终年 82 岁,营葬于南门外九里村山巅(生前所选定,以为高山可永保平安)。惜乎两子远旅外地,家里无人看管,所有家具以及大小书籍 60 余只和碑帖、书画、古玩、著作等均被窃一空,深堪浩叹。特别是其中有一幅苏轼(东坡)亲笔书画题跋自身画像(题有"满腹牢骚满肚皮,不合时宜"之句)亦被波及,更感惋惜!

我先岳父娶妻陶氏,于解放后 4 年逝世。有兄弟四,均经商外地;姐一,他居二,生子二女一。长子王德暘,字宾春,第五师范暨铁路专校卒业,历任京沪铁路线工作,在抗战时期为交通而奔波,著有成绩,素为交通界人士所器重,直至退休,现在定居上海。次子王德昶,字尧春,多年在杭州铁路分局工作,现寓杭州东街路华严寺。女王德娴,10岁时即文定于我(我父与外舅同在第五师校共事时就结儿女亲家),20岁来归,23岁即病亡,生平亦能诗文,惜短寿。(陈王两家)彼此是多年夙好,往来甚密,后因抗战兵荒,两地遥隔,音讯多阻。胜利后2年,先岳父生前死后,我曾亲去探望、送殓,并会晤到两舅。解放30年来,一因两地远隔,二因年事已高,自顾未遑,音讯久断,对岳家的消息无从探悉。如果贵馆欲得其详,不妨邮寄上海铁路局人事科探询退休老工人王德晹住址即可了解其情了。

以上所述无非是我所知的一鳞半爪,聊供参考而已,请谅恕为幸。

陈士豪谨述于1980年元旦

先四叔陈秀才简历

陈士豪

我四叔陈国贤,字秀才,曾在(省立)第五师范校肄业两年,因体弱退学,改在阮江故里开设小店多年。我父持赠鲁迅先生的"吕超墓志"拓本,我叔即在此时收购的。以后去海宁陆军测量局任职三年,因肺疾告退,在家疗治,缠绵床第计四年之久,不治病故,年仅36岁,遗有子一女五。独子陈士雄毕业于稽山中学,曾任嘉兴县税务局工作,亦患肺疾,作过切除手术,不能行动,现在仍寓嘉兴,享受国家劳保待遇。

陈士豪述于1980年元旦

2. 陈榆生:回忆鲁迅舅二三事

1917年间,我父母和外祖父母都在北京。那时,鲁迅舅也在北京。外祖父鲁寄湘是鲁迅的舅父,父亲陈仲篪是鲁迅的表妹夫。我们家属未去北京之前,外祖父和父亲与鲁迅舅同旅居在绍兴会馆,朝夕相聚,甚是亲密。后来,我们家眷出去,分居两地了。鲁迅舅时常来我家,探望外祖父的。见我这个顽皮小孩,倒是很亲爱的。我那时虽不大懂事,但孩子们的心坎里,觉得这位大舅舅没有严颜厉色,很和蔼似的。

有一天,寄居在我家的一位亲戚程君,突然发生严重的疾病,外祖父是懂中医的,但中药缓不济急,要即送医院抢救。当时父亲因公出差外地,外祖父年老病弱,经济人力,都感困难。鲁迅舅适来我家,见此情形,立即设法将病人送至医院急救。奈医药费用为数颇大,程君是一个小公务员,平时生活勉强维持,这一笔巨大的医药费如何应付?我外祖父经济亦不裕,勉力为他筹措,也只得三分之一,差距很大,如何办呢?当时,鲁迅舅境况,亦不见宽裕,慨然即去设法筹集,为其如数垫付。住院两个月,继续又为交付费用,直至病人痊愈,出院时,对他说,这笔钱不可放在心上,病后好好调养要紧。程君感激至极,延迟了年余,才陆续归还。那时我在童年,不大懂事,且不会留意大人们的事。这是后来我母亲说起鲁迅舅来而讲起的。

我在小学读书时,有一个姓姜的同学,他的父亲是做厨师的,性情纯良,我们很要好。另一个姓赵的同学,是现在所谓高干子弟,他的父亲是我父的同事,性情暴躁骄横,动不动仗势欺人。他虽对我还客气,但我看不起他,见欺侮别人,很愤愤不平。有一天,他欺侮姜姓同学,竟打得姜姓同学头破血流。我强忍愤怒,好言和解,他反唇相骂,我也不甘退让,与他相打起来,结果双方都受伤,而老师们因他势大,不敢奈何他。这天晚上,鲁迅舅到我家来,见我手臂包扎着,以为搞玩而受伤的,经外祖父和我父母告知情况,他激动着说,这孩子很天真、勇敢,有正义感,你们做家长的,不仅不该责罚,要勉励、培养孩子,但要启导他,用正当的举动抗击坏人坏事,不可野蛮动武,于事反而无补的。我听鲁迅舅所说的话,虽不大懂得,但看他面色和口气,似在赞许,心里非但高兴,而对他更有崇敬亲爱之感。

我从小很喜吃花生，母亲给我每天的零用，只有两个铜板。门口挑来的吃食担，我是老顾客。一天，我正在买两个铜板的半空花生，鲁迅舅适到我家来，他说我时常见你买花生，是很爱吃吧，这与我有同好。我连忙把这半空花生请他吃，他笑着说，这孩子真乖。以后，鲁迅舅来时，常带给一大包花生米，我欢喜得了不得。他给我日本儿童图画一册，我十分宝爱，珍藏多年，后在济南时，放在学校里丢失了，可惜得很。

以上的事，原系平凡琐小，但足见鲁迅舅济困扶危、疾恶如仇、鼓励上进、教育培养后一代的伟大人格。

事已过去六十多年，追忆起来，还能约略记得。而鲁迅舅的当年音容笑貌，犹历历在目呢。

1981.9.5

3. 范作德：1993年10月18日答裘士雄，介绍与先祖范文澜有关史料

1993年11月15日是我国著名的历史学家范文澜诞生100周年纪念日，我们请绍兴籍历史学家丁名楠题字，吕英澄设计，计划于11月15日发行“越中名贤——范文澜”纪念封。8月14日，我曾给北京的范氏长子范元绶先生及其子女写过一封信。当时也不了解范元绶健在否，信中谈了我们的打算，也想通过他了解范文澜的家世等问题。10月中旬，我去象山参加“浙江省第五届鲁迅学术讨论会”，参观了象山大徐殷夫故居和宁海柔石故居。20日返绍。大约23日收到范文澜长孙范作德写于18日的来信，才知范元绶先生作古多年，幸有范作德与其祖父范文澜共同生活多年，对范氏家世有所了解，给我写了这封长信。我意外的收获是：曾任中共中央政治局常委的胡启立同志的外婆家也在绍兴，与范家还有亲。其妹、时任中国科学院副院长的胡启恒1995年7月10日写给我的信也证实了这一点。范作德来信，对于我们印制发行越中

名贤系列纪念封的褒奖,很使我们鼓舞。他的要求亦尽量满足。11月15日,我和章贵、徐明华参加了绍兴市政协文史资料委员会在市政协礼堂召开的“纪念范文澜同志诞生100周年座谈会”,阮庆祥、钱茂竹、朱顺佐、徐嘉恩、何信恩、陈德和、陈惟于和我相继发了言。同日,我们发行了“范文澜诞生一百周年纪念封”。11月16日,我给范作德写了信,附上2帧绍兴纪念范文澜诞生100周年的照片和一些范文澜纪念封。范作德1993年10月18日的来信如下:

裘士雄同志:

您好!

您1993年8月14日来信,我们已收到,没能及时回信,望给予原谅。

我们全家衷心感谢在我祖父范文澜诞辰100周年之际发行纪念封表示对他的怀念,同时也捎去我们全家心意,深表对家乡的深切想念之情,祝愿家乡建设日新月异,祝愿家乡人民生活美满幸福。

这封信本因我父亲范元绶亲笔写,遗憾的是,他已于1990年11月28日因心脏病突发逝世。由于我们姐弟三个唯有我在母亲身边,这样就由我来复信了。

关于范文澜子女及亲戚,我提供情况、通信地址如下:

齐真(范元绶爱人),中国石油天然气总公司老干部局离休干部处。

范元维(范文澜有两个儿子,即长子范元绶,二子范元维)。范元维的地址是:湖南长沙工业学校范元维收,邮编410014。

范瑾(我的姑姑,我三姑奶奶的孩子、范文澜的三妹妹)。范瑾的地址是:北京市政府老干部局范瑾收,邮编100000。

胡启立(我的叔叔,我二姑奶奶的孩子、范文澜的二妹妹)。胡启立的地址是:北京市三里河中国机械工业部胡启立收,邮编100000。

范文河(我的十一公公,范文澜的弟弟)。范文河的地址是:北京市西城区三里河二区63门6号范文河收,邮编100000。范文河要求:我六姑奶奶现年龄已高,希望能给代收一份,用信封寄来,地址寄我十一公公处。

范先生(我十二姑奶,范文澜的妹妹)。范先生的地址是:北京市宣武区南纬路29号预防医学科学院食品营养卫生研究所范先生收,邮编100050。

我姐范作申,地址:北京中国社会科学院日本所,邮编100000。因她明年才能从日本回来,所以通信地址可寄我姐夫陈方全收。他的地址是:北京中国人民解放军海军司令部翻译队陈方全收,邮编100000。

我范作德,地址:北京海淀区学院路石油勘探开发研究院后勤处范作德收,邮编100083。

我妹范作冰,现在美国。

我弟(范元维的儿子)姓名范作军,地址:山西省太原120信箱学府路30号中国辐射研究院八室范作军收,邮编030006。

再之,我随信寄去十元钱,希望再能买一些用信封寄给我,不知妥否?实在太麻烦您了。在此特向您再次深表衷心感谢!

祝您工作顺利!

范作德　1993.10.18

4. 蒋彦永:2000年5月25日致裘士雄

以前,我与不少蒋抑卮的子孙后裔有过交往,已听说蒋抑卮的裔孙蒋彦永(蒋锡九之幼子)人称“军中一把刀”,少将军衔,曾任解放军总医院301医院外科主任,2000年5月17日前不久,蒋彦永曾来绍兴参观鲁迅纪念馆,我因出席市里一个会议,安排俞慧娟、周玉儿接待之。5月17日,我给蒋彦永写信表示歉意,同时也同他谈了鲁迅文物资料问题。19日,我又给他寄去一册我主编的《绍兴的中国之最》。29日收到了他写于25日的信。2003年,是这位“诚实的医生”的一封署名信披露了北京SARS疫情的真实情况,使中国SARS疫情报告透明化,卫生部长张文康和北京市长孟学农也因此被免去了党政职务。蒋彦永说写那封署名信的原因很简单:“我觉得医生不说真话,死人要多,国家要吃亏。”当我从媒体报道得知这些情况后,对蒋彦永的由衷敬意油然而生。他2000年5月25日的来信现抄录如下:

士雄先生:

这次去绍兴参观鲁迅纪念馆,未能与您相见,甚为遗憾。承蒙您作的周详的安排,由俞慧娟、周玉儿两位对我们热情接待,并带领我们参观了鲁迅旧居、故居和纪念馆,使我们能在短短的时间内得到较大的收获。

鲁迅是我小时候非常崇敬的学者。我在南洋中学的语文老师葛肃庵先生选了大量鲁迅先生的作品,作为我们语文课的读物,如《狂人日记》《阿Q正传》《孔乙己》等。当时我祖父的四层藏书楼中存有全套精装(用小木箱装)的《鲁迅全集》,我也常去翻阅。这次能到鲁迅纪念馆参观确有不少收获。

您信中提到的我祖父和鲁迅在日本的留影以及鲁迅给祖父的信,当时送北京鲁迅纪念馆时我均见过。

很抱歉,我手头一无鲁迅有关的任何资料,祖父传我的大量碑帖文物,我均于解放初期捐赠给华东局文化部。至今下落不明。以后若有这方面的资料,我会与你联系。

祝

夏安

蒋彦永 2000.5.25

附:相片一张,请转交周玉儿小姐。

5. 蒋彦昆:2000年6月1日致裘士雄

蒋彦昆先生亦是蒋抑卮的裔孙(蒋金五长子)。2000年5月初,他与陈威(公猛)之子陈兆奎、丁元(历史学家丁名楠之子)等回故乡绍兴。2日晚,我到下榻的朝日大酒店看望他们。第二天,我陪同他们游览了禹陵、东湖,并送至市客运中心上车。蒋彦昆告诉我:他的岳母蔡永常,是蔡元康的女儿。5月4日,我写信给蒋彦昆,寄去4帧照片,也向他请教蒋家的问题,并要求提供蔡元康照片。因为我原来还有一个计划,尽量收集与鲁迅有关人物的照片,如章介眉等,可为将来摄制有关鲁迅的影视,美术品创作等提供形象资料。5月5日,我又给蒋彦昆寄去一信和一帧照片。6月5日,我收到他的回信和4帧照片。其来信如下:

士雄先生:

我们这次在绍相聚,并陪我们游览了各主要景点,甚为感谢。这次,我在上海又停留了20多天,回京后才见到来信二封及相片,丁元的相片已转交,我照的相也已冲印出来,有你的四张,随信附上。

关于你询问之事,根据我所了解到一简单家谱,关于简历,因成员分散在全国各地,有的在海外,我也不全了解,不能奉告。

孔继莼是我祖母,是孔凤春的。1909年在日的照片是我祖母孔夫人。

你所提的第二位是华仙兴、戴圣秀，均为侧室，戴圣秀未生育。

蒋彦士是我同一曾祖父的堂兄弟。

所索蔡谷清照片，我正在找，找到后一定寄上。

祝

好！

蒋彦昆　2000.6.1

6. 蔡永常：1981年5月27日致裘士雄

蔡元康及其夫人郭珊、内兄弟郭焕章等在鲁迅作品中均有记载，蔡元康与鲁迅关系也较为密切，只是他去世早，似未曾留下有关回忆文字。我打听到其女蔡永常在上海的通信地址，于1981年5月10日给她写信，29日就收到了蔡永常的回信。她热情地解答了我的提问，我很感激。其回信迻录如下：

裘士雄同志：

惠书收到多日，承询各节，自当缕陈，无奈我年老多病，尤其在十年期中，关于生活方面的许多困难问题，至今尚未解决，还须处理，困难重重，精力不敷，因此只能暂先简略奉告，以供参考。迟迟作复，深感歉疚，尚希鉴谅是幸。

我父蔡元康（国康、谷清）属兔，生于己卯年（1879年）阴历九月十二日，卒于1921年阴历三月初七日。

我母郭珊（篢一）属鸡，生于乙酉年（1885年）阴历二月十三日，卒于1954年阴历九月廿三日。

伯父元培（鹤庼、鹤清、孑民）属兔，长我父一肖，系属同祖嫡堂兄弟，亲密胜于同胞。

关于郭焕章舅父，最后是在陈仪表叔（公洽）任福建省政府主席期间担任监印职务。该时，我丈夫冯薰（仪九）任福州交通银行经理。在福州沦陷前期,随政府撤退去南平、永安,时焕章舅患病,故遂送其回绍兴亭后老家休养。此后音讯隔绝,何时病故,目前无法提供。

我名蔡永常,咏裳名字最初是我在杭州结婚时因我父元康已去世,由元培伯父主婚时开始用的。

我原有兄弟各一,兄永明,弟永昌,均早夭折。我与永明二人,是在我父母结婚14天同去日本留学后,在日本出生。那时,鲁迅和我父母在日本就过从甚密,亲如手足。我父母一直以“豫才”称呼鲁迅,在1910年先后回国,由我父介绍,元培伯父始与鲁迅相识。

关于蔡氏世系表,我处本有家谱,可以列供。尤其关于鲁迅和我父交往的一切信札史料,均由我母女妥善保管。自我母去世后,即由我一人承担(我母女从未分离过)。其中还有其他值得纪念物件,诸如蒋鸿林(抑卮)在日本治耳疾住医院时,和鲁迅、渡边医生、女护士、蒋夫人共五人的正面照片等等,均集存在特制的樟木箱内,有底可查,惜乎一旦尽失于十年期间,现今下落不明,无法得知,实属痛心。如果随便提供,有失真实,我不为也,因此惟有逐步回忆,求得准确资料,再行提供。至于世系表,还可有所依据,不致差错,但需时日耳,不知尊意如何?

来信具名裘姓,不知我父母青年时代的好友暨同窗学友裘吉生(后行医)夫妇,您知悉否?还有王子余之子王贶甫、孙女王足、寿鹏飞(洙邻)的长子寿积明以及笔飞弄徐伯荪四昆仲家的情况如何?再有邵铭之有四女,现在何处?均深怀念。如能示知一二,不胜感激。

在我母1954年去世后,即由我伴柩回绍,与我父合葬劳家坞墓地。次年清明,趁春假期间,偕丈夫带同子女五人回绍扫墓,以便将来可由儿女辈继承照料,也去了笔飞弄老家,又特地去瞻仰了鲁迅纪念馆。承工作同志照顾,特地为我们开放参观,在馆内看到了我父给鲁迅的亲笔信件。因时间匆促,未观全貌,深为遗憾,但在大门外的稻〔道〕地上拍了照片,以作纪念。

去年柏龄堂兄回国探亲,希望我同回绍兴老家看看,适值我身体不适,未能偕行,甚怅!但愿此后身体能逐渐恢复,能再次回绍一行也。草此奉复。

祝

工作顺利

蔡永常　1981.5.27

吴友如和《点石斋画报》
——硬笔画和石板印刷

［日］三山陵[①]　段睿珏　译

《点石斋画报》[②]备受欢迎，不仅因为其内容，画报中西洋风格的插画和应用最新的石板印刷技术也受人追捧。吴友如[③]的原画展示的世界既让人感到新鲜又让人惊愕，庶民们从中挖掘作画的秘密，并思考支撑他创作的石板印刷机的特征和优点。吴友如等主要出版人是让人无法忽视的存在，他们所尝试的硬笔画被后来的画师们所继承，在出版画报时运用了石板印刷[④]技术。本文以吴友如等所画的《功臣战绩图》为着眼点，来考察石板印刷技术这一主题。

前　言

吴友如作为清末的素描家被人们所熟知，他所画的素描应用于《点石斋画报》（创刊于光绪十年，即 1884 年）中，这份画报在清末极具有代表性而闻名于世。此画报反映了急剧变化的社会现实，从 19 世纪末到 20 世纪初仿效《点石斋画报》的刊物层出不穷并且发行量众多，但是没有哪份像《点石斋画报》这样连续 15 年长期发行（对于最后一期画报的时间众说纷纭，有几年之差），并且，从线装本的格式、页数和高水准的图片及文章内容来看，没有能与《点石斋画报》相匹敌的。之后的画报，内容为义和团的混乱和接近灭亡期清朝的社会状况，虽然内容无法跟《点石斋画报》相比，但是运用了插入绘画并刊登新闻这些新媒体的形式，从而过渡到了民国时期。其中不乏刊登讽刺画和讽刺类漫画的画报，为庶民提供了新式的娱乐和发泄不满的窗口。

《点石斋画报》虽然从各种角度被考察和研究过，本文的内容不是描绘图片的内容，而是从印刷、出版的实际出发，思考民国时期继承的近代制作技术。

西洋技法的传入

《点石斋画报》之所以受欢迎，不仅是由于其内容满足了庶民的好奇心，其西洋画洋溢的气氛、细密的描绘以及如同照片一样逼真的画面对于读者来说非常具有新鲜感。出版此画报的申报馆[⑤]就强调这一点，大肆宣传"这是用西洋最新的印刷术——石板印刷所制成的"。无论在哪个年代都会被新事物所吸引的庶民们，对于与一直以来熟悉的木板印刷不同的"石板印刷"产生了极大的兴趣。《点石斋画报》不仅运用了西洋的印刷机，作画也运用了西洋的描绘技法——用远近法表现风景，描绘人物和物体时用阴影表现出立体感的技法，给读者的视觉带来一种"西洋=近代"之感受。

随着时间的流逝，石板印刷也随之广为流传，在天津和北京开设了众多石板印刷所。导入彩色印刷机，风靡民国时期的、被称作"月份牌"[⑥]的海报，大多是彩色石板印刷机制作的。石板印刷机是民国时期商业美术中不可缺少的设备之一。

《点石斋画报》的发行者

创办《点石斋画报》的是从英国来上海的商人美查（Ernest Major，1841—1908）。他与哥哥一起在同治元年（1862）来到上海，一开始做茶叶和棉布贸易。当时正值太平天国和捻军[⑦]之乱，上海的商业活动停滞，两兄弟的生意破产。哥哥离开了中国，但是

20 岁左右来到上海学会了中文,又被中国文化所吸引的弟弟留在了上海。美查关注到畅销的经济类报纸《上海新报》。这是英国人在咸丰十一年(1861)创办的中文报纸,创刊初期作为周报发行,第二年改成每周发行 3 次,在同治十一年(1872)又改成了日刊。并且,香港发行的华文报纸《中外新报》也畅销上海。《中外新报》是中国人黄胜和伍廷芳在咸丰八年(1858)在香港创刊的中国首个华文报纸。

模仿英国画报的画报

光绪三年(1877)四月,美查创刊《环瀛画报》。虽然第二卷于同一年九月发行,但是第三卷于光绪四年(1878)一月,第四卷于第二年四月,第五卷于光绪六年(1880)发行,因此几乎是一年发行一卷。《环瀛画报》的外观是中国传统书籍装帧中采用的线装本。那些图,应该主要是采用英国画报中的插画。

第一卷的内容,是介绍英国的风景、女性时尚、日本奇妙的服装和乘人力车的女性。与中国相关的为第二卷中刊登了清朝派遣的当时驻英大使两人的肖像。第四卷中有描绘山西饥荒的图(因为饥荒而贩卖孩子的图像)和驻英大使归国图。世界新闻相关的是,第三卷中在巴尔干半岛燃气的俄罗斯和奥斯曼帝国的战争(俄土战争,1877—1878),和第五次中非洲的战争,虽然经常要注意从北部而来的侵略,但是当时有多少中国人在关注非洲,也是我们需要注意的问题。

中国人如何看待

《环瀛画报》的报道,是从西洋人的视角来观察国际形势的报道。画报中作为卖点的插画到底如何呢? 多条线重合画出阴影,表现出明暗、立体感和远近感。这其中也运用了英法画报中刊登的铜版画和木版画的插画。

传统的中国绘画中，几乎找不到用明快的线条描绘物体的阴影。但是读者平日看到的画（朝廷里描绘的画或者民间木刻年画等），几乎都是用明快的线条所描绘的。与这些画相比，《环瀛画报》的插图整体上就给人阴暗的印象。

《环瀛画报》在发行第二卷的时候曾在《申报》[⑧]上刊登过广告。广告词为："在英出版之《环瀛画报》于今年四月邮寄上海申报馆代销之，英国画八幅共一万多张现已售去甚多。""英国画八幅"这一要点，与《环瀛画报》创刊号（4 月发行）中插图的数量相符。如果一万张与事实接近，那么创刊号应该发行了 1 250 份左右。《环瀛画报》长约 30 厘米，宽约 22 厘米，纸张大小为 A4。元老级插图报纸《插图伦敦报纸》一页比 A3 纸稍大，一张插图大多均占据一页纸，被放大刊登。《环瀛画报》的图也是一张图放在一页纸上，大小为 23×15（厘米）。遇到几张较长的图片，会将图片折起夹在书页里。从插图的大小来判断，《环瀛画报》中的插图是原图的缩略图。

美查为了《环瀛画报》的发展，从英国的画报社购买了缩印的图片。在英国印刷好的图运到了上海，在有插图的那页用活字印刷《环瀛画报》的文字和中文翻译出的图画的题目。说明的文字另起一页用活字印刷后，图文一起装订成线装本。此外，创刊号的说明文字使用中国的手漉纸[⑨]印刷而成，但是印有插画的纸张为洋纸。

美查在光绪四年（1878）购买了印刷照片的石板印刷机。当他了解到可以用这种机器来印刷为《环瀛画报》定制的"缩略图"时，他意识到石板印刷机应用范围的广泛性，第二年就在点石斋书画室里放置了石板印刷机，不断地出版缩印本。

19 世纪后半期的印刷术

美查在上海从事报刊出版是 19 世纪 70 年代，正好处于英国维多利亚时代[10]的中期。维多利亚时代也被赞誉为插画的全盛时代，以大众为阅读对象的出版物得以大量发行，印刷技术也得到了进步。随着印刷技术的进步，画家描绘插画的方式也必须随之改变。

欧洲在 15 世纪后半期开始运用活字印刷，当时的插画为木板所制。16 世纪中期开始使用铜板插画，之后大约 200 年间铜板插画都是插画的主流，但是 1770 年左右木口版画得以被创作出来。木口版画在日本也叫作西洋木版画，是由英国的托马斯·比威克（1753—1828）制作完成的，运用黄杨和香椿这类坚硬的木头为材料，在制作铜版画的时候使用一种特别的雕刻刀。木口版画的版木，并不是纵向锯树的枝干得到的木板，而是将树干切成圆片得到的，叫作木口。木口版画制成后的精密度与铜板不分伯仲，雕刻时间也较之铜板要少，从节约时间和经费两方面考虑，木口版画的需求量很大。黄杨和香椿比较坚硬，所以也适合活字印刷。木口版画在明治时期铅活字印刷刊物中也经常被应用，成为一项不可或缺的技术。

新的印刷术——石板

1798 年阿罗依·塞尼菲尔德（Alois Senefelder）发明了石板印刷术。石板印刷术与一直以来的木板印刷（凸版）和铜板印刷（凹版）完全不同，是不雕刻版的平板。凸版、凹版的凸凹表现出版的断面。凸版是将突出的部分涂上墨水，木板或铅制的活字便是这种技术；凹版是首先用墨水涂满凹槽部分，然后擦干石板表面多余的墨水，再将纸张放在石板上，加以压强将凹面填满，这样凹面的墨水就印在了纸张上面。

石板印刷，是应用平板上水油互斥原理的一种印刷术。如果说凸凹是利用物理原理来印刷，那么石板就是应用了化学原理。19 世纪 20 年代这种技术已经被英国所应用，但是由于无法与凸版活字一同印刷出来，不太运用在画报上。

19世纪中期，照片制版术得以开发，这是一种通过照相机的镜头，将原画印在感光板上的技术，实际应用这项技术，会自如地扩大或缩小原画。照片制版可以运用在铜板、木口版画和石板上，将原画印到板上变得容易了。照片制版技术的出现让印刷技术大幅度进步，现在的胶版印刷[11]也是此印刷术的延长线。

导入先进印刷技术

美查在光绪四年（1878）从欧洲买入照片制版石印机。第二年的八月设立了点石斋画室（之后又改名为点石斋印书局）。光绪五年的报纸《申报》中有这样的文字作为广告词来宣传："我公司去年从欧洲购买了新式石印机器"，"照印各式书画"，"至照成缩本，尤极精工"。

照片制版的优点在于，即便是手写的原稿也不需要编排活字即可印刷复制，大开本的书籍也可以缩印成小型本，更重要的是，制版的时间大幅度减少了。美查应用这台照片石板印刷机，进行珍藏本的复制印刷，这种罕见的珍藏本也是通过自己收集或从收藏家那里借过来。他还出版科举考试用的参考书、便于携带的小型本、袖珍本都飞速销售一空，再版印刷多次。虽然未曾见到这些袖珍本的原物，但是明治十六年（1883）岸田吟香[12]出版的铜刻《四书合讲》的大小约为纵横12厘米×7厘米，这比现在的文库本[13]还要小。估计美查制作的袖珍本也是这样的尺寸。岸田吟香在明治十五年（1882）左右，大量发行了科举用的袖珍本，获取了巨额的利润，他与美查的关系在其他文章中再论述。

当时照片制版术应用的是凸版线条，适合黑白色的一眼看上去清晰明了的原稿，但是不适合有浓淡区分的绘画。在那之后，网目凸版技法得以开发，在感光板的前面放上有网目的屏幕，来拍摄有阶调[14]的画，通过屏幕的网目，能够更换浓淡和明暗的程度。

申报馆的插画报纸

《申报》属于全部为文字的报纸,并且文字还是古语,一般的百姓很难理解,为了让更多的大众了解到新闻的内容,有必要用画来绘制让人更容易理解的文章,并且《申报》中刊登新闻的时间差也必须缩短,因此缩短制作——印刷时间也是重要的课题。

但是在上海没有制作木口版画的工匠。租界南部的南市允许庶民居住,位于中心的豫园西侧的木版印刷工作室鳞次栉比,据说吴友如当时就在这里。但是雕刻师和印刷师都是板目木板的技师。如果插画报纸中需要使用木口版画,那就得从培养技师开始着手。照相石印机的话,有亲笔的画稿和解说文字便足够,拍摄原稿后制成版,再印刷出来便可。

美查使用的画线用的照片制版石印机,适合黑白分明的原稿,这里的插图也属于用笔绘制出来的线描图。即便在英国,在能够制版的网目屏幕技术开发前,有浓淡区分的画都是用钢笔来绘制的,这也是钢笔画的全盛时期。

作为画报插画的原画,用笔或墨描绘皆可。但是美查想让插画更具西洋风味,更具新鲜感,他预测铜版画或是木口版画这样的西洋插画会博得喜欢新事物的庶民的喜爱。因此,美查让画师使用钢笔作画。

《点石斋画报》的原稿

《点石斋画报》的原稿还保存上海历史博物馆。无论是木版印刷、石板印刷还是胶版印刷,印刷的时候都需要“版”。印刷原稿是在“版”的基础上完成的。被保存好的印刷原稿,是在体裁统一的纸上贴上文字和图片。

一般来说,印刷原稿在制版结束后没有了用武之地,便会被处理掉。《点石斋画报》从创刊起,有时有发行合订本再销售的计划,因此保存印刷原稿并不是不可思议的事情。但是从清末,经过辛亥革命、军阀混战、抗日战争和国共内战等一系列持续的混乱,印刷原稿还能得以保存非常让人惊愕。大量上市的《点石斋画报》,现在都难寻踪影,见到实物非常难得,但是作为印刷的原画能保存 100 年以上近乎为奇迹。

上海历史博物馆中吴友如的原稿,根据馆内研究员所说,是在民国时期入手的人在中华人民共和国成立后捐赠得来的。也许因为是风靡一世的《点石斋画报》,又是人气画家吴友如的作品,才能在战争的旋涡中被保存下来吧。

《点石斋画报》的缩小率

因为美查已经使用了照片制版石印机,所以《点石斋画报》也被认为是用这台石印机印刷出来的。照片制版石印机通过照相机的镜头来扩大或缩小原稿,在经过特殊处理的纸(印画纸)上烧出画像。这种机器印刷的原理为:将印画纸放在石板上翻印,并通过药水处理,可以制成吸油的部分和将油弹回部分的版。在版上涂抹油性墨水吸油的部分就会留有墨水,此外的部分就不会有墨水的痕迹。在这块版上放置纸张,加压后墨水就移动到纸张上得以完成印刷。

那么,《点石斋画报》是用了多大的缩小率来制版的呢?下面为读者介绍一下以印刷原稿为基础得出的缩小率。

实物《点石斋画报》保存在东京都立中央图书馆的实藤文库中,其中最古老的一版为光绪十年(1884)五月的第五期"甲五",也是创刊后不久的一期。书的大小为 26.2 厘米×14.9 厘米,围住插图的边框根据每页的具体情况大小略有不同,横竖约为 12 厘米×20 厘米,按照边框的尺寸来计算缩小率的话,大约为 43%。这个缩小率,按照现在纸大小来算,几乎相当于将 A3 的图缩印成 B6 的图。缩小率为 43%是相对于线来说的,按面积来说就变成了缩小为 18.5%，实际缩小为原物的 1/5 以下，由此可以想象出曾经的原画是比较大的。

《广东影印本》一册的尺寸为 23.8 厘米×13.5 厘米，与实物相比小了一成，里面的插图也是缩小为最初版本的 96%。

缩小率的效果极大

初次翻阅《点石斋画报》，大多数人会惊叹其精细的线条描绘出的跃动的画，如同西洋的铜版画。虽然说明的文字用精细而优美的笔致，但是太小以至于难以阅读。

一般在印刷物中使用的原画——漫画或素描都是用 1.2 倍或者 1.5 倍的大小来描绘。如果是 1.2 倍大小的漫画原画，印刷制版的时候会缩小到 83%。缩小率太大的话，描绘的线条和细节会消失，为了保持原画的风味让成图画面精美，一般按照二成、三成的缩小率来画原画。但是由于点石斋石印局缩印过字典类的书籍，摄影技师和印刷工匠也习惯了印制缩小率较大的印刷物，对于被时间追赶的画师来说，缩小率越高，制作过程越轻松，并且还可以活用其优点。说起其优点，即是不影响粗绘或修正后的画，以及缩小率越高画面更加充实丰满。

钢笔画所描绘出的墨水洇

图中展示的是《力功北宁》原画的一部分，图中央的右下方，描绘了骑马的将军。原画上卷曲的胡须和一根根细密的发丝都被钢笔描绘出了墨水洇，如果是毛笔的话因为笔头柔软无法产生这样的效果，这种墨水洇只能让人联想起是使用钢笔所造成的。当时因为钢笔尚未得到普及，这应当是将钢笔尖插入轴中，一边将笔头插进墨水瓶中吸墨一边描绘出来的。

针对当时的钢笔头，我们来查阅一些资料。18 世纪中期，之前一直使用的羽毛钢笔的笔头很容易磨损，为了弥补此缺点不断考虑改良为金属笔头,英法都考虑使用金属笔头,但都没有得到普及。18 世纪末发明了用钢铁板制成筒状的钢笔头,19 世纪初英国的技师布莱恩·唐金(Bryan Donkin, 1768—1855)将此做法机械化并获取了专利。1820 年初,在伯明翰使用唐金的专利生产了大量的钢铁制的笔头,此后,由于价格便宜,钢铁制的笔头得以普及。

创刊期第一张图的原画

美查出生的 1841 年,由于英国已经大量生产了钢铁笔尖,所以我认为 1880 年西欧人已经开始在日常生活中使用钢笔头了。

根据平田家就的《英国插画史》(研究社 1995 年版),照片制版技术在 1860—1870 年左右被开发出来,之后在实际生活中得以应用。将拍摄完毕的版变为亚铅板,经过酸处理后成为凸版的线凸版制版[15],适合没有浓淡对比的钢笔画。在插图印刷中线凸版制版得以大量应用,在英国钢笔画得以充分发展。也就是说,插画家用钢笔来绘画,决非是罕见的事情,这是因为钢笔笔头已经成为一种普通的绘画材料。

美查在考虑出版画报时,是以英法画报为模板的,其中使用的图画跟英法的画报一样,为如同照片一样的写实图画,具体的绘画符合中国民众的喜好——画面中满是细致的描绘,何时都看不腻的画面,谈到"画面丰满"就欣喜,美查对中国庶民的喜好是这样理解的。

刊登在英法画报上的铜版画和木口版画,都满足以上条件。

但是,制作铜版画和木口版画要耗费不少时间,并且,上海没有制作这种版画的工匠,从现在开始培养也来不及。已经使用照片石板印刷机来出版书籍影印本和缩印本的美查意识到,如果缩印钢笔画,就能得到像铜版画或木口版画那样的细密图案,也没有必要培养铜版画、木口版画的制作工匠。现在只有一个问题,就是对于一直以来没有使用过钢笔笔头作为描画工具的中国画师们来说,如何能让他们习惯使用钢笔笔头,但对比雕刻铜板或木口来说这已经很简单了。

吴友如画风的秘密

我认为吴友如极具人气的原因在于其西洋的画风。追溯画风的源头,从原画中使用的素材和新的印刷技术两方面来看,要数钢笔画和将钢笔画变为可能的照片制版石印机。吴友如在传统中国画的基础上添加西洋的画风,并运用最新的印刷机,为庶民提供了“梦想”和“话题”。

注释:

① 三山陵:大东文化大学、研究生院、首都大学非常勤讲师。研究中国民间美术和新兴版画的学术型博士,著作有《中国木板年画集成·日本藏品卷》(中华书局2011年版)。

②《点石斋画报》为中国最早的旬刊画报,由上海《申报》附送,每期画页8幅。光绪十年(1884)创刊,光绪二十四年(1898)停刊,共发表了4 000余幅作品,反映了19世纪末帝国主义列强的侵略行径和中国人民抵抗外侮的英勇斗争,揭露了清廷的腐败丑恶现象,有大量时事和社会新闻内容。

③ 吴友如:出生年不详,1894年1月17日去世。名嘉猷,字友如,江苏元和(今吴县)人,清末画家,工人物、肖像,以卖画为生,曾应征至北京,为宫廷作画。

④ 石板印刷:石板印刷是第一种可以让传统画家采用传统方法作画的版画复制术,用这种方法制作出来的印刷品无论在细节、神韵还是色调变换上

都可以与原作相媲美。

⑤ 申报馆是近代中国发行时间最久、影响最大的报纸《申报》的报社大楼，位于上海公共租界山东中路与汉口路的西南转角。

⑥ 月份牌指卡片式的单页年历，方言指日历。清代末年和民国初年以后，上海原有的小校场木版年画已逐渐被新崛起的“月份牌”画所取代，嬗变出上海年画史上一个新的历史时期。

⑦ 捻军是1853—1868年活跃在长江以北皖、苏、鲁、豫四省部分地区的反清农民武装势力，几与太平天国同时期。

⑧《申报》1872年4月30日在上海创刊，1949年5月27日停刊。是近代中国发行时间最久、具有广泛社会影响的报纸。

⑨ 手漉纸：手工造纸。

⑩ 维多利亚时代被认为是英国工业革命和大英帝国的峰端。它的时限常被定义为1851—1901年，即维多利亚女王（Alexandrina Victoria）的统治时期。

⑪ 胶版印刷：“平版印刷”和“胶版印刷”是一个意思。这种印刷方法是通过滚筒式胶质印模把沾在胶面上的油墨转印到纸面上。由于胶面是平的，没有凹下的花纹，所以印出的纸面上的图案和花纹也是平的，没有立体感，防伪性较差。胶版印刷所需的油墨较少，模具的制造成本也比凹版低。

⑫ 岸田吟香（1833—1905），日本冈山县人，是日本第一代企业家，日本在中国的谍报机关乐善堂的老板。

⑬ 文库本：平装，A6大小，105毫米×148毫米版面的便携式书籍。

⑭ 阶调：图像明暗或颜色深浅变化的视觉表现。

⑮ 线凸版制版：有图线的部分做凸留下，在凸出的部分涂上墨水来印刷的方法。不想涂墨水的地方，就使用酸来使其变凹。

从编刊社到博物馆

——缅怀王士菁先生二三事

陈元胜

鲁研先辈、百岁老人王士菁(1918.3.15—2016.10.25)走了。我抚摸着《陈梦韶(敦仁)评传》[①]封面,端庄明丽,赫然醒目。这是拟送给士菁老人的礼物,先生仙游前未及一睹,诚痛惜哉!

王士菁原名葛秉曙,1918年3月15日出生于江苏沭阳县一个小村庄,家境尚好。他就读于淮安中学。抗战爆发后,他只身逃离家乡,到大西南辗转求学。于1939年毕业于江苏省旅渝联合中学,同年考入西南联合大学外语系。后来以敬仰闻一多、朱自清等先生,转读中文系。他从同窗好友王钧(后曾任国家语委副主任)处,借阅最早的《鲁迅全集》(十卷本),从此,受到鲁迅文化与精神的影响,始入鲁迅研究之旅程。1949年6月,他出版了中国第一部《鲁迅传》[②]。

1943年由西南联大毕业后,他一路辗转奔走,于1946年回到故乡,执笔从戎,担任过《淮海报》战地记者。1949年冯雪峰主持鲁迅著作的整理出版工作。王士菁从无锡苏南文协,被调到上海鲁迅著作编刊社。鲁迅著作编刊社(上海)全称实为中央人民政府出版总署鲁迅著作编刊社。[③]主任王士菁。1952年,冯雪峰又将王士菁调到北京,专门负责《鲁迅全集》的编辑、出版和研究工作。

后来,鲁迅著作编刊社并入人民文学出版社(北京),改称为人民文学出版社鲁迅著作编辑室。冯雪峰时为人民文学出版社社长、总编辑,王士菁任人民文学出版社副总编辑、鲁迅著作编辑室主任。

陈梦韶(敦仁)保存下来一通公函,实乃"鲁迅著作编刊社"的珍贵文献墨宝。此函用编刊社的公函纸(竖书12行)。天头红色铅字,自右至左排印:中央人民政府出版总署(细字双行)鲁迅著作编刊社(大字通栏一行)。公函纸底边标明"地址:上海武进路三〇九弄二十号　电话:四三三四四",均为自右至左排印的红色细铅字。公函落款为"鲁迅著作编刊社"。加盖蓝色公章(横椭圆形自右至左三行);鲁迅著作编刊社(居中一行)、中央人民政府(上一行)、出版总署(下一行)。公函纸左边印有年、月、日,显示七月二十日。

此公函由"鲁迅著作编刊社"发出,照录如兹:

梦韶先生:

我们很早就知道鲁迅先生曾为大著《绛洞花主》作有序文,早拟商借,俾得编入鲁迅先生集内,但因不悉尊址,无从奉函。顷接来示,承允惠借影印,无任感荷。

请先生即将原件由邮挂号寄下,我们收到拍照后,当即奉还不误。此致

敬礼!

鲁迅著作编刊社(加盖蓝色公章)

由此公函察之,既已"顷接来示,承允惠借影印",又"我们收到拍照后,当即奉还不误"云云,可知陈梦韶事先与鲁迅著作编刊社已有联系。

陈梦韶著《鲁迅在厦门》1954年作家出版社初版,即由人民文

学出版社冯雪峰总编辑亲自审读办理。陈梦韶在该书《后记》，曾引用冯雪峰语曰："研究鲁迅先生本人，如果不研究他对别人，以及别人对他的关系，那是不可能的。"何谓"研究别人"，即"研究鲁迅同时代人"也。陈梦韶说："写一个人的生活传记，材料要正确真实，不得凭空杜撰。"又说："实在也不比自己创作来得容易，有时为了要写成一段仅仅二百来字的短文，却须费去许多的时光。"

厦门大学老一辈教授徐元度，在京会见过冯雪峰，曾述及陈著《鲁迅在厦门》，开拓鲁迅与同时代人研究领域，筚路蓝缕之功，非易也。20世纪50年代（1954—1955两年两次印刷），发行23 500本。

冯雪峰慧眼卓识引领下的鲁迅著作编刊社，更是功德无量。鲁迅先生在厦门大学所撰的序文《〈绛洞花主〉小引》，首次收入《鲁迅全集》（注释本）第七集《集外集拾遗》（人民文学出版社1956年版）。在此之前，《〈绛洞花主〉小引》已先收入陈梦韶著《鲁迅在厦门》。[4]

20世纪先辈们为鲁迅文化事业所作出的努力与贡献，岂止一纸公函"文书"而已。"鲁迅著作编刊社"函（1952），历经大半个世纪光阴，迷失后复得。墨迹犹熠熠生辉，更堪媲美一幅中国书法佳作。谨致祭于冯雪峰、王士菁诸位先生们之灵前：日往月来，暑退寒袭；仁焉而终，智焉而毙；其在先生，同尘往世。横眉冷对千夫指，俯首甘为孺子牛。只为文化遗产留青史，不图虚无名利出风头。前思未弭，后感仍集。呜呼哀哉！

王士菁于1983年接任李何林离休后的馆长职务，成为北京鲁迅博物馆第二任馆长。同年，二位馆长同往厦门赴会。中国鲁迅研究学会与四川人民出版社联合举办《鲁迅大辞典》编写工作会议，在厦门大学鲁迅纪念馆举行（7月9—18日）。新世纪《厦门大学鲁迅纪念（室）馆大事纪要》对此"阙如无记载"[5]。

这次会议没有留下正式的签名记录。谢德铣写文章追忆了这段往事:(在南普陀素餐馆宾客休息室)“只见一位老人拿了一把白油纸扇,正在请李何老、王士菁、蒋锡金、陈漱渝、薛绥之、朱忞、马蹄疾、王得后、陈安湖、李允经、姚锡佩、凌月麟、许怀中、庄明萱等人,在扇面上签名留念,一位一位地请代表们签名……厦门的7月中旬烈日如火,许多代表都坐在藤椅上泡茶谈天,敦老并没有休息,他生命不息,忙碌不止。我就主动从他手里接过这把扇子,代他请代表们继续签名。就这样,到会几十名代表,都无一例外地在他这把扇面上签了名……敦老这把扇面,恐怕是大会唯一最完整的‘会议签到记录’了。”这,就是“扇面上的留念”(含各路宾客,实为竖书21行54人;其中到会代表35名)。[6]

会议期间,各地鲁研专家学者纷纷往拜陈梦韶先生,敬称“敦老”,留下李何林、谢德铣、朱忞诸位与陈梦韶的合影。谢德铣说:“我拿出1954年10月作家出版社出版的《鲁迅在厦门》,请他题字留念。敦老翻开书页,在封面后扉页上高兴地用钢笔直题:‘谢德铣兄:向鲁迅先生学习　陈梦韶题　一九八三年七月十二日’。题毕,特地加盖私章。”30年前的书,谢德铣特地携至鲁迅故乡绍兴,来请著者题字;又30多年过去了,情深意切犹在。[7]他说:自《鲁迅在厦门》出版后,鲁迅在西安,在广州,在上海,在北京等等史料性著作兴行,“似雨后春笋般涌现。笔者在20世纪50年代末,开始从事《鲁迅在绍兴》的资料搜集整理工作,实际上是在梦韶先生《鲁迅在厦门》一书影响下进行的”。

苏轼怀旧诗曰:人生到处知何似,应似飞鸿踏雪泥。泥上偶然留指爪,鸿飞哪复计东西。——是的,人生并非如烟,雪泥鸿爪尚可觅。

1966—1972年,王士菁因鲁迅著作的编辑、注释、出版工作,遭到点名批判,被定为“走资派”,离京赴“干校”。1973年离开湖北咸宁的文化部干校,接受“特邀”到广西大学工作。他开辟了鲁迅研究的新天地，边教学，边从事鲁迅研究。此后发表了《鲁迅早期五篇论文注释》《鲁迅创作道路初探》《鲁迅的爱和憎》一系列研究成果。“文革”后，从广西回到北京，在中国社会科学院文学所从事鲁研工作，兼任研究生院文学系主任、研究生导师（首批研究生有杨义）。

1983 年 7 月 9 日至 18 日王士菁赴厦门，来去匆匆。他在厦门会见梦韶先生，一见如故。他知道中国社会科学院语言所吕叔湘、北京大学王力（1900—1986）二位先生，都是梦韶先生学术上的“老友”。王力字了一，比梦韶先生年长 3 岁；梦韶先生比吕老年长 1 岁，吕老自称：“弟吕叔湘上”云尔。老友们都历经过丙午劫难，迎来科学的春天！[⑧] 王士菁先生“非常时期”接受“特邀”工作过的广西，正是王力先生的故乡；广西大学那边，有王力先生的长子王缉和。

王缉和（1917—1986），又名王扬。1940 年始在桂林《救亡日报》发表署名秦似的杂文，“仿鲁迅笔法，可以乱真”（夏衍语）。1940 年 3 月，王缉和建议“办一个活泼、专刊短文的杂文杂志”。同年 8 月 20 日，《野草》创刊号出版。编委有：夏衍、聂绀弩、宋云彬、孟超、王缉和。编辑部日常工作由王缉和负责。王缉和还另外主编有《野草丛书》。郭沫若、茅盾、柳亚子等一大批抗战文化人，都是《野草》的支持者、撰稿人。《救亡日报》曾评价《野草》“诚抗战以来尚未多见的杂文刊物”。《野草》宣传抗日救国，反分裂，反倒退，继承了鲁迅的战斗精神。王缉和一生坎坷，1973 年春调入广西大学中文系，先后担任系副主任、主任。王缉和与王士菁相差 1 岁，同年来到广西大学任教。二老的交谊，容当另文别考。

陈梦韶《集美楼上鲁迅宿舍陈设辨考》，载《厦门大学学报》（哲学社会科学版）1983 年文学语言专号增刊。王士菁在厦门会议期间，关照并嘱咐作者，《学报》出来后，切记邮寄一本给他。

同年,陈梦韶将刊物邮寄给王士菁,并得函复[9]。今照原件录兹:

梦韶同志:

寄来的厦门大学学报,已经收到了。您的论文已经拜读了,对于我们的工作很有帮助。当交有关部门妥为收藏和保管,以供研究者研究。

今年7月在厦门开会,开会期间工作较忙,未能前来看您。会议结束第二天,即因车票已买好(车票很难买),便匆匆离厦。未能更多向您请教,至今犹以为憾。今后再来厦门,当来看您。　　此致敬礼!并祝健安!

王士菁　9月23日[10]

20世纪80年代初,海峡两岸"三通"尚未解禁的厦门,"火车票很难买"。王士菁京厦之行,返程唯有乘"买好"了票的火车。

1953年,辟为厦门大学鲁迅纪念室的鲁迅宿舍(寝室、纪念室即集美楼上202室;西大房门旁挂郭沫若题署的"鲁迅纪念室"竖牌),以及孙中山夫人宋庆龄题匾的"鲁迅文物陈列室"(集美楼上201室)。

本文所涉及者,事关鲁迅生平史料研究、鲁迅同时代人研究诸研究领域,旨在寄望文物管理者和研究者能够关注重返历史现场、历史语境,还鲁迅当年在厦门生活时的真实场景。这些"原则",也适用于其他5个鲁迅纪念馆,乃至于所有的名人纪念馆。这,也是鲁研先辈冯雪峰、王士菁们,生前之夙愿。

本文撰讫,恰逢25日(2017年6月),百岁老人王士菁馆长8个月前的今日走了。谨以悼念王士菁先生!

丁酉年夏至后撰讫　于广州华景工作室

注释:

① 陈元胜:《陈梦韶(敦仁)评传》,东西文化事业有限公司 2016 年 12 月版。

② 王士菁:《鲁迅传》,生活·读书·新知上海联合发行所 1949 年 6 月版。

③ 详见"鲁迅著作编刊社"致陈梦韶公函原件(1952 年)。又参见注释①,第 122—124 页。

④ 陈梦韶:《鲁迅在厦门》,作家出版社 1954 年 10 月版。

⑤《厦门大学鲁迅纪念(室)馆大事纪要》附录在国家社科基金 2014 年度一般项目,《国内六家鲁迅纪念馆的历史和现状研究(1951—2016)》(编号:14BZW104)作者葛涛的阶段成果文末,载《上海鲁迅研究 2016·夏》,第 218—223 页,署名"苏永延"整理。

⑥ 详见陈元胜珍藏《扇面上的留念:一份会议签到记录(1983 年)》原件。又参见注释①,第 171 页,以及注释⑦谢德铣文章。

⑦ 谢德铣:《怀念陈梦韶先生》,详见陈梦韶、陈元胜著新版《绛洞花主》,厦门大学出版社 2005 年 1 月版,第 298—301 页。

⑧ 陈元胜:《陈梦韶(敦仁)评传》,第 207—234 页。

⑨ 此函一页,天头印有"鲁迅博物馆"醒目五个字。详见陈元胜珍藏原件,又参见注释①,第 169—170 页。王士菁馆长关注的陈梦韶文章,《大事记要》"阙如无记载"。参见注释⑤⑩。

⑩《厦门大学学报》哲学社会科学版·文学语言专号(增刊/1983 年 4 月付印),6 月在厦大印刷厂印出,延至 9 月发行;陈梦韶《集美楼上鲁迅宿舍陈设辨考》即邮寄鲁迅博物馆(北京),送给馆长王士菁。直到 30 多年后(2016 年),一份以厦门大学鲁迅纪念馆名义整理的《大事记要》,竟然疏漏纰缪百出,连同郭沫若、宋庆龄二位题字的先后年份(1953/1956),都被搞颠倒了。参见注释⑤。

永不疲倦的人

——怀念丁景唐先生

乐　融

去年的12月12日，就像往常一样，我翻看着微信群，突然跳出一条丁景唐前一日去世的消息，不禁一惊。我知道丁景唐先生在华东医院住院已经很长一段时间了，但总体一直保持良好的状况，跟护士、医生打成一片，寄书写字，不亦乐乎。尽管前段时间他女儿丁言昭跟我说起过她父亲身体不如以前，但这一突如其来的消息还是令我难以接受，以为只是一场病，会慢慢恢复过来。

我一直尊称丁景唐先生为丁老，一方面因为他年龄比我长很多；另一方面，他是鲁迅研究、瞿秋白研究以及左翼文化研究等领域的权威、前辈，为上海鲁迅纪念馆创建和发展作出重要贡献，对后来建立起来的"左联"纪念馆的发展也鼎力相助。其实，我最早认识丁老还是在"左联"纪念馆工作期间，确切地说是从1991年2月"左联"纪念馆举行纪念"左联"五烈士牺牲60周年活动中开始的，他是"左联"五烈士研究权威专家，编著有教科书式的《左联五烈士研究资料编目》，丁老知识渊博，平易近人，尤其是一口"石骨挺硬"的宁波话，令从小在宁波话环境中长大的我有一种亲近感，当别人为不能听懂丁老的话揣摩而不得其解时，我往往颇为自豪地当起了"翻译"。由于我在"左联"纪念馆经常见到前来参加各种纪念会、研讨会的丁老及其他的子女，也逐渐与他们都熟悉起来，每次会议上总能听到丁老的真知灼见，受到他潜移默化的影响，我从对学术业务工作不熟悉到感兴趣，再到深入地去学习，都与丁老言传身教密切相关。曾记得每次丁老来参加会议，在会议前和会议间隙，丁老总是拿出写得密密麻麻的一叠稿子，交给我去复印，这都是他最新研究的成果和新发现的资料，叫我赶快去复印，说是送给纪念馆，让我们年轻人去学习，去参考。就是在对这些源源不断的丁老稿子的复印、学习中，我对一个个中国现代文学史上的著名文学家逐渐熟悉起来，引发我想一探究竟的兴趣。望着耄耋之年而又精神抖擞的丁老，我既感动又惭愧，感动的是丁老对后辈不辞辛劳的提携帮助，惭愧的是我与丁老期望存在的差距。

丁老长期在文化出版领域担任领导，但他不仅是领导，更是专家，他抓住一切机会，领衔开展了一系列重大文化工程，譬如主编《中国新文学大系(1927—1937)》(20卷本)等，做了大量的文化抢救工作，譬如影印了一批20世纪三四十年代的书刊。丁老在“文革”中曾遭劫难，我开始认识丁老正是他在“文革”结束，改革开放恢复职务及离休之后，也许丁老觉得要把损失的时间夺回来，所以，我看到的丁老总是在各种学术会议上发言，在各种报刊上发表文章，不断有研究新成果。

丁老敬重鲁迅，一辈子研究鲁迅，不遗余力地支持鲁迅研究事业。这方面在我进入上海鲁迅纪念馆工作后更有体会，尤其是每年开展慰问文物捐赠者工作，跟随领导到丁老家中去拜访时，看到在楼梯走廊边，丁老居住的卧室四壁堆满了各种书籍，写字台上铺满了书和正在写的稿子。他在谈话中离不开鲁迅研究和资料，不仅与老朋友热聊，也不忘询问刚来的新人。他不因为你是刚来的小字辈而忽视你，而是不断地转过头来笑眯眯地问你一些问题，了解新来的同志的性格、业务情况，了解关注鲁迅研究的新生力量，勉励我们要好好把鲁迅研究工作进一步推进，说这是“交关有意义的事情”，体现丁老对鲁迅研究事业发展的战略性眼光。我算与丁老已经有些认识，所以，他每次去还不断鼓励我要钻研业务，研究鲁迅，关心我近来的研究工作情况，说他好羡慕我们的工作条件——能天天与鲁迅研究资料打交道，每次去还送各种自己或其他人撰著的鲁迅研究的书给我，拿出刚写完或还在写的文章给我看，津津乐道其中问题，口中还一直念叨："迭个问题交关奇怪"。他对鲁迅及相关问题总有研究不完的事情，永远保持好奇，永不满足取得的成果，保持永远探索的精神。

除了学术研究方面，更让我深受感染的是丁老家浓浓的亲情。我还记得第一次登门拜访，丁老的夫人王老师刚刚中风，只见丁老陪同她在门外大弄堂晒着太阳，坐着与邻居们一起做健身操，神态怡和，丁老说这样可以补钙，身体恢复得可以快一些。丁老是个大家庭，育有 7 个子女，当初都住在一栋石库门房子，后来有的子女工作分配到外地，有的结婚嫁出去，但只要在上海，总是回家一起吃饭。我们每次踏入丁老家后门穿过厨房，映入眼帘的总是一桌色彩丰富的佳肴，飘着诱人的香味，其乐融融的景象令我们艳羡不已。

丁老对鲁迅纪念馆业务工作非常支持。听老同志介绍，在 1949 年后，丁老任上海市委宣传部文艺处处长、宣传处处长，以后又担任出版局领导期间，他规定，凡是上海旧书店出现有关鲁迅的各种版本书籍，首先必须送到鲁迅纪念馆，让纪念馆优先选购；他还利用他在学术界收藏界的人脉关系，为上海鲁迅纪念馆征集到许多珍贵文物，如鲁迅赠徐讦的手迹、《共产党宣言》初版本（还是错版本，非常珍贵）、鲁迅给北新书局老板李小峰的 200 余张版税收款条、《中国矿产志》《中国矿产全图》等，为上海鲁迅纪念馆的藏品征集工作创造有利条件，为上海鲁迅纪念馆目前有如此的规模和地位，作出重要贡献，至今被我馆传为美谈。直到 2002 年我到上海鲁迅纪念馆工作后不久，丁老还捐赠一个民国时期的篮子，还把他的藏书、著作源源不断地捐给上海鲁迅纪念馆建立的《朝华文库·丁景唐专库》。丁老对上海鲁迅纪念馆文物征集工作、鲁迅研究工作的支持真是持之以恒,初心不改。

丁老后来由于身体原因不能出席各种会议,但对我馆工作还是非常关心,常常委托女儿丁言昭带资料给我们,或委托来查阅资料,研究热情不减,尤其是丁老晚年最后一段生活是在华东医院度过,尽管一开始丁老很不适应医院的一切,身体一度快速消瘦,皮肤发黑,令我们都很担忧,但丁老很快自我作出调整,奇迹般的渡过这段难关。后来每次去看他,他总是称赞医院的饭菜如何可口,称现在吃得好,睡得香。我们见他人也胖了,气色也好了,证明这不是客套之辞。很快丁老又进入研究状态,床边的书和资料也越堆越高,丁老又不断有文章发表,日积月累,终于在 2015 年,丁老以 96 岁高龄又出一部力作——《犹恋风流纸墨香》(续集),据我所知,这创造了鲁迅研究方面还在继续研究的专家高寿纪录。

丁老还有个特点和爱好,非常喜欢照相,每次到他家以及后来到医院去看望他,特别喜欢与大家合影,和老朋友合影,拉着新来的小同志合影,和护士护工合影……洗印出来,然后分发给大家,非常开心。在我抽屉的照相簿里和在电脑硬盘里(后来用数码相机拍摄都转存到硬盘里),还存有不少当时与丁老的合影照片。望着照片中丁老灿烂的笑容,我忽然感觉到丁老还“活”着,还不断地在研究,尽管他生命停息了,但他的精神永存,他是一位永不疲倦的人,永远值得我们学习和怀念。

老丁先生

李　浩

进入上海鲁迅纪念馆工作之后，丁景唐先生大约是我认识的第一位鲁迅及“左联”研究的老前辈。大家以“老丁”称之，我也跟随其间。之所以斗胆如此，是因为老丁一开始见到我，脸上开朗的笑容没有丝毫改变，毫无端起前辈架子之意，顿让我轻松随意不少。谈话间，他还送给我一份文献资料，给我之前他郑重地签了丁景唐之名。之后未久，就被指派与纪念馆前辈虞积华一起，参与地方志的收集材料、编写资料长编和志文编撰工作。除了纪念馆的几位老前辈之外，老丁给予我的帮助应是最大的。老丁赠送我的文献让我得知更多的史实，尤其是上海鲁迅纪念馆第一任副馆长（馆长之位直到 2000 年后才设定）谢旦如先生的资料。

1991 年迎来了上海鲁迅纪念馆建馆 40 周年之庆。这次馆庆给我留下印象最大的是上海鲁迅纪念馆专门编辑印行的《四十纪程》，其中有黄源、吴朗西、戈宝权、陈植、丁景唐、王稼冬等前辈撰写的回忆文章。这本书，至今我还会拿出来翻阅。

丁景唐先生为《四十纪程》所写的文章是《“把鲁迅的还给鲁迅”——我为鲁迅纪念馆征集文物》。“把鲁迅的还给鲁迅”是许广平的名言，她在 1949 年后，将上海所遗留的鲁迅手稿、藏书等中的大部分带到北京无偿捐赠给国家。1950 年上海鲁迅纪念馆筹建过程中，她多次前往指导布置陈列，解答上海鲁迅纪念馆工作人员的疑问等。丁景唐回忆说：“她曾说过一句意义深长的话：‘我要把鲁迅一切还给鲁迅。'她这样说了,也这样做了。"

上海鲁迅纪念馆建成开放后,就面临着馆藏图书文献资料少的困境,尤其是鲁迅作品和鲁迅自购书的部分。老丁怀着对鲁迅的崇敬、对上海鲁迅纪念馆事业的支持,动员吴朗西、瞿光熙、周行等人向上海鲁迅纪念馆捐赠鲁迅手稿、照片等。在做了这些重要的工作之后,老丁在 1961 年一个举措,更为上海鲁迅纪念馆丰富其藏书奠定了坚实的基础。当时老丁"兼任了市委宣传部新闻出版处和上海市出版局两方面的工作",专门起草了一份关于上海旧书店收购与出售革命历史文物的规定,其中规定收集到鲁迅相关图书书刊应首先对口上海鲁迅纪念馆和北京鲁迅博物馆。这样,在老丁的关心下,上海鲁迅纪念馆的藏书日渐丰厚起来。

1961 年间,老丁受命参与上海鲁迅纪念馆陈列方案修订工作,新修订的陈列"增加了不少鲁迅手稿、照片等实物,突出了鲁迅作为左翼文艺运动的旗手在上海最后 10 年的光辉业绩——反映了以党领导的左翼文化运动为中心粉碎反革命文化'围剿',取得辉煌胜利的历史"(丁景唐:《"把鲁迅的还给鲁迅"——我为鲁迅纪念馆征集文物》)。也许是因为老丁参与到了这个陈列方案的修订,也许是因为这次陈列增加了许多实物。由此,老丁推动了 20 世纪 30 年代左翼进步期刊的影印工作——上海鲁迅纪念馆两位前辈虞积华、姚庆雄都给予了肯定——因为影印工作得到开展,上海鲁迅纪念馆的基本陈列因此获得很多可以展示的文献资料,不仅使陈列的展品丰富,更使陈列的说服力得到增强,取得了更为广泛的社会宣传效果。从现在来看,20 世纪 60 年代初开始的左翼进步期刊的影印工作,不仅对鲁迅史实研究,更对 20 世纪 30 年代左翼文化运动的研究奠定了坚实的基础,至今都是珍贵的参考资料,其功不可计量。

也许是长年从事史料搜集、整理研究以及出版工作的原因,老丁对鲁迅著作编目工作十分重视。上海鲁迅纪念馆于1961年9月完成《鲁迅著作系年目录》《鲁迅佚文集》《鲁迅书信补遗》3种编撰初稿。也许是老丁看到了这些成果,1961年初冬,老丁"约请上海鲁迅纪念馆姚庆雄、周国伟和上海书店刘华庭三同志开会商量,以上海鲁迅纪念馆和上海旧书店所藏的鲁迅著译版本为依托,用集体力量编著《鲁迅著译版本书目》"(丁景唐《鲁迅著译版本研究编目·序》)。这个项目属于鲁迅研究中的基础型资料研究,自1961年启动后,经各种波折,最后于1996年由周国伟独立完成,定名为《鲁迅著译版本研究编目》。曾因该书编著、出版之事,我随周国伟多次拜访老丁,老丁每次都给予详细的指导,虽已不记得具体细节,但老丁对这本书的关切之情恍如昨日。在1990—2000年之交,鲁迅研究方面,史料研究并非是显耀的课题(甚至被某些学者所鄙视)。不过,《鲁迅著译版本研究编目》这本书,在1996年初版之后,又在2011年再次增印。可见老丁的学术思考是极为有远见和正确的,上海鲁迅纪念馆前辈周国伟数十年的心力更非白费。

2000年之后,老丁因身体原因不常到上海鲁迅纪念馆走动,因此见这位上海鲁迅纪念馆名誉员工(此非正式称号,但当年我们单位同事如此认为,老丁几乎能够叫出上海鲁迅纪念馆大部分同志的名字)的机会就越来越少了,间或会因某些事情电话联系,最终这类电话联系也少了。不过,老丁依然关心着上海鲁迅纪念馆的工作,依然仔细阅读上海鲁迅纪念馆所编的《上海鲁迅研究》以及其他书刊。两三年前,一位朋友特意到单位找我,为的是问我要一本书——因为他之前拜访了老丁,谈话间老丁向他极力推荐了其中一篇文章。这让作为该书责编的我感动不已。

其实,要说老丁对我们年轻人有什么具体的影响,实在难以具体详述。我在《先进文化的传承——鲁迅与赵家璧及其他》中提出,老丁、赵家璧等对上海鲁迅纪念馆事业发展有着深刻影响的前辈们,他们的影响不仅仅在于为上海鲁迅纪念馆征集文物,为事业发展出谋划策,更为深远的是在于他们以他们的言行将他们所接受到的、以鲁迅为代表的左翼先进文化精神传承给我们,使我们这些年轻一辈在工作中能不忘初心,按此轨迹前行,为弘扬鲁迅精神、弘扬鲁迅文化遗产和中国社会主义文化建设做出应有的贡献。

王尔龄先生遗稿一束(上)

王尔龄

编者按:王尔龄先生是上海鲁迅纪念馆及《上海鲁迅研究》的热心支持者,是《上海鲁迅研究》热心投稿者。惜责编往日与王尔龄仅限稿件之谊,未能更多地交往,以致王先生去世将一年后才得消息,甚为愧疚。幸得王先生家属的谅解及热忱协助,寄来王先生自传,并同意将王先生生前所赠余稿在《上海鲁迅研究》上分两次刊发。

自　　传

王尔龄,江苏吴江人,1931 年出生。先后毕业于上海师院(中文专业)、华东师大(历史系),早年曾担任记者、编辑、教师,并从事中国现代文学研究,退休前为上海社会科学院文学研究所中国现代文学研究室副主任。

初中阶段开始在沪苏报纸副刊发表散文、杂文习作,成年后主要研究鲁迅及其同时代人,撰有《读鲁迅旧诗小札》《鲁迅作品难句解》《中国现代文学史话》《茅盾的早年生活》《郭沫若文学传论》(包括合著)、《中国文化常识》(主编)等 8 种专著,发表论文、考证文章近 200 篇。近年所作多为杂文、文化随笔。

选编出版有《意真杂文》集、《守拙品真》和《晚晴自珍》。终年出版《源远流长话昆剧》一书。2017 年 9 月 5 日病逝。[①]

冯其庸先生一通书简

冯其庸先生(1912—2017)曾惠我一信两纸,我是把它作为严格意义上的墨宝珍藏的,非惟存念而已。

今重检此信,末尾所书日期为 3 月 11 日,据信封上邮戳所示,年份为 1971 年。此函谈的是《红楼梦》。信里叙说:"曹家档案我未参加整理,我只是由文物提供材料,约写此文而已,此书何时出版至今无信息不知何故也","我已由中央调去参加整理校订红楼梦工作,工作正在筹备,尚未开始,匆复即问近好"。原信仅施句读,未加通用的标点符号,所以涉及的"文物"一词即指《文物》杂志,未加书名号,视"红楼梦"专名亦无书名号,就能知之。

信是在"参加整理校订红楼梦工作"时写的,工作地点当在颐和园,付邮不便,所以 3 月 11 日的信邮局收寄戳则是 3 月 20 日,大概要托便人进城时投邮,须隔几天时日。冯老自言"真正开始研究《红楼梦》是在 1974 年,而且一上来研究的就是抄本"。我的藏信则表明他已专门研究《红楼梦》了,应该怎样理解呢?他的意思似乎是整理校订工作尚未"真正开始研究",要等到抄本研究方才是开始。

得识冯老,是在 20 世纪 50 年代,其时他自然还只中年,我作为后学,就以"后称作前称",在这里称之为冯老。当年他在家乡无锡一所中学担任党支部书记、教导主任;我在无锡的几年中,一度与他同校工作,说得佞妄一点是有同事之雅,故在他调到北京中国人民大学后通过信;闻知他忙于教学与研究,就不敢再打扰了。

至于他在那封书翰里说到的《红楼梦》校订组,是国务院成立的,由文化小组副组长袁水拍任组长,冯其庸任副组长(但他写此信时还在筹备阶段),从属于国务院文化小组(相当于文化部)。毛主席同意成立这个校订组,显然有着政治色彩,而冯先生正好借此机会做他的研究，何况此前已经开始暗暗地抄录庚辰本脂评本《石头记》。

《石头记》在社会上通称《红楼梦》，红学早就是显学了，但抄本只在 1927 年发现一个甲戌本，胡适在上海购得，乃是残本。鲁迅撰写《中国小说史略》写定前后见过此本。他认为《石头记》才是曹雪芹所用原名，《红楼梦》的用名是后人依第五回的曲子所改异名。

存世的脂评抄本，今已多至 10 种，冯其庸《影印〈脂砚斋重评石头记〉己卯本序》页注列出："现在国内所藏的脂评系统的早期抄本，计有：《脂砚斋重评石头记》（己卯冬月定本）、《脂砚斋重评石头记》（庚辰秋月定本）、《脂砚斋重评石头记》（甲戌本）、《乾隆抄本百廿回红楼梦稿》《蒙古王府本》《戚蓼生序本石头记》《戚蓼生序南京图书馆藏本》《梦觉主人序本》《舒元炜序本》《郑振铎藏本》。"他不仅大致过目，且对己卯本、庚辰本有深入研究，为己卯本影印所写的序文就是一篇专门的学术报告，另有《论庚辰本》专著；他认为这两个本子有着"不可分割的血缘关系"。比起"五四"时期的小说史家鲁迅以及诸多红学家来，所见抄本既多，掌握的史料亦丰，因而幸运得多了。他并不以材料宏富炫人，而是沿着鲁迅的研究道路步步向前行进，终于自成一家。

他的工作既体现在抄本研究上，也体现在所主持的校订通行本《红楼梦》上。1991 年初，文化艺术研究院成立，下设红楼梦研究所，他担任所长，后来校订本出版，他与有力焉。尤其是使《红楼梦》重归于学术、摆脱政治干预，这个校订本的面世也是功不可没。

校订工作、抄本研究，在冯氏几乎是同时并进的。他给我的那封信里虽然只说校订一事，但是他在家时就已逐渐手抄脂评本，此事如同细水长流了。两事同做，简直可说一身而两任。诚然，他认为真正的研究还在抄本上。无可讳言，此则更为难能可贵。

往事追忆怀靳以先生

今值靳以先生诞辰100周年,各报有纪念文章刊载,《上海鲁迅研究》有纪念专辑,引起了我的往事之忆。

因着上海青年文学创作组的机缘,我曾两见靳以先生,惜未获识荆之幸。1956年,上海作家协会与团市委合办青年文学创作组,我当时在上海第一师院(今上师大)为助教,报名参加了这个几乎每周一聚的业余文学组织,百余人分成几个小组通常在青年宫作谈文论艺式的讨论,或者听有关辅导讲座。其间还有一个特殊的活动:这年10月14日鲁迅迁葬,由万国公墓移至虹口公园(今名鲁迅公园),青年创作组成员都接到通知入园迎柩,大约10时许柩至,走在右侧的第一人为柯庆施,左侧为首的是茅盾,共有10人分列左右,宋庆龄、巴金、许广平、周海婴俱在护柩的10人之列,靳以亦与焉。那时鲁翁逝世已20年,宋庆龄先生犹泪流满面,一若当初鲁迅溘逝丧仪的日子。初葬葬仪抬棺者有12人,都是作家,靳以先生作于1946年的《当鲁迅先生逝世的时候》说:"我是派定为抬棺人之一。"孔海珠的专著《痛别鲁迅》中引用"靳以的女儿南南曾写过《两次为鲁迅先生抬棺》",所指"两次"就是初葬、迁葬,孔著考定这两次都参与抬棺者仅两人,靳以是其中之一,另一人是巴金。关于抬棺,靳以在1946年写的回忆文中叙及初葬时,"棺木并不大,鲁迅先生的遗体也很轻,……可是当我放到肩上,我觉得是异常沉重,我的心也异常沉重。我极其小心地迈着步子,为了使鲁迅先生不再受一点人间的颠簸,也为了使我自己不会万一失足滑倒。"(转引自《痛别鲁迅》第114页,上海社会科学院出版社2004年版)那是确定为上肩共抬的了。但在1956年迁移至虹口公园墓地时,新棺木用车子载运到公园大门外,然后放置于轮车上推行,护柩的10人则手扶棺木(在右者用左手,左者用右手)缓缓而行,并非抬着走。我在半个世纪前亲见如此,记忆犹新。

第二次得睹靳以先生风采，是在其后不久，他应邀为青年创作组成员做报告，谈他在长春第一汽车厂为时很久体验生活的经历。他早年南开同学黄裳先生多年之后所写的《宿愿》中有如下之语：“(靳以)胖胖的双颊上蠕动的微红，眼镜后面眯缝闪动的双眼，好像有点口吃似的断断续续说出来的话，他那总是抹不掉的微笑和一会儿都停不下来的动作”，便是传神写照。

他滔滔不绝地述说在汽车城里如何深入车间，工余如何与工人交友，津津有味地谈他的感受。但他没有提及何以选择东北作为生活和创作源泉的基地。他是天津人，说一口津味的普通话，但童年时期曾随经商的父亲在东北居住，他的成名作《圣型》(短篇小说，1933 年)就以哈尔滨为背景，其后所作仍不离他对于心目中的第二故乡眷念之情。20 世纪 50 年代他钟情于汽车城，当然有所打算，1956 年所作的报告里曾明白地对我们诉说心愿：写一部就像《茹尔宾一家》那样的小说，亦即以一个工人家庭为中心幅射开来，反映汽车城的风貌。其时，他的文集《向〈茹尔宾一家〉学习》已由新文艺出版社出版，他对此谈兴依然很浓。

不消说，大家都盼望着他写中国式茹尔宾一家的小说出现在书店里，可是没有盼到，他在 1959 年就溘然长逝，刚过 50 岁就过早地离开人世。纪念他的 100 年诞辰，却同时悼念他的逝世 50 周年，英年早颓，竟然一至于此！

(2009 年 10 月草成)

未能忘却的一段往事

偶检旧物，距今半个世纪的一通信函出现在我面前，纸质已经发黄，展读之下，想起了未能忘却的往事，关于瞿秋白的，也涉及鲁迅。

事情起因于我在 1964 年、1965 年写的纪念瞿秋白的文章，连续写了3篇，其中一篇是《鲁迅书简中的瞿秋白》。3篇俱蒙《羊城晚报》先后刊载。1965那一年是瞿先烈就义50周年，别的报刊都不动声色，一无纪念文字。其后才知道俱非忘却，而是因为上面有话："不宣传瞿秋白。"我那时既没有听内部传达的资格，又听不到一点风声，还是照旧行事，用一句上海话来说，"木角星宿"耳。

至于《羊城晚报》何以未沾染这种"不宣传"的气候，仍一再发表关于颂扬秋白的拙作，那就非我所知了。

及至1966年"文革"飓风刮起，"讨瞿战报"纷纷飞来，捅出一些"内部消息"，方才约略知道瞿氏在上杭狱中写了长文《多余的话》竟被当作"叛徒"。有一份《讨瞿战报》无中生有地写着"陶铸通过《羊城晚报》组织王尔龄写美化瞿秋白的文章"。我只是一个无名作者，也不想一想小人物怎会受大人物如此"借重"。不过是自动投稿罢了，被说成是转弯抹角的"组织"稿件，岂不是一语冤了三者？其间所冤的包括《羊城晚报》，该报副刊编者林超的受害也许更甚于我，不免令人忧心。

不久，我在单位里接到一个电话，那边自言是北京在校大学生，来沪串连，想了解《羊城晚报》所刊几篇涉瞿文章的经过情形。我如实作了回答。他并没有逼问，看来是相信了的。稍后接到一信，也是询问相关情况的，今录如下：

王尔龄同志：

我是北京师大井冈山的战士，最近我们和另几个单位在编一本瞿秋白批判集，到上海调查一些材料，有些问题向你打听一下。

你在64.6.25，65.4.4，65.6.19的羊城晚报上发表过三篇有关瞿秋白的文章，即《瞿秋白的一首佚诗》《瞿秋白和茶馆这个阵地》《鲁迅书简中的瞿秋白》

① 这些文章是不是报社向你约稿的，他们有没有为你提

题目、线索以及写作上的便利?

② 稿子送去后编辑部有没有作过修改?(比如拔高瞿秋白……)

③ 文章发表后,报社有没有来信,谈些什么?

是否请你把前前后后的情况尽快地详细地写一个东西给我们,并把你的住址告诉我们,我们如有需要可来找你。

(中略25字——引用者注)希望你能揭发一些陶铸和羊城晚报在瞿秋白的问题上的一些活动。

好

北师大李星驰 1967.10.6

回信请寄:上海复旦大学0601信箱(数学研究所张国梁转我)

上引的信件,毫无盛气凌人的样子,既没有逼问,更没有"审问"的意思。我接信后按照所询,复信一一回答,这里无须细说,大致上就是:三篇拙作只是自动投稿,《羊城晚报》发表前后并无任何示意,只给原文照登也没有作何修改。

这位李星驰同志,虽然问及我的住址(我当然作了奉告),但他始终没有莅临寒舍,可见他真的只是"打听一下",有实事求是之意,而无哗众取宠之心。我至今犹感念前情,50年前的一段往事记载于此,就是出于这样的心情。当年的写信人李星驰同志,如今也已垂垂老矣,祝愿他健康长寿。自然还该感谢当年给我来电话的那一位对我的信任,未悉其名,仅知他是当年北京农业大学的学生。

鲁迅与瞿秋白是两心相通的。当年《福建日报》记者李克强是唯一到上杭狱中采访过瞿秋白的新闻界人士,写了《瞿秋白访问记》并在稍后发表出来,其中记录着瞿氏谈及鲁迅的话:"鲁迅原非党员,伊发表作品,完全出于其个人意志,只能算是同路人。"

“同路人”云云，在“讨瞿”的年代，被说成是污蔑鲁迅之辞，其实此言除了反映党内一些看法之外，更该看到他寓有保护鲁迅的用意在内。鲁迅在逝世的几个月前抱病为瞿秋白编成《海上述林》（出书距瞿氏就义未及一年），署“诸夏怀霜社”出版，秋白乳名阿霜，此谓全国俱皆怀念他；而鲁迅书简里谈到他，就在这部煌煌大书出版前后。“人生得一知己足矣，斯世当以同怀视之”，鲁迅题赠瞿秋白的这一言语，正是他一以贯之的心曲所在。

注释：

① 最后一段系王尔龄家属添加。

从鲁迅小说初刊本看民国初年报刊的标点使用

邵　魁　春　鸣

民国初年，新文化运动方兴未艾。文化改革、文学改革、文字改革波起潮涌。标点符号的运用逐渐引起了人们的注意和重视。1919年，马裕藻、朱希祖、钱玄同、刘复、周作人、胡适等人联名提出了《请颁行新式标点符号议案》，要求政府颁布通行“，。；：？！—（）《》”等标点符号。1920年2月，北洋政府教育部发布第53号训令——《通令采用新式标点符号文》，我国第一套法定的新式标点符号从此诞生。

但是，由于中国古代文书普遍不加标点符号，当时标点符号的规范使用仍未引起普遍的足够的重视，一些报刊乃至有影响有权威性的报刊在发表作品时仍然采用传统的句读方式。

中国古代文书，一般不加标点符号，这给阅读造成了很大的麻烦，经常会出现歧义、造成对文章字句的误解。

标点符号是无声的语言，是现代书面语不可缺少的重要的组成部分。鲁迅先生写作对文字对标点符号都是认真的。他不仅用标点符号来表示语句的停顿，还用来表示语句的语气情感等。例如：“古□亭口”（《药》），这里用空缺号是指绍兴的“古轩亭口”，这里作者故意省去一个“轩”字，用空缺号代替，起到了避讳的作用，是有意避“刑场”一词。而“铁如意，指挥倜傥，一座皆惊呢～～～金叵罗，颠倒淋漓噫，千杯未醉嗬～～～”（《从百草园到三味书屋》）这里的“～～～”将先生读书时的情态表达得活灵活现，我们仿佛看到了老先生摇头晃脑念念有词的样子。

除此之外,还有两种情况很值得一提。

一、鲁迅善于在一个语句前后用多个标点符号,以表达复杂丰富的思想感情,代替了很多言辞,达到以少胜多、以简胜繁的表达效果。例如,《故乡》里,“我”回到故乡后,见到中年闰土时说:“啊!闰土哥,——你来了?……”连用了感叹号、逗号、破折号、问号、省略号来表达“我”当时的极其复杂的思想感情。一见到变化巨大的中年闰土,感情上“咯噔”一下,非常突兀,所以感叹号;稍停一转,用一破折号和问号,使感情由惊愕转为沉郁和疑惑;最后是无语,所以是省略号。

在《为了忘却的纪念》一文里有这样一句话:柔石“……抗议到会这样的么?——不至于此罢?……”这里连用了省略号、问号、破折号等,形象地表现了柔石的正直、正义和单纯的性格来。

二、在相同词句反复时,鲁迅常常是前一词句后用逗号,后一词句后用感叹号,以表达前后不同语气。例如《药》,茶馆里人们议论人血馒头时,康大叔进门就喊这馒头“包好,包好!”,前个“包好”是陈述语气,是说疗效好,后一个是感叹语气,是再次向人们吹嘘,更反映出人血馒头的欺骗性。又例如《纪念刘和珍君》里的“沉默啊,沉默啊!”,这里的逗号和感叹号也是,表示语气不断加强,表达对沉默现实的慨叹以及作者的不满和愤懑。

当时报刊发表作品,虽然一些出版物采用了新式标点,但不少的出版商并不看重它的作用与价值。编排文章时,标点符号是不占格的,在计算稿费时也把标点符号除外,当时鲁迅十分反感,故意写了一篇没有标点符号的文章寄去,使编辑在审稿时极为困难,只得请鲁迅补上标点,并同意标点也支付稿费。

上海鲁迅纪念馆编辑出版的《鲁迅小说散文初刊集》(影印本,上海书店出版社2016年版,以下简称“初刊本”),收集了鲁迅著作最初发表的当时报刊的原样，可供我们研究鲁迅以及民国初年标点符号使用情况。

由于当时书报杂志都是竖版，所以有一些标点符号与现在的横版不尽相同。例如：现在横版的引号是““””（双引号）和“‘’”（单引号，用于引号之中再用的引号），而竖版是“﹃﹄”（双引号）和“﹁﹂”（单引号）；横版的书名号是“《》”（双书名号）和“〈〉”（单书名号，用于书名号之中再用的书名号），而竖版是“﹏”（在文字左侧）；横版中的专有名词一般不加专名号号，而竖版的专有名词要加专名号“︱”（在文字左侧）。

鲁迅著作最初在报刊上发表时的标点符号用法不仅与现在有很多不同，与当时的一般用法也有差异。

一、关 于 引 号

初刊本收集的鲁迅作品中的引号很多地方是用“﹁﹂”表示双引，用“﹃﹄”表示单引。例如：

这里，《明天》中的对话应该是双引号“﹃﹄”，《离婚》中“公事公办”“和气生财”“天外道理”等就应该用单引号“﹁﹂”。初刊本中这样的情形很普遍，不能一一例举。而《新青年》发表鲁迅的《狂人日记》，文中的双引号“﹃﹄”都用的是单引号“﹁﹂”。

另外，初刊本中鲁迅作品里的书名号还常常用作引号。如：一个便是做“革命党”的邹容。（《头发的故事》）《革命党》是邹容写的一本书，当用书名号。对于书名，有时还不用任何符号。如：他有十多本金圣叹批评的三国志。（《风波》）《三国志》是西晋时著名史学家陈寿所著的史书，当然要用书名号。

二、关 于 省 略 号

鲁迅著作中的省略号有很多不是规范的六个圆点（……），少则三四个，多则八九个，甚至更多。尤其是早期作品中更为普遍。

例如：

省略号的前后，尤其是后面一般不用点号。而最初发表的鲁迅作品中。省略号的前后常常有点号。如：那么，给这里的报馆里，……（《端午节》）这倒有点像……（《肥皂》）

三、关于破折号

初刊的鲁迅作品中，常常在冒号（：）后面紧接着用一个破折号（——）。如：他的母亲慌忙说：——（《药》）他的思想也迸跳起来了：——（《阿Q正传》）还有的地方干脆就用破折号代替冒号。如：絮絮的对四婶说——（《祝福》）板着脸正正经经地回答道——（《高老夫子》）也有直接用在对话的结尾。如：但是我们就谈谈罢。——（《在酒楼上》）现在，这种用法已经很少见了。

四、关于逗号和顿号

逗号和顿号都是表示停顿的句中点号，但它的用法是有区别的。在鲁迅初刊的作品中，常常可见两者混用的现象。如：我从乡下跑到京城来、一眨眼已经六年了。（《一件小事》）有的地方还干脆没有标点符号，只用空格的方式表示停顿。如：趴倒的是一个女人　花白头发　衣服都很破烂（《一件小事》）。这些现象充分反映了新文化运动时期，标点符号的使用尚不规范的现象。

五、空缺号和浪线号

鲁迅在作品中偶尔用空缺号和浪线号表示特定的意义和特殊的形态。如：丁字街头破匾上"古□亭口"这四个暗淡的金字。（《药》）再如：铁如意，指挥倜傥，一座皆惊呢～～金叵罗，颠倒淋漓噫，千杯未醉嗬～～（《从百草园到三味书屋》）。这些符号用的虽然不多，但对我们理解文章内容和作者感情确有重要作用。

六、书名号和专名号

竖版文字的书名号(﹏)和专名号(丨),一般要求用在文字的左侧,而初版的鲁迅作品中常常用在文字的右侧。同时期其他报刊也常常这样。其实,这只是写作习惯使然,大可不必说其正误,更没有必要深究其“特殊”用意。

标点符号的使用是一种文化现象,时代不同,表现有别。我们在初刊本中阅读鲁迅著作中的标点符号,不仅有助于我们准确地了解和深入把握鲁迅著作的时代意义和现实意义,也有助于我们了解和认识民国初年即新文化运动时期我们民族文化的现状,更客观地去分析新文化运动,以继承和发扬中华民族的传统文化。

从这里,我们可以认识到:民国初年已经开始使用新式标点符号,但不规范,还有不同程度的随意性。

中华人民共和国成立以后,国家先后几次颁布标点符号使用规则,更加规范了标点符号的使用方法。所以,我们现在写作还是要力争规范地使用标点符号,以准确地表情达意。

读书杂谈

“高才异质”思维与“莩甲新意”艺术的深度剖析

——评《鲁迅文学作品中的异质因素》

董卉川

吕周聚的新作《鲁迅文学作品中的异质因素》于 2017 年 10 月由人民出版社出版发行。该书从异质的角度切入来研究鲁迅的文学创作，强调其文学创作所呈现出的与中国传统文学不同的因素，探讨其为新文学发展所确立的新传统，探究其对新文学发展所做出的重要贡献。作者从思维学的角度来分析鲁迅的创新思维，探讨鲁迅文学创作之所以与众不同的根本原因；从现代主义的角度来分析鲁迅的文学创作，揭示其创作与西方现代主义文学以及中国现代主义文学之间的复杂关系，分析鲁迅文学作品与一般现实主义文学之间的差异；剖析鲁迅文学作品中所呈现出来的异端思想，思考这种异端思想在当下社会中的价值与意义；通过具体的文本细读，展现鲁迅文学作品所具有的丰富思想内涵和动人的艺术魅力。该书是对鲁迅人生思想和文本艺术的一次全面、深度的解读与剖析。

一、鲁迅思维的深度探究

该书特质之一是将思维学引入鲁迅研究。在当今社会，思维学是一门极其重要的应用科学，人们用其解决日常工作、学习、生活中遇到的各种难题，用其基本理论方法去指导、研究某些重大的科学、社会、政治、经济问题，同样它也被应用于文学问题的探究和研讨。众所周知，进入21世纪，跨学科综合研究成为鲁迅研究的重中之重，而在本书中，作者也将哲学、心理学、应用科学学科中的思维学与鲁迅研究相结合。在文学界，思维科学逐渐成为一种非常实用的工具，学者们用它来分析作家的思想性格、精神气质、风格特征，查究作品的内在结构，揭示文学创作的本质规律。在本书中，作者就以思维学为理论基础，对鲁迅的现代思维品格与现代思维方式进行了深度探究。以往鲁迅研究主要侧重和习惯于从创作风格和创作个性的角度探究鲁迅，用以说明鲁迅与其他作家的不同，而对鲁迅的创作风格和创作个性何以独异众人，人们又多将其归结于鲁迅的家庭环境、社会经历、文化素养和性格特征等方面的影响。这种方法确实能解释说明一些关于鲁迅的不太复杂的文学现象，但它无法解释那些家庭环境、社会经历、文化素养、知识结构、性格特征与鲁迅相类似的作家，何以在创作方面表现出与鲁迅的极大差异性。因此只能从“创作主体最内在的核心——思维”①入手，才能对这一问题做出合理的阐释。

作者对鲁迅的现代思维品格进行了深度解析，揭示出鲁迅现代思维品格的5个特点。鲁迅的现代思维品格具有独创性，这主要表现为对传统思想的反叛、与同时代人的论争及文体样式的创新上。鲁迅的现代思维品格具有深刻性，鲁迅能从大家司空见惯、习以为常的事物现象中发现新的问题，善于透过现象抓住本质，能够以小见大，见微知著。鲁迅的现代思维品格具有批判性，鲁迅的文章，特别是杂文，大多是对社会现象或某些人的不良思想的批判，这是其批判思维的具体表现。鲁迅的现代思维品格具有灵活性，灵活性的主要表现形式为发散思维，鲁迅非常善于运用发散思维来思考、解决问题。鲁迅的现代思维品格具有敏捷性，这主要表现在对现实生活迅速、及时的感应上。作者指出这五方面的融合使鲁迅形成了一种独特的思维品质，从而为他特立独行的精神人格和文学风格的形成奠定了重要基础。

作者还对鲁迅的现代思维方式进行了深度解析，主要从五个方面展开：（一）解构思维，鲁迅解构思维的首要特点是对传统道德伦理观念的反叛和颠覆。（二）开放思维，作者指出“拿来主义”是鲁迅开放思维最具体、最形象的表现。鲁迅的开放思维有两个指向：1.向现代化西方开放；2.向古代开放。（三）辩证思维，作者认为辩证思维贯穿鲁迅一生。同时作者也指出鲁迅早期思想中存在着某些偏激言论，表现出一种“片面而深刻”的思维方式。（四）求实思维，作者强调鲁迅身上具有现代主义和现实主义的双重品格，重视经验与实践，强调认知和真理的直接目的性与实用性。（五）意象思维，作者认为鲁迅文学创作的思维方式之一即为采用意象思维，在意识层面竭力用西方现代思维来批判、代替中国传统思维方式，而在其潜意识中却选择运用极具中国特色的意象思维，传统思维本身也具有滋长现代思维的合理因子。鲁迅作为一位伟大的思想家和文学家，其思维方式是异常复杂的，作者力求深度解读鲁迅的现代思维品格与思维方式，从而拓宽了鲁迅研究的理论支撑与方法支持，为鲁迅研究构建了较为完善的跨学科理论体系框架。

二、鲁迅思想的深度阐释

该书的特质之二是对鲁迅思想的深度阐释，特别是对鲁迅“异端”思想的解读。鲁迅创作伊始，就伴随着批评家的评论与关注，在不同历史时期、研究阶段，诸多学者贡献出了各有胜见的鲁迅研究。而鲁迅思想是鲁迅研究的重中之重，既是重点也是难点。在本书中作者以全新的“异端”视角为切入点，深度阐释了鲁迅的思想，提出了全新的见解。作者指出，鲁迅的异端思想是其特立独行人格、独树一帜行为生成的内在原因，而这恰恰是以往鲁迅研究中被有意或无意忽视的一个环节。关于鲁迅的异端思想，作者将其划分为三个方面：（一）“否正统而倡异端”。多年来许多研究者对鲁迅与中国传统文化之间的关系感到困惑，一方面，鲁迅极力反传统；另一方面，鲁迅又与传统文化有着密切关系。由此，人们就得出了两个完全相悖的结论：鲁迅为极端的反传统主义者；鲁迅为传统的集大成者。之前已有学者意识到两者之间的矛盾，在本书中，作者对这一悖论进行了细致的阐释。传统与正统不同，传统包含正统与异端，异端则与正统相对。鲁迅对以儒家为代表的正统思想是持否定态度的，而对道家、墨家等为代表的非正统思想则是持肯定态度，鲁迅继承的是中国传统思想文化中的异端思想。（二）“掊物质而张灵明”。作者指出，鲁迅文学创作的一个重要出发点即为“掊物质而张灵明”的异端思想。鲁迅在作品中表现人的深层次灵魂，以及对国民性的批判与改造，皆是这种思想的具体体现。同时作者还指出，尽管“掊物质而张灵明”的思想带有唯心主义倾向，但在当时“惟物是瞻”的社会环境中，这种思想是有其积极意义的，也成为鲁迅“立人”思想的根基。（三）“任个人而排众数”。“个人”是与“众数”相对的，“众数”不等于民主，作者指出，鲁迅反对的“众数”是愚昧无知的庸众而不是大众。鲁迅所提倡的“任个人而排众数”正是当时毫无民主可言的中国社会所急切需要的，是反抗当时社会愚昧与专制的重要思想武器，也是使中国人具有自我思想与清醒意识的启蒙工具。

此外，作者还对鲁迅的“偏至”思想进行了解读与论述，除了分析其基本特点之外，还将其置放于时代与历史发展的背景之下，讨论鲁迅“偏至”思想在当下对个人、对社会的影响。对鲁迅思想以及鲁迅文学作品的普适性与对当代的启示的解读也是本书的一大重要特质。具体来说，作者提出了三个重要观点，对当今社会发展具有重要的借鉴作用与参考意义。（一）如何处理个人与集体、个人与社会之间的关系问题。作者认为鲁迅所主张的“与其抑英哲以就凡庸，曷若置众人而希英哲”的极端个人主义思想在19世纪末20世纪初的中国具有一定的合理性，但当中国进入现代化社会之后，就应加强现代民主建设，若再简单提倡极端个人主义，就会导致个人崇拜思想的产生，而这正是封建思想的现代表现。（二）“偏至”思想适用于狂飙突进的革命时期，中庸思想适用于和平发展的社会时期，他们互相对立，互相牵制。“在过于中庸的时期需要‘偏至’思想的冲击，在过于‘偏至’的时期则需要中庸思想的调和，只有这样才符合社会发展的规律，绝对的‘偏至’或极端的中庸都是不利于社会发展的”[②]。（三）物质文明与精神文明的辩证关系问题，鲁迅“偏至”思想的内涵之一就是对物质文明进行批判，强调思想、灵魂的重要性；但片面夸大精神的作用，将物质与精神绝对对立起来，不仅在物质文明极为落后的20世纪初的中国显得“偏至”，即使在物质文明已得到快速发展的21世纪的今天也显得颇为激进。作者指出，只有物质文明与精神文明同步前进，社会才能真正发展和进步。

三、鲁迅作品的深度论述

本书的特质之三是对鲁迅作品的深度论述。通过具体的文本分析，作者对《狂人日记》《过客》《肥皂》《伤逝》等作品进行了细致、深度的再解读，从而阐释了三个重要问题：鲁迅作品的现代主义特质以及鲁迅同中国现代主义文学的关系问题；鲁迅作品所具有的现实性、世俗性和对人生的指导意义问题；鲁迅作品的象征主义特质问题。作者通过文本解读，进一步拓展了鲁迅研究，为认识鲁迅作品提供了全新视角。

学界以往在研究《狂人日记》之时，观点大致相同，将其界定为现实主义作品。对《狂人日记》究竟属于现实主义还是现代主义作品这一问题，本书进行了重新的考证。正如作者本人所说，评判一部作品究竟是现实主义还是现代主义，既不能根据社会现实需要简单凭个人主观意愿下结论，也不能根据理论框框生搬硬套，“而应从具体的文本分析入手，考察其所呈现出来的基本特征及其所产生的艺术效果，在此基础上得出一个符合作品实际的结论”。[③]通过具体的文本分析，从作品表现出的复杂现代主义思想、新颖的现代主义文体形式以及作品中抽象的象征符号运用三个方面，作者得出了《狂人日记》已经突破现实主义的基本模式、呈现出鲜明现代主义特征、属于中国现代主义文学开山之作这一富有新意的结论。这一结论具有重要意义：（一）揭示出鲁迅的现代小说创作从一开始就具有了现代主义的因素，鲁迅无疑成为中国现代主义文学的开山鼻祖；（二）说明中国现代小说从一开始就与诞生不久的西方现代主义文学处于同一起点，中国现代文学一开始就具有了现代主义文学所具有的鲜明现代性。

多年来学界发表、出版了诸多关于鲁迅思想深刻性、系统性的科研成果，无疑对鲁迅研究起到了拓展深化的作用，但同时也存在着一些新的问题。由于过于强调鲁迅思想的深刻、伟大，使鲁迅与现实人生有了一定距离，使部分读者对鲁迅产生了敬畏心理。鲁迅文学作品充满了艺术魅力，其构成因素是复杂多样的，艺术魅力之一便是其作品所表现出来的对现实人生的真切感悟，与现实人生有着密切关系，能给读者带来深刻的感受与人生的启迪，而《过客》恰恰是非常具有代表性的一篇。作者通过对《过客》中象征手法的细致解读，挖掘出了鲁迅本人孤独的存在状态，以及忍受孤独、反抗绝望的强大力量与战士品质，展现出了鲁迅作品与现实人生的密切关系特别是世俗化的一面。这一点使鲁迅与不同历史时期的广大读者保持着一种对话联系，其作品具有了超越时空的功能，对今天的现实人生仍具有一定启迪意义。这一方面的思考和挖掘也为鲁迅思想研究开辟了新的空间。

《肥皂》是鲁迅后期小说的代表作，具有丰富的思想内涵与复杂的艺术结构,鲁迅本人对其非常满意。学界以往对《肥皂》的研究多集中于对"四铭"形象的探究,得出"四铭"是道貌岸然的卫道士的结论。由于研究者囿于单一狭窄的道德视角,遮蔽了作品中其他层面的思想内涵,把一部复杂的作品简单化了。《肥皂》是一部以象征主义手法写成的作品,"肥皂"具有丰富的多层次思想意蕴,作品具有精巧的艺术形式。作者通过对作品中现代文化与生活的象征、女性身体的隐喻、性意识的符号三个方面的深度解读,展现出鲁迅以象征主义手法,通过一块小小的肥皂,设计了一系列矛盾冲突,塑造出"四铭"这一复杂的人物形象,形象地揭示出"四铭"深层次的复杂内心世界。"四铭"是一个处于社会转型期的、集传统与现代于一身的知识分子,他的身上既有传统知识分子的特性,又有现代知识分子的特征,展示出在由传统社会向现代社会转型时期中国人复杂的心理世界。作者通过具体、深度、全面的文本分析,揭示出作品丰富的思想内涵与巧妙的艺术形式,揭示出《肥皂》之所以成为经典的根本原因。

四、结　　语

以往的鲁迅研究由于受制于诸多因素的影响,大多从单向切入,研究者多选取一个或两个点展开论述,研究鲁迅文学创作的某一方面的特点,得出富有开创性与建设性的结论。但这些成果大多只是从某一方面走近并解读鲁迅,只给人们提供了认识鲁迅的单个窗口,鲁迅的复杂性、多面性难以在一部研究著作之中得到全方位展示。而《鲁迅文学作品中的异质因素》一书除了对鲁迅思维、思想和作品的深度论述之外,还从"鲁迅确立的中国现代文学模式""鲁迅与中国现代主义文学""鲁迅文学作品的艺术张力""鲁迅的诗学观及其对新诗发展的意义""鲁迅的小说史研究与其小说创作之互动关系""鲁迅文学经典的普适性与当代性"等多个角度对鲁迅的精神世界、文学作品以及鲁迅对中国文学发展的贡献等方面进行了深入论述和阐释。本书是对鲁迅“高才异质”思维与“莩甲新意”艺术的全方位、多层次、立体化的深度解读,对鲁迅的思维品格、思想特质及经典作品作出了新的论述与阐释,拓展了鲁迅研究的空间。

注释:

① 吕周聚:《评鲁迅文学作品中的异质因素》,人民出版社 2017 年版,第 9 页。

② 吕周聚:《评鲁迅文学作品中的异质因素》,人民出版社 2017 年版,第 97 页。

③ 吕周聚:《评鲁迅文学作品中的异质因素》,人民出版社 2017 年版,第 168 页。

两颗孤独灵魂的相遇

——谈张枣的《野草》研究

崔绍怀

正因为作品能反映作家的精神面貌，所以很多作家常通过自己的作品来表达自己的人生信条和理想。看鲁迅的小说、散文、杂文、散文诗等作品，读者不难发现其中隐含着鲁迅孤独的灵魂。在颜炼军编选的《张枣随笔选》（人民文学出版社 2012 年版）中，张枣通过讲评《野草》的方式，走进了《野草》的文本世界，走进了鲁迅的精神世界。更为重要的是，张枣从中国新诗起源的角度为《野草》研究注入了新的元素。

创新的："现代汉语新诗的真正源头"

近现代以来的文学革命，尤其是诗界革命，成为中国新诗发展的不可缺少的背景。更多人认为胡适的《尝试集》、郭沫若的《女神》是中国新诗的开始。长期以来，人们对汉语白话新诗起源的关注，更多地落在了胡适、郭沫若的诗集上，尤其是对胡适的《尝试集》推崇备至。因为初从分行的文字看，他们的诗作表面上确实能称得上是中国新诗的源头。但从其对后来影响的角度看，张枣认为胡适的新诗没产生什么影响，而鲁迅的影响较大。"最关键的，是胡适在中国现代诗歌写作中间，从后来的闻一多、李金发、戴望舒、九叶派……到我们今天的写作，没有产生任何影响。考察文学的影响，不是从前往后考察，应该从后往前考察。如果这个源头是胡适,如果他正确的话,就会从源头流到现在;但胡适的写作不正确,不重要,没有流传。而在另一个源流中,我们发现了很多其他的人,比如鲁迅、闻一多……”反推溯源的思考方法,虽不新颖,但用在《野草》研究中来检验究竟是胡适还是鲁迅对未来产生了影响却是创新。毕竟实践是检验真理的唯一标准。通过实践来判断他们对后世有没有影响,这实质上是在审查他们的创作观念有没有人愿意继承的问题,也审查了他们当初的写作的意图、立论的前提有没有可操作的可能的问题,以及有没有实践的价值等问题。经过较长一段时间检验后,张枣看到了胡适与鲁迅之间在新诗创作方面的巨大差别:《尝试集》确实具有浓郁的“白话”色彩,而《野草》的艺术价值的确被更多人认识到并予以吸收。因此张枣说:“中国现代诗之父其实是鲁迅,而不是胡适。”之所以这样说,就在于鲁迅的现代诗有传人有后续影响,而胡适的现代诗在张枣看来是没有传人也没有产生相关的影响。“我们新诗的第一个伟大诗人,我们诗歌现代性的源头的奠基人,是鲁迅。鲁迅以他无与伦比的象征主义的小册子《野草》奠定了现代汉语诗的开始。”在当时,更多的当事人仍然处于局中,尚不能看清楚《尝试集》与《野草》到底孰是孰非。而处于研究者立场的张枣,虽不是当局者的角色之一,也根本不可能是与鲁迅的直接接触者的角色,但以研究者的视角认识这两部诗集,总要以一种客观、公正的历史态度对它们进行分析,由此得出的判断也才能较为可靠、令人信服。

诗学的:“你至少会获得感性的体悟”

首先是作为一名诗人的张枣,从不同的语言中感受到了诗歌无处不在,坚信诗人在哪里诗歌就在哪里。不论在哪里,诗人都可以发出自己的豪情壮志,都可以因地制宜,就地取材。在家乡读书时,因老师写诗讽刺学生,张枣以自己独创的诗歌回应了老师的讽刺诗,维护了自己同学的尊严。到国外留学期间,张枣把汉语留给自己的新诗创作,不随意写诗,只要写诗,便力求是精品的。读张枣的诗,确实句句凝练深邃,首首经典优雅。其次是诗歌的调式。如"《野草》中,鲁迅的主调式是忧郁的,如果谁说诗意的忧郁不好定义,确实,不过只要细细品味《野草》,你至少会获得感性的体悟,你至少还可以将这忧郁细化",张枣基于此分析了《雪》《希望》《颓败线的颤动》《腊叶》《好的故事》中的忧郁,的确各个不同。这意味着,即使《野草》的主调式大体相同,但每一篇和每一篇之间的调式仍有细微的差别。为此,张枣进行了细微的发掘,客观地分析了《野草》中调式各不相同的具体表现。而产生这种差别的原因,主要在于鲁迅在不同的散文诗中所要表达的思想感情是各不相同的。再次,出于不同语义的表达的需要,《野草》中不同人物发声的目的反映了他们不同的生存境遇。从发声的角度看,人的言说是为了维护自己生存的安全。不利于自己的生存时,就要言说,以挽救自己的生存缺失。在讲析《秋夜》时张枣说:"花、草、小虫等,基本上都被霜、严冬和天空的强大力量压到了,基本上都是微弱的发声者,但它们身上有一种发声的希望。"受到压迫了,自己不希望遭遇灭亡,还希望能顽强地生存下去,并且与那些不良现象继续作斗争,所以就表达自己生的欲望。哪怕是一线希望,也不能放过。这就是言说的意义。如讲评《立论》时张枣明确提出的"发声的危机就是生存的危机",如讲评《火的冰》时认为"他不能言说自己的生存,自己身上的创造力就变成了冰,说不出话,就是生存被压抑,说出话生存才得以飞扬"等。就每一个个体而言,连言说的机会都已经没有了,这意味着说话权利的缺失或者被剥夺。实际上这就是个体的生存境遇受到了威胁和挑战的表现。就施压者而言,掌权者不允许其麾下的个人表达自己的愿望、自己的处境,只希望你沉默、失声,甚至希望处于弱势地位者永远臣服于强势者,永远遵守所谓的规矩。最后,表达一种美的缺失。在讲评《野草》的诗篇中,如"生存的缺失是通过文本来弥补的,而通过这种弥补，又会让我们向往一种实在的生活场景，这就是《好的故事》的意义”，就意味着现实生活不美好，但盼望美好。这里的写法是一种衬托，用想象中的美好生活来反衬现实生活的不美好，表达对现实生活的不满，表达自己在现实生活中受到了压抑乃至生命的威胁等。可见，张枣对鲁迅通过散文诗的形式表达的生命感受进行的分析、讲评是得体的，是合理的，是深入浅出的，是明白易懂的。

“私密的”：特别的“发声方式”

鲁迅曾说《野草》是写给自己的，不希望他人看。毕竟《野草》文本中有负面的思想，有消极的情绪，反映了鲁迅内心世界最真实的一面，甚至是鲁迅不希望他人看到的一面，或是不希望影响到他人。如虚无、阴暗、彷徨等这些复杂的思想，一旦传染给他人，可能也会让他人陷于其中而难于自拔。这是鲁迅所不希望看到的。而这种仅给个人看的文本，其中隐藏着很多私密的信息。张枣对此进行了细致的剖析。如“我们发现《野草》中的主情调除了很抒情之外，鲁迅具有一个奇特的写作对象，他一辈子从来没这么说过话。在这里，他的说话对象是奇特的、私密的。而私密的特点，就是感伤、抒情、自怜，以便唤起另外一个人的同情。大家也都知道，他在这里的说话对象是谁？是许广平。我个人认为，《野草》中的很多诗是一流的情诗”，如“我认为鲁迅所有作品中，唯一用爱情话语写作的只有《野草》”等，都能看出鲁迅的特别的表达。这一方面符合散文诗的文体特点，不同于小说、杂文等文本的语言表达，而有自己凝练、含蓄、深邃的语言内涵；另一方面符合鲁迅独语的个性特点，虽有很多人都与鲁迅交往、关系密切、常来座谈等，但《野草》的文本主旨反映了鲁迅热烈的情绪、孤独奋战的思想，或与论敌奋战，或与习惯势力奋战，或与反动思想奋战等。其中的对手，有自己熟悉的人，甚至是朋友。一些话语不方便言说时，便以私密的方式出之，说给少数人、个别人，而对方是能明白鲁迅陈说的意图的。或许有的研究者将独语式的《野草》视为私典、密码、暗号的依据，可能源于鲁迅特别的写作意图，源于《野草》的特殊的阅读对象。作者写任何一个文本，都要考虑给什么样读者看的问题。“作者心目中一定有个听者，他才能够写作。”鲁迅写《野草》，在张枣看来，是写给许广平的。而朱安是鲁迅明媒正娶的老婆，虽然二人关系不融洽，但夫妻名义还是存在的。在那个时代，突破这层关系是有可能的。但将朱安置于何种位置？这是不能回避的。而一旦休掉朱安，朱安的前途可能就是无路可走。这是鲁迅的母亲所不希望看到的。鲁迅不愿意违背母亲，因此不可能休掉朱安。而与许广平之间的关系此时还没有到可以完全公开的程度，但还要及时作出回应，所以在隐晦的《野草》中作出貌似含糊其词的回答，这在公众眼里是这样的，而在鲁迅和许广平之间其实是心知肚明的。这就是说，在现实的环境的影响下，鲁迅只能这样做。张枣对《野草》爱情主题的把握，虽没有得出这样的结论，但从其分析中是可以做出这样的推测的。

视野的：字里行间流露“开阔的文化眼界”

一方面从语言文化视角下研究《野草》。从学习、运用、精通多门语言的经历看，张枣自称为语言学家是没有什么疑问的。他学习德语、俄语、英语、法语和拉丁语等语言，并都很有造诣，留下了较多的翻译作品、用外语写的论文等，显现了锤炼语言的印痕。从东西方文化看，张枣立足雄厚的语言功底讲评《野草》。对西方诗论知识的运用十分熟练，信手拈来。如《秋夜的忧郁》分析了发声与抒情主体，深入浅出地讨论了“现代性”的内涵。因为人们一听有人谈论“现代性”就觉得谈论者十分了不起，“现代性”的意思也十分深奥，十分高大上。但经过张枣的讲解，读者对“现代性”的认识不再模糊，且有了一点点对“现代性”的思考。如张枣说

“现代性”的缺点之一就是人们的收入日益丰厚，而人口越来越少。如讲评《秋夜》时对潜对话者话语的定位，潜在的对话者的地位、身份、态度、语速、性别等，都会影响说话者说话的方式。如讲评《腊叶》时“用语言去写空白，用语言去写说不出，用语言去写左也不是右也不是”等，来落实矛盾修辞法的运用，展示一种广阔的文化视野。另一方面从比较主题视角下研究《野草》。首先是不同地域的研究者对待鲁迅的态度是不同的。大陆对鲁迅的定位主要来源于毛泽东对鲁迅“文学家、思想家、革命家”的定论，以肯定鲁迅的功绩为基调。而在台湾，情形与此大不相同：“在台湾的阐释语境中，极端意识形态阐释话语在说左派时，也在这么否定鲁迅。”其次是《野草》文本的内部比较。“我觉得《野草》本身有个结构，《一觉》跟《秋夜》相勾连，两篇作品中对小虫的描写、抽烟对无言的进攻都是同构的。《一觉》完美地结束了《秋夜》。”能将《野草》的不同的篇目放在一起，进行比较，这意味着就是将《野草》作为一个整体来予以研究，而不是孤立地进行单篇解读。再次是将《野草》中的部分作品与鲁迅的其他作品、他人的作品进行比较。如将《自言自语》与《腊叶》放在一起对读，将《火的冰》与《死火》放在一起对读等，张枣既看到了《野草》的雏形，也看到了成熟文本是怎样逐渐成形的。当然，张枣也将《古希腊神话》《荷马史诗》《特洛伊战争》《恶之花》等拿来与《野草》进行比较，来讲评《野草》内容。没有广阔的阅读视野，很难将这么多的阅读材料纳入《野草》研究中。而作为语言学家的张枣，因其语言学习内容的丰富，阅读涉猎面的广泛，思考范围的广阔等，才能与《野草》内容对接，并作出比较恰当的分析和解读。这是需要功力的，因为语言的训练和习得不是短时间内就能完成的，且语言的熟练和精通的确需要长时间的磨炼，这样才能游刃有余地运用所学语言。张枣便经历了这样的磨炼，因而才能与《野草》进行合情合理的比较，并且这样的比较是得体的。

总之,张枣的《野草》研究的创新之处,就在于将《野草》视为现代汉语新诗的真正源头。这比将《野草》定位在中国第一部散文诗集的研究更具有前沿性。而从中国新诗发展的实际状况看,张枣的新诗史观是正确的:《野草》对后人的影响的确很大。此外,张枣从诗学的、私密的、语言文化的角度研究《野草》,都独具特色,给读者留下了深刻印象。

(惠州学院文学与传媒学院)

2013 年 1 月 14 日定稿

立项课题:国家社科基金后期资助项目“多维视野中的《野草》研究概论”[批准号为 14FZW048]。惠州学院重点重大研究培育项目“鲁迅《野草》人学思想研究”[项目编号 huzx1201518]

青年读鲁迅

大学本科生所见的鲁迅

灯下的孤独:鲁迅阅读笔记

李姚蕊

> 耳朵中有什么挣扎着,久之,久之,终于挣扎出来了,隐约像是长嗥,像一匹受伤的狼,当深夜在旷野中嗥叫,惨伤里夹杂着愤怒和悲哀。
>
> ——鲁迅《孤独者》

鲁迅先生有一篇小说,题目名为《孤独者》,其实小说主人公魏连殳不无鲁迅的影子,鲁迅就是一位名副其实的"孤独者"。魏连殳,还有狂人、吕纬甫、涓生、N 先生,这些处于新旧转型时期的知识分子形象,如果将他们的面孔交叠在一起,大约就是鲁迅先生的模样了。在作品里,他们絮絮叨叨地对着不同的人讲述平生,讲述他们所面临的精神困境;而灯下的鲁迅,直面他们的灵魂,也拿起笔写下自己的灵魂。

一、孤独的愤怒与呐喊

鲁迅的愤怒,是《狂人日记》中狂人对"吃人"传统的痛斥和反抗,是《药》里夏瑜坟头惊起的乌鸦,是《故乡》里"我"面对中年闰土时的沉默。在《呐喊》这部小说集中,每篇每页都隐伏着鲁迅的愤怒，这愤怒是孤独的，因为懂得的人太少。放眼望去，皆是等着买“人血馒头”的人群，是王九妈，是蓝皮阿五，是红眼睛阿义。在《〈呐喊〉自序》中，鲁迅写到自己创作小说的来由，当初从南京到仙台，从东京到北京，每一次辗转都是渴望救国救民却最终发现连自救都难以实现的求索。所以，《呐喊》也是鲁迅内心的挣扎。他写道：“假如一间铁屋子，是绝无窗户而万难破毁的，里面有许多熟睡的人们，不久都要闷死了，然而是从昏睡入死灭，并不感到就死的悲哀。现在你大嚷起来，惊起了较为清醒的几个人，使这不幸的少数者来受无可挽救的临终的苦楚，你倒以为对得起他们么？”

在思想的挣扎下，他还是发现到面对这间铁屋子的微弱希望，便以“呐喊”命名这部用生命写就的小说集，当真让世人看到了一个倔强的勇士，站在铁屋子内拼命呐喊的身影。在这呐喊声中，夹杂着对愚弱国民的愤怒，对仁义道德的愤怒，对麻木看客的愤怒，对国将不国的愤怒。在开篇之作《狂人日记》中，鲁迅借“狂人”之口，说出的是在那个时代最清醒，也最令人战栗的话语：“从来如此，便对么？”“你们可以改了，从真心改起！要晓得将来容不得吃人的人，活在世上。”“救救孩子……”他的愤怒和痛心，体现在看起来讽刺幽默却饱含血泪的字里行间，体现在每句话的每一个标点符号上。因为愤怒，所以层层叠叠地叩问灵魂；因为痛心，所以那些无尽的不能言说的苦楚只能将之省略。

狂人之所以是“狂人”，是因为他孤独。没有人像他一样深刻意识到那些剥夺人之为人权利的礼教是在“吃人”。狂人之所以清醒，是因为他懂得愤怒，在那样“食人自食”的环境中，不甘于沦落为青面獠牙“吃人”团体中的一员。鲁迅在《华盖集·杂文》中写道：“先前，也曾有些愿意活在现世而不得的人们，沉默过了，呻吟过了，叹息过了，哭泣过了，哀求过了，但仍然愿意活在现世而不得，因为他们忘却了愤怒。”

这些活在现世而不得的人，也曾是上下求索的孤独者。可是他们在求索中顾虑,不敢愤怒,不能愤怒,不愿愤怒。只能如同魏连殳一样在角落里兀自悲伤。悲伤却不是灵魂的解药。所以,鲁迅写下了《孤独者》,写下了《在酒楼上》。那么多不得已的愤怒里,有多少都是在为这些同样孤独的灵魂怒其不争。

由此可以看出,鲁迅本身是十分重视"愤怒"这一情绪的。这种愤怒何其无奈,因为隐藏在愤怒背后的,正是他在铁屋子里绝望呐喊的隐忧。如果鲁迅不会愤怒,他的孤独就会陷入沉沦,如同吕纬甫、魏连殳,他们的孤独便沉寂在觉醒的边缘,随着时代的洪流而落寞,最后销声匿迹,踪影全无,使得这份"孤独"失却了其社会意义与价值。人说"冲动是魔鬼",然而在中国国民身上往往缺乏愤怒的冲动。在"仁义道德"的人情社会里,奉行着鲁四老爷的"事理通达,心气平和",或者冷漠如落座在咸亨酒店的看客,闲话取笑断了腿的孔乙己。因此,邓晓芒在《孤独的鲁迅》一文中写道:"鲁迅推崇魔性,是着眼于其独立个性及叛逆精神,要'张个性而排众数'。在这方面,尼采、拜伦、雪莱、弥尔顿是其楷模。"鲁迅的愤怒不是盲目的愤怒,而是一个知识分子在启蒙时代面对传统思想荼毒下的民众,在原则和底线上做出的反抗和呼唤。

鲁迅是孤独的,也是愤怒的。从他的愤怒里,我们可以看出他对于孤独的注解,"孤独"是区别于古代社会,成为一个现代人的品质和权利。因此,《呐喊》是鲁迅作为一个孤独者发出的愤怒宣言。

二、灯下漫笔:孤独的反思

如今看到鲁迅先生的照片,大多是他指间夹着一支香烟,目光深邃,静坐书案——一个标准的孤独者的形象。当然,除了抽烟,鲁迅还有一个伴随一生的习惯:熬夜。他的好友许寿裳曾回忆说:"晚餐后,鲁迅的房间每有来客络绎不绝,大抵至十一时才散。散客以后,鲁迅才开始写作,有时至于彻夜通宵,我已经起床了,见他还在灯下伏案挥毫,《铸剑》等篇便是这样写成的。”先生在灯下写就的,又何止是《铸剑》等篇。长夜黑暗,需要灯火的微光才能看清世界,而点亮这盏微光的,唯有鲁迅这样的孤独的人。

孤独的人往往是最需要深夜的。宁静的夜晚,万籁俱寂,是和他一样孤单的存在,会有许多灵感相继迸发,在脑海中盘旋不止。相对漫长的夜,有大把的时间可供反思,且无人惊扰。一支笔,一盏灯,一个人。《灯下漫笔》实在是有其来由,这篇杂文的题目正是鲁迅每一个夜晚现成的境况;杂文的内容,也是他在此境况下的思索。从袁世凯复辟期间钞票盛行之后贬值的事实讲起,通过严密的逻辑论证出一个中国固有的现象,即“中国人从未争取到过‘人’的价格”,以及“两个时代”的著名结论。先生有一大部分文章都在揭示国民的“奴性”,他探究过这种“奴性”产生的原因,分析过“奴性”的不同种类和群体,并且一直在寻找解除“奴性”根源的良方。这些深刻的思考,都是来自每一个不眠深夜,来自他直面灵魂的自我反思。

鲁迅先生文章的取题,往往都是富含深意的。即使是一篇随性的杂文,读者细细琢磨下来,总会发觉文与题的契合。《灯下漫笔》的全篇未提及他在夜晚灯下独自思索的过程,只有关于时代和奴性的反思论述。全篇只有一处不经意提到了所谓“灯”——

“在圆的桃花心木的食桌前坐定,川流不息地献着出海的珍味,谈话就从古董,画,政治这些开头。电灯上罩着支那式的灯罩,淡淡的光洋溢于古物罗列的屋子中……”

灯的文明,来源于西方,而灯罩的色彩图案,来自中国。鲁迅先生自始至终都在中西文化思想中矛盾徘徊,铁一般的现实,无解的问题,正是他夜夜思索,夜夜落笔的孤独的缘由。

鲁迅自称为“爱夜的人”,他把对夜晚的钟爱写进了《夜颂》里。这是一篇孤独者对夜晚的赞歌。先生笔锋犀利,往往每一处赞扬都伴随着尖锐的批判和痛心疾首。面对夜晚,面对这个陪伴他数载春秋的另一个孤独者,他想要诉说的是那些光天白日下的虚伪讽刺,和诚实而纯粹的黑夜的鲜明对照。鲁迅在黑夜里写作时常用"游光"做笔名。夜,总是浮游于光影之间。爱夜的人会在灯下聆听夜的心声,会仔细凝望夜的眼睛。他写道:"人的言行,在白天和在深夜,在日下和在灯前,常常显得两样。""虽然是夜,但也有明暗。有微明,有昏暗,有伸手不见掌,有漆黑一团糟。爱夜的人要有听夜的耳朵和看夜的眼睛,自在暗中,看一切暗。"只有孤独的灵魂才会选择在黑夜时分反思,也只有孤独的灵魂才能在漫漫黑夜中分辨清楚——什么是明,什么是暗。

夜晚总是伴随着灯,灯总是明亮在落笔的书桌前。《灯下漫笔》中,先生不断提到"未曾有过的第三种时代",提到"青年人的使命"。他如此尽心尽力去提携后生,正是希望他们可以作为第三种时代的创造者,在一波三折的历史中反思,为个人意识和自我意识的觉醒上下求索。这是他在灯下,在夜里所想到的,可以根除国民"奴性"和旧社会残余的唯一路径。那些呕心沥血的反思和反问,那些彻夜写就的文字与思想,都只为争取到这个社会和未来时代下,人之为人的价值和尊严。

这样孤独的反思,只有夜夜陪伴他的灯和笔,才足以懂得。

三、朝花夕拾:孤独的悲悯

先时曾有机会与学友同游绍兴鲁迅故居。旅舍的床头放置着先生的散文集《朝花夕拾》。枕着蝉鸣入睡前,略略翻过,熟悉的文字和故事扑面而来,那是鲁迅一生难以忘记的伊始,载满柔情和眷念。

后来在三味书屋,看到几乎每张课桌上都被人刻下"早",还有不少游客在拍照留念,竟丝毫不觉这是后人读过《从百草园到三味书屋》后依样刻下的。在那一刻忽然想起余秋雨《西湖梦》中的一段话:

“也许,我们这个民族,太多的是从西湖出发的游客,太少的是鲁迅笔下的那种过客。过客衣衫破碎,脚下淌血,如此急急地赶路,也在寻找一个生命的湖泊吧?但他如果真走到了西湖边上,定会被万千悠闲的游客看成是乞丐。”

游客是喧哗的,过客是孤独的。在鲁迅的生命里,长妈妈、藤野先生、寿镜吾老先生,这些都是过去的故事里的人。那些过去的记忆,没有随着经年岁月消逝,反而在他生命辗转的途中历久弥新。哪怕只是一个片段,在一个片刻被想起,写下来。所以记录这些旧事,他想了“朝花夕拾”这样一个美好的题目,以纪念这些过往,纪念他生命里举足轻重的过客。

在《朝花夕拾·小引》中,他写道:“带露折花,色香自然要好得多,但是我不能够。便是现在心目中的离奇和芜杂,我也还不能使他即刻幻化,转成离奇和芜杂的文章。或者,他日仰看流云时,会在我的眼前一闪烁罢。”我们所知晓的鲁迅,是横眉冷对的战士,是温润如玉的师长,也是启蒙思想的先锋。但首先,他是一个平凡人、普通人。他会想念家乡的菱角和桑葚,想念他的父亲,想念在日本学医时一直给予他温暖鼓励的师长。《朝花夕拾》里,有他童年的回忆——或者说不仅仅是回忆,是他用成人的目光反观孩童,希望孩子们可以脱离“仁义道德”的牢笼,寻找属于他们的希望和本真。这些散文,与其说是回忆,不如说是先生在长久的孤独中流露出的些许温柔。这温柔是他半生以来,在时代浪潮下用纸笔为刃,殚精竭虑、拼杀反抗背后的慈悲之心。

慈悲之人,会凝望一片流云,尊重一株草木;孤独之人,远离了熙攘人群,靠近的确实还有热血、尚待求知的生命。就像当初释迦牟尼了悟时身后的那棵菩提树,没有高风亮节亦没有低眉垂眼,只是安静无声地庇护着端坐了七七四十九天的人。

孤独的鲁迅,一直都是一个人在走一条路,路很长、很远,夜很黑、很暗。不过夜里始终有一盏灯的微光,笼罩着他的纸笔,足够他走完一生。先生吐着烟圈,想着魏连殳、吕纬甫,想着子君、涓生,想着他的兄弟父母,想着他的恩师和学生。这样的"孤独",在许多荒芜的心坎上栽种出茵茵绿色。

向先生致敬,向孤独致敬。

2018.4 改(南通大学)

接地气的鲁迅

沈依灵

鲁迅离我很遥远,也很近。"远"是因为他是上个世纪的人了,而且在我的潜意识里总觉得他是伟大的思想家,他的思想境界之高深令我难以企及,望而生畏;"近"是因为从小到大老师们总爱提及他,无论是在课堂教学的过程中还是在分析同学的作文时,总不经意提到鲁迅的行文和思想,耳濡目染我也就对鲁迅有了些了解。所以在这远近矛盾之中,我对鲁迅既陌生又熟悉。

在阅读了鲁迅几位朋友对他的回忆文章之后,我眼中先生的形象更饱满了,甚至大变了样。他不再在是一个闪着革命光芒、整日拿着笔做匕首的勇士,他是一个人,一个有着自己的喜好与小毛病的人。他有气节,他的确是中国人的脊梁,但他也有脾气,正如他常把自己和牛相比。他可以忍受清贫,但他终究是对生活有追求的人,是懂得生活的人,是生活得很考究的人。

陈丹青在《笑谈大先生》的演讲中提到鲁迅先生的好看和好玩,我颇为赞同他的看法,但要我说,我觉得鲁迅先生更是一个接地气的人。

接地气首先表现在鲁迅的日常生活。根据曹聚仁在《鲁迅评传》中的叙述,鲁迅先生的生活其实很随性,随性但不随便。他的确能够忍受艰苦朴素的日子,在日本留学时的煎熬我们不难想象,但是对于种种西式的新潮的物质享受，鲁迅也是懂得的。他爱看电影，爱吃糖果点心，“在许多场合，我看见他肆应自如，和洋人在一起，也显得从容自在，毫无拘谨之态。”曹聚仁这么评价道。对于生活，鲁迅一贯表现得很自然。困窘时，他安之若素，并不故意展露出文人穷酸的样子；享受生活时，他也并不遮遮掩掩，处之泰然。我们便可知道，先生不可被神化，而是应该放在生活中端详。

鲁迅能登大雅之堂，他给人感觉不仅是得体更是大气，正气凛然。但平日里的鲁迅其实极不讲究穿着，许广平说，用“囚首垢面而谈诗书”来形容鲁迅是很恰当的。这大概是因为“沉迷于自己理想生活的人们，对于物质的注意是很相反的”。孙伏园也曾提到，鲁迅的一条棉裤穿了30多年，已经不记得补了多少回了，却依旧不肯换新的，这件小事并非是为了凸显鲁迅艰苦朴素的作风，而是为了印证鲁迅对思想、对知识的重视与他对物质、对虚荣的轻视所形成的鲜明对比，以及他性格中的执拗。

然而这不代表鲁迅不懂得如何穿衣打扮。在萧红女士对于鲁迅先生的回忆里就曾提到，鲁迅先生对于服饰的颜色搭配很是精通，“红上衣要配红裙子，不然就是黑裙子，咖啡色的就不行了；这两种颜色放在一起很混浊”。萧红好奇先生怎会懂得这些知识，答曰“随便看看……看过关于美学的书”。后来许先生补了一句，“先生什么书都看。”可见对于衣着等外在物质追求鲁迅先生向来从简处理，但对于阅读，他的胃口倒是非常大。

鲁迅先生自幼爱惜书而且爱屋及乌，就连处理自己的文具书籍，“似乎比生命还看重”。许广平说，“比如书龌龊了，他有时也会用衣袖去揩拭，手不干净的话，他一定洗好了才去翻看。一切文房用品，他必亲自经手，有一定的位置，不许乱放。”这么做除了是因为鲁迅每日必须与书打交道，整齐的排版便于寻找以外，还体现着鲁迅做事的细致耐心，讲究规矩，这与他性格中的刚正不无关系。

生活中鲁迅先生也有自己的“小毛病”。譬如他吃完点心糖果之类,手边若没有揩布,也可以随便地往身上(旧衣服)一揩,不过绝不可能拿脏手去碰书的了!他烟抽得很凶,每天总在50支左右,而且总是快吸完了才丢掉,对他得肺病影响极大。他是学医的自是明白其中的危害,但对于吸烟他却有古怪的理论:“我吸烟虽是吸得多,却是并不吞到肚子里去的。”这种鲁迅式的幽默也为他平添了几分可爱。这大概就是生活中的鲁迅,平日也食人间烟火,但于深夜却静悄悄地一个人,烟一根接着一根地抽,在吐出白色烟圈的同时也孜孜地写着警世之言。

鲁迅的文章也是接地气的。

鲁迅笔下人物大多源于生活,读来很亲切,经常会觉得主人公就是身边的人甚至是自己,又或者能在周围人身上找到小说主人公的影子。作品也就因此具有很强的现实针对性。而形形色色的人物在鲁迅笔下同时极具个性,活灵活现,令人印象深刻,所以在不同时代都广受关注。

首先不得不提的便是《阿Q正传》。作为鲁迅小说的代表作,《阿Q正传》在文学史上占据重要地位,可后人在一味拔高《阿Q正传》的重要意义的同时却选择性地忽略了其创作由来和创作其间的戏谑成分。当时《晨报副镌》要编副刊,而且添了一栏《开心话》,主编孙伏园就找了鲁迅来写小说。为了符合《开心话》这个栏目,所以小说的笔调理应比平常轻松,用鲁迅自己的话说就是“胡乱加上些不必有的滑稽”。另外,鲁迅的署名为“巴人”,取自“下里巴人”,可见鲁迅预设的作者品味并不高雅。《开心话》栏目的这篇小说的创作初衷本是逗乐大众,而恰因为作者是鲁迅,所以《阿Q正传》才有了讽刺批判的意味。撇开小说的创作背景,《阿Q正传》本身也非常接地气。书中的“精神胜利法”在令人啼笑皆非的同时感到背脊一凉——这说的,不就是我吗?其实每个人都或多或少会有精神胜利的心态,或者有时候会变得狡猾、贪小利、卑怯、欺软怕硬、狂妄自大、好凑热闹等，将人性中的缺点暴露无遗。而鲁迅敏锐觉察了当时的时代风气，将这些人性的缺点完满地融合在了阿Q身上，集当时的民族劣根性为一体，所以对于阿Q的批判适用于每一个人。

鲁迅的散文集《朝花夕拾》也同样是亲切可爱的，只是讥讽少了一点，温情多了一些。书中饱含着浓浓的乡愁，在任何时代读到了都会引起共鸣；对于过去的追忆和怀念，细腻真挚，感人至深。故乡、童年、生死、物是人非、孝道、教育与爱国等，这些情感、话题都是亘古不变的，但鲁迅结合他成长的环境、他生活的社会、他亲身经历的故事、他之所见所闻，构建了属于他自己的回忆。可能在当时，《朝花夕拾》在某种程度上能满足人们对于鲁迅的“窥探欲”；而在今天，对于“一怕写作文，二怕周树人”的学生来说，读了《朝花夕拾》就会发现，其实先生是很容易亲近的。

除了散文，鲁迅的杂文乍一看标题便勾起了人强烈的兴趣，譬如《论“他妈的！”》《由中国女人的脚，推定中国人之非中庸，又由此推定孔夫子有胃病》《“滑稽”例解》。但细细读来，便会发现对于这些问题的好奇是鲁迅的天性，但对于这些问题的深入思考研究才彰显了鲁迅的本性。鲁迅把“他妈的”称为“国骂”，因为人们早已司空见惯，不论身份都随意地把“他妈的”挂在嘴边。文人大概是不关注这些的，又或者他们听到了仅仅是嗤之以鼻，所以也就从未有人讨论过这个问题。但鲁迅先生一直关注着民众，他犀利的眼神早已将社会制度的毛病和国民心理的弱点看透了。

鲁迅自觉地承担着揭露国民劣根性和改造国民的任务，却也不忘让大家读着痛快淋漓。他的语气把握得好极了，在文章末尾他还笔锋一转，忽而这么写道：但偶尔也有例外的用法：或表惊异，或表感服。我曾在家乡看见乡农父子一同午饭，儿子指着一碗菜向他父亲说：“这不坏，妈的你尝尝看！”父亲回答道：“我不要吃。妈的你吃去罢！”这里的“妈的”则已经演变成“亲爱的”的意思了。

在令人捧腹大笑的同时,不免觉得鲁迅先生幽默到骨子里。

鲁迅先生时至今日依旧被谈论,不仅仅是因为他的文章,更是因为他的精神。如果“感动中国”的颁奖典礼自民国就有,我相信在那个年代,鲁迅先生获奖一定实至名归。鲁迅在《自嘲》中写道,“横眉冷对千夫指,俯首甘为孺子牛。”这是他克制的自我剖白,是他战斗到底的决心。即使被北洋军阀通缉,即使受到文人的攻击和陷害,即使遭受国民党统治者的威胁和迫害,他还是不放弃斗争,甘愿像孺子牛般任劳任怨。他低下头绝不是妥协屈服,而是为了唤醒民众麻木的灵魂。

鲁迅先生在《中国人失掉自信力了吗》一文中写道,“我们自古以来,就有埋头苦干的人,有为民请命的人,有舍身求法的人……这就是中国的脊梁。”而他自己又何尝不是中国的脊梁呢?处于险境而自身又受到疾病的折磨,鲁迅却依旧毅然坚挺。在他去世前的4个月,病象太险,朋友们请来了美国的D医师来替他诊断。听诊之后,说倘若鲁迅“是欧洲人,则在五年前已经死掉”,还誉鲁迅为“最能抵抗疾病的典型的中国人”。鲁迅是一名斗士,他的气节,他的坚毅是整个中华民族的脊梁,一直支撑着我们不抛弃不放弃。比起诸多英烈,鲁迅似乎没有什么壮举,但鲁迅对后人的影响却更加深远,深入思想。

在我眼中,鲁迅还和苏轼有点像,因为他们的豁达大气,是一般人学不来的。萧红在《回忆鲁迅先生》中写道,“鲁迅先生的原稿,在拉都路一家炸油条的那里用着包油条,我得到了一张,是译《死魂灵》的原稿,写信告诉了鲁迅先生,鲁迅先生不以为稀奇。许先生倒很生气。鲁迅先生出书的校样,都用来揩桌子,或做什么的。请客人在家里吃饭,吃到半道,鲁迅先生回身去拿来校样给大家分着,客人接到手里一看,这怎么可以?鲁迅先生说:‘擦一擦,拿着鸡吃,手是腻的。’到洗澡间去,那边也摆着校样纸。”这不是对于现实的屈服,而是以幽默来调味生活,是自我调侃的乐天派。

人生中有许多不如意的事，如此大度地自我解脱很是可贵。

鲁迅先生也是个人道主义者。从早年创作的《文化偏至论》中提出“立人”开始，他就尤为关注人的生存困境。比如在《狂人日记》中明确指出“吃人”的社会风气并予以谴责，以及在《拿来主义》中正式提出“个人”面对外来文明应有的态度和做法。他在批判国民劣根性、“哀其不幸，怒其不争”的同时，更多是想要拯救他们，正如他弃医从文的初衷一样。

《鲁迅事迹考》的作者林辰曾说：“研究一个伟大的人物，只从他的学问、道德、事业等大处上着眼，而轻轻放过了他的较为隐晦的许多地方，这显然不是正确的方法。”我也同意。我们对于一个人的印象，除了他的伟大成就以外，大多是碎片化的记忆。所以我试图通过和鲁迅身边的人对于他生活细节的把握来还原他最真实最全面的样子。他的辛辣犀利，他的苍老精辟，他的乐天幽默，他的深谙世事又不世故圆滑，他工作狂的样子，他如小孩儿般的样子等，多重影像重叠交织，映出了我心目中鲁迅的样子。

我还是觉得他是接地气的，而他的精神也会在中华大地上绵延不息。

（上海交通大学）

革命的星与月

——《范爱农》导读

胡天艺

大家可能熟知鲁迅，也津津乐道萧红，在鲁迅的作品《朝花夕拾》中，人们了解得较多的也是长妈妈、藤野先生等，这个范爱农不常被人们提及。那么，他究竟是谁呢？鲁迅为什么会在《朝花夕拾》的回忆中，用对范爱农这个人的回忆来作为终结呢？

要说范爱农和鲁迅的相识，就要先说一个人——徐锡麟。

徐锡麟可能还是有少部分人不熟悉，那一提秋瑾，大家就知道了。徐锡麟和秋瑾约好同时在安徽、浙江发动起义，刺杀当时清廷的封疆大吏。徐锡麟去刺杀安徽巡抚恩铭，战斗到弹尽被捕，随即被杀害，残忍到徐锡麟的心肝被剜出来爆炒吃掉了。几日后，秋瑾也牺牲了。

范爱农正是徐锡麟的学生，并且是大弟子，紧随先生身边，东渡日本，可以说是鞍前马后。从一个小细节就可以看出这点，范爱农替老师拎的箱中有师母的小脚弓鞋，在过海关时被看见，当时还被误解了，鲁迅非常不耻他将这种丢人的东西带到日本，却不知那是他替师母拎的。

一个人，何以如此？除非对自己的老师崇拜到灵魂里，才会漂洋过海地追随。范爱农那时候的革命理想，一定是徐锡麟点燃的，那些革命的道理，也一定是徐先生授予的。

徐锡麟和秋瑾就义的消息传到日本，包括鲁迅在内的很多留学生们都是热血沸腾啊！要发电报啊！要痛骂满清政府啊！但一说起谁来发这个电报，又都推举不出来，大家就想到了范爱农，谁知范爱农竟是主张不发电报的，这让鲁迅觉得不可思议，觉得范爱农身为徐先生的弟子，竟然如此冷血。

其实，范爱农心中的悲愤一定不亚于任何一个人，对他来说，就像是在黑暗中，一直照亮他的月亮泯灭了啊。于是他说："死的死了，杀的杀了，还发什么电报呢?"这幽然一句，包含了多少失望、沉痛。荆轲刺秦这一壮举，能够让天下人慷慨激昂，可是那些知道荆轲要去的人，才能理解风萧萧兮易水寒吧。范爱农正是一个知道荆轲要去的人啊。

这时和鲁迅的交锋，可以说他们一个是远于事外却热心的青年，一个是知道事内却已冷心的学生。两人狭路相逢，鲁迅惊讶于范爱农的冷漠，范爱农则嘲笑鲁迅这种发电报的革命是无用。

总之，徐锡麟死了，范爱农革命的热情也熄灭了，这是他的第一次悲剧。

两人的第二次相遇是在故乡绍兴，故乡遇同志，这时候，旧时的针锋相对，在革命面前，都会变成惺惺相惜，两人开始相知、同事。一个人回乡是孤独的，但有了老迅这个也曾在日本一同追求的志士，在范爱农眼中，是新的一轮月亮，他的革命理想也重新被点燃了。光复绍兴那天，范爱农兴奋地拉着老迅上街去，要看一看光复的绍兴，街上旁的人都一切如旧。偌大的城，除了你我，还有谁理解革命呢？之后，老迅得到了办学的机会，担任校长，范爱农就做他的帮手，做监学的工作，怎么会不快乐呢？

然而辛亥革命是不彻底的，“貌虽如此，内骨子是依旧的”，不久老迅就受到了威胁，绍兴待不下去了，范爱农也主张让老迅离开了。尽管分别的那一天，告别词就两句，甚至是无言，但一再表明了他的失意。

老迅走后，“他又成了革命前的爱农”，失去了战友，势孤力单，还受着牵连，被排挤，失去了工作，生活也无着落。在这段黑暗里，他一直静静等着这月亮能转回来，照一照他，他像祥林嫂一样地每日念“明天，老迅来喊我了”。是啊，喊他做什么呢？喊他一起去革命，一起去做热血澎湃的事。

然而，老迅一直没有喊，因为此时鲁迅自己也身处窘境。

终于有一天，范爱农在落水之后，决定不再挣扎，会水性的他，“站在水里死了”。

这一定是老迅心中的一记闷痛，否则不会写这样的文字来强调他死的姿态。

鲁迅一向剖析人物“哀其不幸”却又“怒其不争”，主张思考“可怜之人”的“可恨之处”。范爱农的悲剧是两度失去了革命引路人，辗转覆没在自己的命运之中了，只留下给老迅的信：“如此世界，实何为生？盖吾辈生成傲骨，未能随波逐流。”

在冷暗无光的水中，保持着死去的“站立”的那一瞬间，范爱农仍是一个战士，但可悲的是，他始终没能成为自己的月亮。

在每一场追求中，有很多像范爱农一样，如星星一般的人，多少人是薪火微光，他们需要太阳、月亮一样的领袖，团结他们，凝聚他们，引导他们，这些微光就能众志成城。否则一旦城毁，那单块的城砖，又能起什么作用呢？

我认为《朝花夕拾》不是简单的回忆，是鲁迅寻找出路之作，是他在“一个人做到只剩了回忆的时候”，将心目中的离奇和芜杂沉静成文字之作。他在长妈妈身上寻找，在藤野先生身上寻找，在父亲的病中寻找，寻找自己的出路，寻找革命的出路，寻找这个国家的出路。

我想，《范爱农》作为《朝花夕拾》的终篇，正是鲁迅在回忆中找到的答案之一：他如范爱农一样窘迫，但失去了月亮而坠去的星，让人痛惜！于他自己，他不愿像范爱农一样覆没，他要成为自己的月亮。而于很多像范爱农一样的革命者，他们也需要他的光亮。

在作此篇后不久，1927 年鲁迅便离开了厦门，转赴当时的革命中心广州，这正是范爱农、是《朝花夕拾》给他的答案吧。

最后，从这个故事也可说出我心目中的鲁迅了：那就是众星捧月的那一轮光明，到最后一刻，也要照亮更多的人。

（江苏大学）

从编年体到主题式叙事的变迁
——以上海鲁迅纪念馆基本陈列为例

李　荣

上海鲁迅纪念馆于1950年由华东军政委员会文化部筹建，1951年1月正式向公众开放，周恩来总理题写馆名，是中华人民共和国成立后的第一座人物类纪念馆。2008年被国家文物局评为首批“国家一级博物馆”。2011年改建后的新基本陈列获得全国十大精品陈列。

“博物馆的陈列展览集中体现了博物馆的性质和类型”[①]。上海鲁迅纪念馆建馆60多年来，其基本陈列历经近10次的调整改建，每次的调整改建除了陈列艺术形式的变化创新外，其陈列内容的叙事框架体系更是不断的创新发展，叙事框架体系分别采用过编年体、编年体加专题、专题体、主题式等形式。这些对人物类纪念馆陈列内容的不断探索，其中有很多经验是值得总结和分享的，并且这些对于叙事类的博物馆同样具体借鉴意义。

一

上海鲁迅纪念馆1951年建馆初期，陈列室设在上海大陆新村鲁迅故居隔壁的居民住宅内，空间较为局促，其陈列形式主要是鲁迅手稿、书籍、木刻、遗物、照片的简单陈设罗列。1956年在虹口公园建设独立的新馆,新陈列内容上采用的便是编年体,形式上屏风式的高大隔断加上镜框式的版面,实物便由桌柜陈设。1961 年版陈列改建,形式上大体没有大的变动,内容在整体上仍然是编年体,但其中为重点突出鲁迅在上海时期的活动,鲁迅在上海这段历史时期的部分采用了编年与专题相结合的新模式。在 1991 年之前又进行了几次陈列的修改和调整,但都是编年体的体例。以下是 1991 年版的陈列大纲:

序厅
第一部分 1881—1918
第一组　少年时代
第二组　南京求学
第三组　东渡日本
第四组　辛亥革命前后
第二部分 1918—1927
第一组　在新文化运动中呐喊
第二组　扩大文艺阵地
第三组　主张"韧"的战斗
第四组　从厦门到广州
第三部分 1927—1936
第一组　领导左翼文艺运动
第二组　反击文化"围剿"
第三组　抨击法西斯行径
第四组　甘当孺子牛
第五组　致力国际文化交流
第六组　与共产党的密切关系
第七组　鞠躬尽瘁　死而后已
辅助陈列

部分鲁迅遗物
部分纪念活动与回忆研究书刊

1991 年版基本陈列展厅一角

从上面大纲可以看出鲁迅生平是以时间为主线，严格划为三部分，甚至连部分标题都直接用年代时间来表述。第一部分“1881—1918”，鲁迅在求学中探索救国救民的道路，从科学救国变为以文艺启迪人民；第二部分“1918—1927”，“五四”前后，鲁迅创作了许多革命文学作品，成为了“五四”新文化运动的杰出代表，同时也致力培养青年作家；第三部分“1927—1936”，主要表现鲁迅在上海的最后10年，比较系统地反映鲁迅在思想文化战线上的光辉业绩和高尚思想境界。

在这之后，绍兴鲁迅纪念馆和北京鲁迅博物馆的基本陈列所采用的也是编年体，如绍兴鲁迅纪念馆的基本陈列分为四大部分：在绍兴（1881—1898），在南京、日本、绍兴（1898—1912），在北京、厦门、广州（1912—1927），在上海（1927—1936）。这些大纲是人物类和历史类博物馆典型的编年体式的展览大纲，严格以时间来划分部分或者单元，文物展品、历史事件都是严格按照历史时间先后顺序进行陈列展示。

博物馆的编年体叙事是以时间为主线，历史事件、文物按时间顺序依次出现展开，编年体是线性叙事，具有强烈的时间属性，结构严谨，这很符合人们对时间变迁的感知。“编年体结构的叙事优势在于可对历史宏观变化作连贯的轨迹清晰的记述，但由于叙事时要依从时间序列，不能够在某一人物或某一事件上作较长时间的停留，更不能把时间暂时凝固起来，对人物或事件作前因后果的完整描述，只能将这些人物或事件敲打成‘碎片’镶嵌在时间序列的长廊中，这是它的叙事局限”②。

在编年体的框架不断演变过程中，现在许多博物馆在总体上仍有意保持编年体的大框架，但在具体历史叙事上摈弃了按照实际顺序简单的大事记式叙事，在编年体的大框架基础上与专题和主题结合起来叙事，即在年代顺序的基础上，提炼出其中某个时期的特征或主题，然后叙事重点便落在这特征或主题上，而不是面面俱到地按时间顺序罗列叙述了。广东省博物馆中新馆常设展览“广东历史文化陈列”中，其整体上仍是以时间顺序为主线，但并没有僵化时间顺序，如其在第一篇“南粤源流”中，从编年体角度来讲是远古和古代部分内容，并没有按传统年代朝代顺序，陈列各时期出土文物的陈列形式，而是重点叙述了广东人的来源、民族融合的过程、三大民系的形成，突出反映这段历史时期其地域历史文化的重点和独特性，这其中就表现出专题的特性。

二

上海鲁迅纪念馆1999年新馆改扩建完成，同时新一版的基本陈列面向观众开放，而这一版的内容陈列大纲的框架体系便是专题式的体例了,将鲁迅生平分为五大板块专题来展开诠释。第一部分“文学成就”,主要展示鲁迅的小说、杂文、散文和散文诗等文学作品,来表现鲁迅在文学方面的巨大成就;第二部分“培养青年”,通过各类图片、实物、史料的陈列,反映鲁迅对文艺、文学和版画青年的大力培养、扶持;第三部分“致力中外文化交流”,介绍鲁迅著名的主张“拿来主义”,积极地吸取外国的先进文化,同时极力主张将中国优秀的文艺作品推向世界,为中国思想文化的进步和现代化,作出了杰出的贡献;第四部分“战取光明”,通过鲁迅反帝、反封建、参加左翼作家联盟等一系列社会活动的史料展现,反映鲁迅一生探求真理的精神界旅途;最后一部分“深远的影响”,则是表现鲁迅去世后,对后人的深远影响以及后人的悼念。

1999 年版基本陈列第四部分“精神界战士”

陈列形式上声光电多媒体展示手段的运用，注重展示整体空间氛围的营造，各大部分空间的色调、灯光根据各专题内容而各不相同。如在第一部分整个空间的环境灯光昏暗，色调是冷灰色，整体环境给人以压抑的感觉，这部分展示中运用铁栅栏闸门和铁屋子意象，表现鲁迅小说中社会黑暗和人们的挣扎呐喊；而第二部分是暖黄色调来表现培养青年的部分。

这版专题式陈列打破了人物纪念馆叙事常用时间的线索，经过对鲁迅生平事迹的提炼、归纳、总结的基础上概括分类梳理出五大专题板块，把鲁迅主要生平业绩分类概括成独立的专题板块，然后就各个专题进行全面深入的叙述。虽然鲁迅生平的具体生活足迹没有编年体明了，但鲁迅一生主要所做的业绩和贡献却特别清晰。其大纲如下：

1999 年陈列目录

第一部分　新文学开山——文学成就

1. 竭力画出国人的灵魂

2. 感应的神经　攻守的手足

3. 地狱边沿的“小花”

第二部分　新人造就者——培养青年

1. 扩大文艺战线

2. 培养文学新秀

3. 倡导新兴木刻

第三部分　文化播火人——致力中外文化交流

1. 别求新声于异邦

2. 人类最好是不隔膜、相关心

第四部分　精神界战士——战取光明

1. “路漫漫其修远兮，吾将上下而求索”

2. “真的猛士，将更奋然而前行”

3.“将切实奋斗者引为同志”

4. 终将热血荐轩辕

第五部分　华夏民族魂——深远的影响

1. 民众的悼念

2.“锲而不舍,跟着你的足迹”

比较编年体和专题体的大纲,编年体在叙事上是按照时间逻辑的客观呈现,即在时间逻辑下具体事件的微观呈现;专题式体例的叙述方式是分块面、分类别集中重点的诠释,几个专题板块结合起来便高度集中概括了要叙述的事物整体和要点。专题体不追求面面俱到,同项归类、有重点地集中诠释专题内容,更容易突出重点、要点。

三

2011 年 9 月上海鲁迅纪念馆最新版的基本陈列改建完成,新版陈列试图以“人之子”为总主题的主题式框架体系来展现鲁迅的一生,整个基本陈列分为六大部分。第一部分“生命的路”是一部约 6 分钟的视频短片,片中简要叙述了鲁迅一生的足迹重点,让观众进入陈列展厅后,先对鲁迅生平有一个大致的了解,又勾勒出其精神思想的发展历程;第二部分是“首在立人”,主要表现鲁迅救国强民方略的思想,通过他所从事的文学创作和文艺运动,来实行对国民性的改造和重塑新的民族精神;第三部分“画出国人的灵魂”,以鲁迅的各种著作版本展示作为主要内容,围绕鲁迅从事的文学活动,竭力画出国人的魂灵、改造国民性、消除人与人的隔膜来展开,依次表现鲁迅在小说、杂文、散文等方面的巨大成就和开创中国新文学之路的功绩;第四部分“保存者、开拓者、建设者”,在竭力推进中国新文学的同时,鲁迅不遗余力地整理、保存中国古代优秀文化遗产,引进外国进步文艺,倡导新兴木刻运动,为建设中国的新文化力量进行长期不懈的努力，成为现代中国的一代文化伟人；第五部分“精神界之战士”，表现鲁迅在黑暗中艰苦跋涉，上下求索，不断追求真理和光明的同时，也表现鲁迅常人的一面，以全面彰显作为20世纪中国最杰出的精神界战士之一的鲁迅的精神和情感世界；第六部分“人之子”，这是对鲁迅最中肯、最贴切的评介，中华大地哺育了鲁迅，中华民族博大精深的文化滋养了鲁迅，鲁迅一生为了中华民族的解放而奋斗不息，鲁迅是中国人民的伟大儿子。

2011年版基本陈列第五部分“精神界之战士”

最新版的基本陈列里，部分单元的板块内容与1999年版陈列大纲有相似之处，但新版陈列更多的是试图围绕主题，从更深层面的思想、情感、意义上来诠释鲁迅的文学创作、社会活动等内容。

这版陈列大纲可能并不是标准的严格意义上的主题式展览大纲，其中有些单元小组标题仍然具有专题体的特点，但这版大纲初衷试图在原专题体的基础上表达更深层次的文化意涵，如表现鲁迅文学创作，不再是分类小说、杂文、散文的具体创作业绩成就及数量，而是重点要诠释出这些作品所反映的鲁迅精神思想和意义。如第一部分的短片虽然有表现鲁迅生活的足迹，但更强调突出鲁迅一生思想发展的轨迹；如之前表现鲁迅小说创作成就，便展示《呐喊》《彷徨》等作品的初版本等文物，而这版陈列更多试图诠释出鲁迅通过其作品所表达的思想和意义。其大纲如下：

2011 陈列目录

第一部分　生命的路（以鲁迅的足迹为线索，勾勒鲁迅生平）

第二部分　首在立人

1. 第一要著是改变国民的精神（立人思想）

2. 造就大群的新的战士（培养新人）

第三部分　画出国人的灵魂

1. 为人生，并且要改良这人生（小说创作）

2. 中国大众的灵魂反映在我的杂文里（杂文创作）

3. 朝花夕拾（散文）

4. 我自爱我的野草（散文诗）

第四部分　保存者、开拓者、建设者

1. 择取中国的遗产（对中国传统文化的发掘、整理）

2. 人类最好是不隔膜、相关心（译外国文艺、向世界介绍中国）

3. 新的木刻是刚健、分明（倡导中国新兴版画）

第五部分　精神界之战士

1. 吾将上下而求索（最求真理）

2. 真的猛士，将更奋然而前行（对黑暗的抗争）

3. 将切实奋斗者引为同志（战友之情）

4. 无情未必真豪杰(亲情、师生之情、朋友之情)
第六部分　人之子
1. 终将热血荐轩辕(最后的日子)
2. 永生的民族魂(民众的悼念)
3. 锲而不舍,跟着你的足迹(纪念)

近年来,各种文化展览更多是以主题式来呈现内容。主题式展览的特征是以主题为核心线索,忽略时间顺序,不求面面俱到,表现为非线性叙事。主题即"主题思想",是文艺作品通过描绘现实生活和塑造艺术形象所表现出来的中心思想,是作品内容的主体和核心。展览主题即展览所反映的核心思想,即通过展示需要达到的传播目的。比较专题体与主题式大纲可以发现,专题体的"主题"更多是具象类别的,如反映鲁迅的业绩"文学成就""文化交流活动",再如其他博物馆专题分类的"政治""经济"等;而主题式的"主题"则是抽象的意义、情感、启迪这些概念意涵,如体现鲁迅文学作品中的"立人思想"。"陈列设计人员深入把握情感体验的重要内容,对文物与陈列方式、文物与受众、陈列方式与受众的情感之间的关系进行准确分析,利用色彩、灯光、创意互动等易于渲染情感的方式来进行陈列设计,使陈列展览能够激发受众的强烈共鸣"[③]。

四

对于以上三种陈列大纲框架体例的分析比较,可以看出,从编年体、专题体到主题式体例都在不断地创新发展,各有不同,各有所长,但并非谁优谁劣,也不必把叙事的框架体例对立起来,其实专题体也可以是主题式的专题,编年体中也可以与主题式、专题体有机结合。"注重陈列策划,了解馆藏情况、相关同行业的文化资源,熟知展览陈列设计的相关专业知识和运行规律,以及对策划方案组织落实的执行能力”④是目前陈列设计的方向。

2011 年版基本陈列第一部分视频短片《生命的路》

如上海鲁迅纪念馆在 1991 年的基本陈列,整体结构按照编年体的体例进行排列,但在第三部分“1927—1936”,为了突出体现鲁迅在上海的最后 10 年,同时结合上海鲁迅纪念馆的特色,这部分内容设计中又结合专题式的体例,分出 7 个专题:“领导左翼文艺运动”“反击文化‘围剿’”“抨击法西斯行径”“甘当孺子牛”“致力国际文化交流”“与共产党的密切关系”“鞠躬尽瘁、死而后已”,展示了鲁迅在上海的生活、工作、交友等方方面面的情况,让观众能详尽地了解鲁迅,尤其是在上海的这 10 年。

又譬如,上海鲁迅纪念馆 2011 年最新版的基本陈列,是以主题体的形式设计了展览大框架,但在第一部分“人之子”中,以编年体的形式制作了一部视频短片,简明扼要地按时间顺序介绍了鲁迅的生平,弥补了上一版陈列中,只分专题介绍鲁迅,而没有编年体式的生平介绍。使一些不了解鲁迅的观众,在进入展厅第一部分就粗略地了解鲁迅的一生。随后的5个主题展区中，从更深层面的思想、情感、意义上了解鲁迅。

综上所述，博物馆的整体叙事框架体系对于博物馆陈列的总体设计，以及博物馆的叙事至关重要。“从直白的‘文物展’到由趣味性故事为主线，并不是从陈述到叙事如此简单的过程。这体现了展陈理念提升的尝试，彰显了展陈理念由单一到多元的突破”[⑤]。各博物馆应根据各自的历史脉络、馆藏特点、主要目标观众而采用最适合的体例来叙事，可以单一的编年体，或主题体，或专题式，也可以用两种或多种体例相结合的形式来设计，以做出具有本馆特点的好展览。

注释：

① 吕军、彭铄婷、李心宇、赖亭杉：《从十四届博物馆十大精品陈列展览看我国博物馆界陈列展览水平提升的轨迹》，《故宫博物馆院刊》2018年第1期。

② 欧阳雪梅，胡志平：《〈左传〉编年体结构的叙事优势及其影响》，《重庆大学学报》（社会科学版），2002年第1期。

③ 牛文静：《浅谈博物馆陈列设计中的情感艺术》，《文物鉴定与鉴赏》2018年第8期。

④ 郭明月：《浅议博物馆展览陈列的工作思路》，《文物鉴定与鉴赏》2018年第2期。

⑤ 吕军、彭铄婷、李心宇、赖亭杉：《从十四届博物馆十大精品陈列展览看我国博物馆界陈列展览水平提升的轨迹》，《故宫博物馆院刊》2018年第1期。

挖掘文物内涵，拓展展览边界
——“新的形，新的色——鲁迅书籍装帧艺术展”策展思路解析

包明吉

临时展览作为我馆常设展览的扩展和补充，始终致力于开拓和挖掘鲁迅生平主线之外的内容，并结合最新研究成果，力求多角度、全方位地去诠释鲁迅。最近几年我们尝试策划了多部反映鲁迅文学、艺术领域思想和见地的原创展览，如“灯火——鲁迅与文艺”“枝叶扶疏，成木成林——鲁迅所藏版画展”等，均展现了鲁迅与文学、与美术、与版画、与青年各方面的成就和影响。

一、“新的形，新的色——鲁迅书籍装帧艺术展”策展思路

“新的形，新的色——鲁迅书籍装帧艺术展”是我馆 2017 年推出的原创展览，它侧重于展现鲁迅作为装帧设计师的一面，以文物展品来诠释鲁迅对于艺术、对于装帧的独到见解。策划这次展览的出发点主要是希望向观众解答几个问题：一、鲁迅的装帧设计作品，与众不同在哪里？好在哪里？二、这些设计作品是怎样炼成的？三、鲁迅的设计作品对青年及他们的作品产生了哪些影响？并通过形式和内容结合的展陈形式，以及互动体验活动来达到使观众更简单、更便捷地接收这些信息，最终完成展览对于观众的教育和传播目的。

（一）鲁迅的装帧作品的特点在哪里？

在着手策划这台展览时，我们发现鲁迅一生设计装帧作品众

多,设计风格在当时可谓独树一帜,其特点大致可归纳为:简约且富于装饰性的图案运用;大面积的留白手法;偏爱毛边本等“不修边幅”的装订方式;另一个显著的特征是大量运用版画和中国传统图样融于自己的设计之中,并使许多作品呈现中西文化符号共存的形态。汉画像中的图案屡屡成为鲁迅装帧设计中不可或缺的重要设计元素,鲁迅曾叹:“惟汉人石刻,气魄深沉雄大,唐人线画,流动如生。”[①]汉画像民族特点鲜明,故事内容丰富,正是鲁迅众多封面设计的灵感来源之一,《国学季刊》《心的探险》等封面均以汉画像元素为主要图案。另一方面,鲁迅又有东渡日本留学的经历,其间接触到的西方美学,成为他装帧设计风格的另一重要素材。所以说,鲁迅的装帧设计理念是构筑在其扎实的美学功底之上,同时吸收借鉴外来书籍装帧设计理念并融入民族文化之中,两者融会贯通,绝非简单的生搬硬套。

鉴于鲁迅对于汉画像的钟爱,我们在展览形式策划上着力于运用各类装饰手法强化“简约风”和“民族风”两大特点,有意识地在色调和装饰设计上往古朴典雅、简约现代的方向探索。在大空间的整体组合上,依照内容和展示主旨,从全局重新规划布局,力图呈现出更合理的设计陈列和视觉上的美感。

首先对展墙进行了改造。为减少不利于观众参观的因素,把先天有着竖向拼缝的展厅在观展视觉黄金区域内设计了米黄色木质吸音板,其目的是有效减少观众观展时不必要的视觉干扰因素,并且材质上更亲近宣纸。这种材料的另一优势在于可适当突出展线的厚度形成天然的展线带,易于施工,防火且不易变形。同时,这一特殊“展线”的设计也使展品置于最舒适的观展区域内,避免了观众或仰头或极力凑近才能看清这些展品的尴尬设计。

展品排列和照明灯光的运用上,借鉴了美术馆的一些做法。在确保参观安全的前提下,尽量降低展厅整体照度,营造出安静的、适合观展的氛围;舒朗的墙面展品布局结合聚光效果佳的小角度射灯的重点强化作用,使展览更具层次感;木肌理的展线也比较符合装帧作品古朴的"气质"。同时,我们还设计了4处高度为4米的"顶天立地"网格布材质一级标题版面,取材自作品《桃色的云》画面中的中国元素"云纹"和浅褐色底板设计加上鲁迅字体的重新排列组合,突出一级标题的重要性,也很好地完成了古朴、简约、大气的氛围营造任务。

展线设计对于墙面线条在视觉上起到了规避作用

细节的装饰上,我们对展线带和展品的轮廓作了进一步地强化,深褐色做旧镜框勾勒展品,既突出了个体展品,又与木质展线色调统一;木质吸音板上下口同样用深褐色木线条做了收口,避免吸音板毛糙的截面外露,同时也很好地与原展墙做了分隔;直线条的轮廓和统一的色调凸显鲁迅先生装帧上追求的"简约中富于变化、富于装饰性"的特点;贯穿整个展览的云纹装饰图样,则是致敬鲁迅对于汉画像的钟爱;壁龛柜和中心展柜内展品辅助托架学习借鉴了如南京博物院和上海艺术礼品博物馆等馆的一些做法,在展柜小空间内营造出典雅气质的装饰手法，摒弃了常规略显冰冷的亚克力材质托架，选用复古桌旗、竹简、干花等材质作“国风”特色的强化，力求在细节处品味出中国传统文化在鲁迅的设计中所占的分量。

中华民族的传统文化根基，是设计者源源不断的创意灵感源泉，也是我们这次展览形式设计上的关键钥匙。把中国传统文化与西方设计理念相结合，并融入设计中去，传承并创新，这无疑给了设计者们更多设计思路和设计元素。

（二）这些设计作品是怎样炼成的？

1. 过硬的设计、排版、印刷上的业务知识

我们在整理鲁迅设计的封面时注意到，很大一部分的封面设计字体、图案采用了手绘的方式进行表现。相较于现在呆板、无生气的电脑绘制品，手绘作品在线条的虚实、着色的浓淡、字体的粗细上，显得更为灵动，更能体现出设计者的个性，也更能与封面中的装饰图案产生共鸣。但手绘也就意味着没有标准的字体和版式格式，这也就意味着设计师要有很强的美术功底来完成版面的编排；更多地亲力亲为，参与到制版流程中；对制版、印刷等工艺上也要有更多的认知。

综合上述特征，我们在展览内容策划和展品组合上，定位在充分挖掘重点文物展品背后的故事上。在收集文物和展品质量的过程中，我们特别关注一些富有故事性和人文内涵的展品，这些展品不仅是展览的重点传播的内容，更是吸引观众关注的重要历史素材。我们首先就找到了鲁迅的翻译作品《小约翰》，它的特殊之处在于其第一版封面由孙福熙设计封面，1928 年 1 月由未名社出版；1929 年 5 月再版时封面改为由鲁迅亲自绘制排版草图，选用勃仑斯的“妖精与小鸟”做封面图案。这一更改无疑使封面更简洁明快，更切合原著内容，既揭示了书中主线——小约翰结识小精灵后在大自然中的奇幻旅程，亦让此书透出童话气质。与新旧两

版封面组合展出的是鲁迅致李霁野的信,信中提到:“《小约翰》封面样张,今寄上,我想可作锌板两块一画一字,底下的一行,只要用铅字排印就可以了。纸用白的,画淡黑色,字深黑。”[②]不仅说明鲁迅对装帧设计足够重视,更是在反复推敲封面对于读者的引导作用、对于书本内容的紧密联系,展现鲁迅对于封面的思考,并且在色彩的深浅对比、用纸等方面都做了相应要求,对当时的印刷工艺也有着相当的了解。

顺着这个思路我们还找到了鲁迅曾用过的排版铅字、铜板《解放了的唐吉坷德》封面装饰图案、锌版《苦闷的象征》与文物的组合、裁纸工具、毁灭手稿(上有鲁迅红笔批注)和红黑铅笔的组合等,利用这些文物展品,展示鲁迅设计的封面作品之间的内在联系,结合小说明,组合出一组组观赏性和故事性相结合的展品组,让观众愿意停留、花费时间去观看展品,去了解鲁迅当时的工作状态和设计思路。

临时展览作为我馆对于公众的一个重要的展示窗口,在设计上应更注重对观众的吸引力。我们在这次展览的展品组合上力求做到尽可能地还原当时情况,以相关信件和翔实的小说明来组合出它们背后的历史故事,吸引观众在展柜前驻足停留。

2.“融思于图”的创意设计

鲁迅理解的艺术(设计),其核心为“思”。在他看来,作品中必须融入作者希望传达给观者的思想、创意以及见解,不然便称不上艺术(设计)。如今的设计界,各式设计辅助软件大行其道,这些工具软件虽能帮助设计者快速实现想要的设计效果,却也出现了设计趋于同质化、程式化、模块化的“套娃”式作品,缺乏个性,能在设计上做出巧思的更是寥寥无几。

此类特点鲜明的作品如爱罗先珂的童话集《桃色的云》封面设计,封面采用汉代石刻云纹图案作为主要封面元素,红色的云纹呈带状排列(装饰设计中“二方连续”的概念)。而红色又是波长最长的颜色，最引人瞩目。在白色底纹的衬托下，第一时间就抓住了读者视线；封面下部的宋体书名及作者署名清秀质朴，与上方浓烈的红色云纹又形成了鲜明对比。这般设计既达到了呼应书名的目的，封面也具有了很强的装饰性，疏密得当，寥寥数笔便把图中主次拉开，简洁而不失大气。又比如鲁迅为北大25周年庆所设计的《歌谣纪念增刊》封面，创作思路来自书中一首儿歌《月亮光光》，画面由夜月、行云、繁星和文字组成，中心位置的“夜月”与“行云”互相映衬，而深蓝色的夜色又与他们在明度上形成对比，月亮无论色彩或是位置都置于画面的中心，切合歌意并且用色大胆。

这些创意设计普通观众未必可在观展的第一时间领会到，但是策划展览的首要目的是通过展品和说明来进行信息的交流，使观众通过参观展品来接受展品所传达的信息，从而影响到他们对于鲁迅新的思考。这就对文字说明提出了很高的要求，既要通俗易懂，又要阐明来龙去脉和特色特点。如上文提到的《桃色的云》的说明，“毛边本，三幕话剧，俄罗斯盲诗人爱罗先珂所做儿童话剧。本书封面由鲁迅自己设计。他曾抄录了大量石碑和石刻，本书就采用汉代石刻云纹图案做装饰。”精简的标题、书本的装订方式、作者和封面图案的出处都做了信息介绍。不仅如此，为使观众更好地理解展品，还特制了涵盖展览主要展品详细介绍的宣传三折页以及展览中大部分文物展品的宣传图录作为展览展品的补充说明，让力求简洁的展览小说明内容在图录中得以扩充，也更易于观众理解展品特点和背后的故事。

（三）鲁迅的设计作品对青年产生了哪些影响？

鲁迅的设计作品对当时的青年设计师们有着深远的影响。不得不提的就是陶元庆，他先后为鲁迅设计了《苦闷的象征》《唐宋传奇集》《彷徨》《坟》《朝花夕拾》等封面插画，鲁迅先生在《当陶元庆君的绘画展览时》一文中对陶元庆有过这样的评价：“他以新的形，尤其是新的色来写出他自己的世界，而其中仍有中国向来的魂灵——要字面免得流于玄虚，则就是：民族性。”[3]这一评价正与鲁迅的装帧设计风格特色相契合，即中西合璧的设计理念。

1. 突出重点人物和重点展品的重要位置

以陶元庆为例，展览主要以两个方面进行重点展示。首先是他“中西合璧”的设计理念。我们在主会标处运用陶元庆为鲁迅的小说集——《唐宋传奇集》封面设计的插画作为主要元素，和米白色麻布材质的底板的组合，突出了传统展览的传统意味；富现代感的文字字体和排版方式以及主标题文字的LED背发光效果在暖色系下与下方插画元素形成统一，同时也是向鲁迅设计的众多如《桃色的云》等封面样式的致敬。突出了作为展头视觉中心的主标题，也营造了展览古朴的大氛围。中西文化在设计上的对比和冲突又让双方在画面中各自地位更突出，特点更鲜明，冲击力更强。

会标采用《唐宋传奇集》封面图案作为主要设计元素

2. 专属陶元庆的壁龛柜

为更为有效突出展览的亮点和重点，并促成整体陈列效果的进一步提升，我们专门为其开辟一个集陶元庆的作品、陶元庆像、与作品相关书信手稿、鲁迅为其做的杂文“当陶元庆君的绘画展览时我所要说的几句话”等展品的壁龛柜，集中体现了鲁迅对于陶元庆所作作品的评价以及他们之间的友谊。这样的重点展示同样也出现在曹靖华和他的译作《铁流》以及司徒乔和他的作品的组合中。

鲁迅的设计作品对于现在的青年设计师们也同样有着学习和借鉴的意义，在改革开放40年和信息全球化及网络普及的背景下，现在的设计师们大量翻阅国外设计网站上的作品，加以“改良”而成的快餐式设计作品无处不在，“崇洋媚外”和刻意迎合市场的现象在装帧设计中也日趋严重。

时代背景颇有几分相似之处。清末以来，西方出版业传播到中国，上海的出版占据了全国的主要地位；20世纪初欧洲的新艺术运动和俄国的构成主义都对中国的装帧设计有着相当大的影响。同样，经受西方思潮及设计理念的冲击的时代，鲁迅先生的装帧设计作品创新了思路，对于传统中民族元素的深度理解和深入挖掘，使其能够融入设计而不被外来文化所替代；其次，面对外来文化和思潮的冲击，鲁迅选择不单要选择接收和模仿，更要学会吸收和融合。

为切合展览主题，也为在青少年中得到更广泛的关注和传播，我们特意设计了复古意味强烈的线装牛皮纸封面笔记本和鲁迅装帧设计中别具特色的6幅装饰图案，制作成印章，供观众参观后留念或印制，并且在青少年关注度较高的微信平台上发布展览信息和展览中重点展品的赏析，方便有兴趣的观众对展品做进一步了解。我馆宣教部结合展览策划了“魅力版画与精美装帧”特别教育活动，现场版画体验制作吸引到大量青少年的参与，也让展览在现今的青年中得到了更广泛的宣传和传播。

二、今后策展方向、思路及展望

人物类纪念馆的临时展览,相较艺术类博物馆,藏品材质比较单一,多为纸质文物;也不及美术馆藏品观赏性强,更不及科学与技术类博物馆生动有趣,却也有其优势——故事性强,相关联的展品丰富。我们的展览是为了让观众在文物展品中缅怀鲁迅对文艺所做出的贡献,通过我们的展览和宣传对鲁迅有更进一步的认识,继承鲁迅精神。所以,我们的展览势必应该着力展现鲁迅各方面的成就,利用展品背后隐含的故事来促使观众产生共鸣,加深理解,打破固有的"横眉冷对"的单一的鲁迅印象。正是基于这一点,我们策划了这个展览,展现鲁迅在文学家之外的另一个容易被人们所忽略的身份——设计师。鲁迅深厚的手绘功底、他对新兴版画的鉴赏和推动、极富创意的书籍装帧设计、汉画像石拓片的收集、古籍整理等,都将是我们接下来策划与鲁迅相关的艺术类展览这一支线体系展览的重要主题和灵感来源。

《展览原理》一书中对展览功能是这样描述的:"所谓展览的功能,实际上是指展览的功效,也就是展览能给主办者、参展者、观众、社会或国家带来什么影响。它是指展览存在并发挥作用所固有的内在因素的本能表现。这些内在因素是由展览形式、展览题材、展览主题所决定的。"④我们的展览不仅需要发挥文物和展品的重要潜力,透过表征挖掘本质信息,发挥传递历史信息的展示目的,更应发挥教育和提高观众素质的功能(通过展览、宣传资料、广告、海报、新闻、微信、互动活动、讲解等)让观众读懂设计师鲁迅,读懂鲁迅的设计,提升审美水平的同时也对鲁迅有更为全面的了解。并且我们也尝试以鲁迅的艺术、文化、社会活动等各方面的成就作为主线来策划系列展览,"新的形,新的色——鲁迅书籍装帧艺术展"便是艺术方面的一个点,积点成线,为观众描绘出一个集各方之长并且不失真实的鲁迅。

注释：

① 鲁迅:《书信 · 350909 致李桦》,《鲁迅全集》第十三卷,人民文学出版社 2005 年版,第 539 页。

② 鲁迅:《书信 · 290420 致李霁野》,《鲁迅全集》第十二卷,人民文学出版社 2005 年版,第 161 页。

③ 鲁迅:《当陶元庆君的绘画展览时》,《鲁迅全集》第三卷,人民文学出版社 2005 年版,第 573 页。

④ 夏桂年、马勇:《展览原理》,重庆大学出版社 2013 年版,第 50 页。

浅谈虚拟博物馆的发展
——以上海鲁迅故居360°虚拟游览项目为例

姜蓓蓓

一、虚拟博物馆的定义和发展

对于虚拟博物馆,维基百科中这样解释:“虚拟博物馆(或称数字博物馆),是以博物馆为主题,结合多媒体技术应用的展示平台。虚拟博物馆浏览自由,交互简易,可收藏任何被数字化的事物,信息可以在网络平台上不断被更新与提供服务,通过信息技术设计出类似于传统博物馆的形态,并向受众提供一种全新的展示方式与参观体验。其中,虚拟博物馆包含两层含义:有远程终端设备的浏览与访问,也包括一些博物馆现场的以信息技术表现出来的参与或互动的项目,即实体博物馆内的数字化。许多博物馆变成了非常感性的环境,装满了不仅能看,还能听、摸、闻的东西。在‘活态历史’的模式下,还能与之交谈互动。”

在《文化遗产数字化保护技术及应用》一书中,这样解释虚拟博物馆:“以数字化形式对博物馆馆藏各方面信息进行存储和管理,是将计算机网络技术、多媒体技术、数据库技术、虚拟现实技术、人机交互技术等现代化信息技术运用到博物馆藏品的采集、保管、研究、管理等工作中,为文物提供永久的数字化保存、修复、管理和展示等服务。”①

虚拟博物馆在20世纪90年代开始兴起,世界各国特别是信息大国与重视文化传统的国家都非常关注虚拟博物馆的建设。虚拟博物馆系统主要分为虚拟博物馆、实物数字化、虚拟游览、动态浏览及信息检索等。虚拟博物馆核心就是一个能共享和处理博物馆基础数据,并结合图形、图像、视频等静态和动态信息来表达结果的信息系统。通过计算机及互联网络,观众得到有内在联系的、视觉上逼真的、交互式的、动态的"参观"效果。[②]

我国博物馆信息化发展始于20世纪90年代,借由电子信息技术的飞速发展,国内相关组织和人员开始对博物馆的信息化建设展开探索。南京艺术学院许永教授认为,新媒体时代是一个有无限可能的时代,在新媒体空间大量生产的形象符号和代码,成为商品世界的重要角色,人类的生存方式因此发生了很多变化。越来越多热爱艺术、文化、历史的人希望在家中上网就能看到博物馆、名人故居最新的展览概况,欣赏和了解世界各地博物馆和名人故居的藏品、展览、活动等信息。公众的需求迫使博物馆在这个信息化的时代马不停蹄地建设数字化博物馆,打破时空的限制,让公众在家打开电脑就能将展馆各方面的信息一览无余。这些都是虚拟博物馆建设的生态环境。我国在20世纪90年代初开始数字博物馆建设的探索,"数字故宫"建设从1998年开始,以整个故宫博物院的信息化建设为开端,先后完成全院光纤线路的综合布线。2000年6月,正式提出建立"数字故宫"的构想,次年开通"数字故宫"网站,网站定位在以全方位地展示故宫博物院丰厚的文化底蕴,满足"一般读者""文博爱好者"以及"专家学者"三类读者的需求。[③]中国博物馆学会在2003年成立了数字化专业委员会,国家文物局也已经将虚拟博物馆的研究正式立项。[④]

随着现代科学技术的发展,博物馆的展览展示手段也在不断丰富,博物馆服务社会的功能也在不断扩大。传统的博物馆具有时间和空间的局限性,不能够将藏品全部展出,虚拟博物馆很好地弥补了这一缺陷,让更多的藏品展示在人们面前,突破了时空的界限。利用新媒体技术开设的虚拟游览将展览搬到了移动设备,不仅让游客可以足不出户地“掌上游览”,在某种程度上缓解场馆内游客压力,还可以储存在设备中,来一场“永不闭幕的展览”。

二、上海鲁迅故居360°虚拟游览项目概况

上海鲁迅纪念馆是中华人民共和国成立后的第一座人物纪念馆,由纪念馆、鲁迅墓、鲁迅故居组成。上海鲁迅故居位于虹口区山阴路132弄9号(原大陆新村9号),是砖木结构的3层新式里弄住宅,坐北朝南,占地面积80.04平方米,建筑面积222.72平方米。大陆新村于1932年春竣工,1933年4月11日,鲁迅携许广平及儿子海婴迁入,租住至1936年10月19日逝世为止,共三年半时间。

上海鲁迅故居于1951年1月7日对外开放,再现了鲁迅生前居住的原貌,内有文物陈列品400余件,绝大部分是原物。门口的“鲁迅故居”4个大字由郭沫若题写。1959年5月26日被列为上海市文物保护单位。

为不断提高上海鲁迅故居的互动体验性,满足游客日益增长的需要,上海鲁迅故居于2017年11月正式上线推出了360°虚拟游览项目,即创建集数字藏品、储存加工于一体的多媒体交互数字平台,引导观众更进一步了解鲁迅故居建筑风貌特点。通过专业相机的场景拍摄,专业软件的后期处理,同时加载播放程序,将故居外观建筑、内在结构及场馆内文物展品进行了实景复制,制作出了完整的虚拟展示,方便大众身临其境地感受上海鲁迅故居的真实风貌。360°虚拟游览项目运用虚拟现实技术,将展品信息进行数字化处理,把藏品多层次的信息还原呈现出立体的场馆实景,使观众在视觉上产生真实感。同时,360°虚拟游览项目中还加入了10个重点文物热点分享,着重对精品文物进行了图文介绍,了解文物背后的故事:‘比如一楼会客室有一张设计特殊的西式翻盖

书桌，这是瞿秋白在上海养病时常用的书桌。瞿秋白曾说："……一走开，写不完的文件，只要一拉下木板就不会被人乱翻了，做革命工作的人这种桌子是比较方便的。"1934 年，瞿秋白离开上海去江西瑞金革命根据地时，将这张心爱的书桌留存在鲁迅家中。1935 年，瞿秋白在福建长汀被国民党当局杀害，鲁迅便把书桌视为亡友的纪念物保存了下来。通过 360°虚拟游览项目方便观众在观赏展品的同时，了解到展品背后丰富的历史文化信息，打破实体故居的局限性，是推广上海鲁迅故居的另一种途径。

上海鲁迅故居 360°虚拟游览项目中的重点文物介绍——瞿秋白书桌

（一）上海鲁迅故居 360°虚拟游览项目特点

360°虚拟游览项目的使用方便受众攫取信息，人们到鲁迅故居参观学习，其中一个非常重要的目的就是想要了解到相关的知识内涵。360°虚拟游览项目将上海鲁迅故居全面地展现，从观众角度出发，进入参观的场景区域，同时伴随动静态的图片和文字解说,360°全景的场景真实还原,使得观众在自行欣赏的同时可以感受到文物传递的历史背景以及相关的文物价值,以此拓展知识和眼界。观众还可以根据自我需求或者喜好自行选择,不会受到时间、空间地理位置的限制,随时学习,由此有效地解决了传统博物馆以及名人故居受到时间、地理位置限制的现实难题。

1. 360°虚拟游览项目通过多元化的展示,以简便的扫二维码或者登录上海鲁迅纪念馆官网的方式进行交互式的虚拟游览,从而提高大众对鲁迅故居藏品文化和历史背景的认知度。

2. 对于有重要意义的文物和场景,系统会加以文字与图片进行说明,鼠标或手指点击还可仔细观察所选文物的局部特征。对于喜欢的场景还可以拍照保存。这样的虚拟旅行让受众不仅可以更好地解读历史,还能够获得身临其境的旅行体验。

3. 以电子化的形式永久保存上海鲁迅故居的场景,更好地解决了珍贵文物保存和利用之间的矛盾。

4. 设置了故居内的场馆地图,以方便观众了解整个展馆布局及虚拟场景点位置信息。

5. 这种基于图像的虚拟现实技术制作生成简单,更适合网络应用,交互性强。通过数字展馆的建设,观众在自主浏览感兴趣的场景和内容的同时,接受一次鲁迅精神文化的洗礼。

(二) 360°虚拟游览项目建设展望

上海鲁迅故居的360°虚拟游览项目上线半年有余,尚在初探摸索的起步阶段。该多媒体数字平台以网址链接和二维码的形式出现,是集数字藏品、展示、储存加工于一体的多媒体交互数字平台。360°虚拟游览项目主要包括以下内容:虚拟展厅、图文多媒体史料、场馆地理信息等。观众不仅可以看到与上海鲁迅故居相关的文物展品,并且只要轻点位置,就可以从任意楼层走进虚拟展馆进行参观。360°虚拟游览项目运用虚拟现实技术,将展品信息进行数字化处理,能够激发观众的兴趣,由此吸引更多观众在参观了虚拟展馆后来到上海鲁迅故居进行实地了解。

为更好地服务观众，对于360°虚拟游览项目的内容和形式还有以下设想：网上数字平台全面开放后，观众还可以通过其发布的信息实时了解展馆动态，并有菜单式的活动项目供观众自主选择参与主题活动和志愿者工作等。

1. 发挥数字媒体表现优势，在多媒体技术支持下进行信息整合，构建以展品为中心的全方位展示方式，尽可能对其作全面介绍。如围绕某一件展品，运用多个可随时点击放大和关闭的悬浮窗口展示多方面的内容，除基本信息外，整合相关联的内容、故事背景等，以弥补观众在参观上海鲁迅故居时展品介绍不详的缺憾。

2. 让观众适时地转换角色。如转换为评价者、传播者、反馈者等，在虚拟空间中拥有一定的话语权，将会大大提高受众的主动性。如设计灵活的问卷调查，并对观众的意见进行及时的统计、整理与反馈。发挥人际传播的优势，设计人际传播的环节，如观众留言、在线提问、跟踪反馈等，拉近故居和观众的距离，加强互动，具有相同爱好的受众在数字环境中结识志同道合的伙伴。建设完成后，还将会面临资金支持、藏品收集，以及运行管理等一系列的工作和问题，因此上海鲁迅故居360°虚拟游览项目建成后的管理和维护将是一项长期而艰巨的工作。

随着社会经济的进步与发展，网络和计算机技术的普及，以及虚拟现实技术的迅速应用，360°虚拟游览已经成为博物馆延伸发展的一种态势。360°虚拟游览指将馆藏数字化后通过互联网技术进行展示和传播，不仅更加有效地保存了文物，并且把传统展馆中的实体服务迁移到穿越时空的虚拟服务，解决了往日的难题，实现了文化的共知、共享。近年来各国纷纷开展对数字博物馆的建设与研究，让博物馆文化成为“被展示的文化”，走进大众之中，使每个人不受时空限制地参观博物馆的愿望成为可能。

未来的虚拟数字博物馆是技术与艺术更加紧密的结合。打破传统的以物为中心的观念，全面实施以人为本，更好地为广大人民群众服务，实现传统博物馆的宗旨。

注释：

① 周明全、耿国华、武仲科：《文化遗产数字化保护技术及应用》，北京高等教育出版社 2011 年版，第 247 页。

② 杨向明：《数字博物馆及其相关问题》，《中原文物》2006 年第 1 期。

③ 陈刚：《数字博物馆概念、特征及其发展模式探析》，《中国博物馆》2007 年第 3 期。

④ 周志鹏：《基于网络的虚拟服饰博物馆设计研究》，东华大学硕士学位论文，2006 年。

六朝造像目录(五)

林　珊　整理

张敬造释迦象　六面刻。元象元年岁次戊午六月戊子朔二十一日戊申。山东诸城王氏藏。

杜叹虎造象　元象元年六月三十日。浙江仁和韩氏藏。

比丘尼僧愍为亡父母造象　元象元年八月二十九日。满洲端氏藏。

并州刺史张法乐等造象　元象元年九月。见补。山西平定。

一百人造象　元象元年岁次戊午十月丁亥朔□日辛卯。山西和顺。即下合邑诸母造象。

合邑诸母一百人造象　元象元年岁次戊午十月丁亥朔□□日辛卯。山西和顺寿头村寿圣寺。碑阴题名。边棱题字一行。

刘寿君造象　元象元年十二月二十一日。直隶正定。后归仁和韩氏,今藏贵筑黄氏。

凝禅寺三级浮图碑　额篆书。元象二年岁在申二月乙未朔□□五日乙酉。直隶元氏。

伏波将军姚敬遵造象　元象二年岁次己未三月二十三日。山东历城黄石崖。

车骑将军乞伏锐造象　元象二年岁次己未三月二十三日。在同上。

赵延进造象　元象二年四月十二日。直隶东光。

刘大安造象　元象二年四月二十日。河南洛阳龙门。

仇贵造象　兴和二年二月初四日。

居士廉富率道俗凿井造象记　额篆书。兴和二年岁□□□二月乙卯□丙午。河南汲县。

清信女赵胜习仵造弥勒象　兴和二年九月十七日。山东历城黄石崖。

马都爱造象　兴和二年十月。山东潍县陈氏藏。

孙恩宾法义三十七人造象　兴和二年岁次庚申十二月甲辰朔□□九日。在同上。

胡元方等造象　四面刻。兴和二年□庚申。山东泰安徂徕山大云寺。

程荣造象　兴和三年岁次庚申。直隶长垣。今藏浙江嘉兴沈氏。《常山贞石志》云旧在长垣蘧子祠。

比丘僧道山崖观世音象　兴和三年四月十五日。直隶正定。今藏满洲端氏。案端氏之前藏平湖韩氏。

邢生造象　兴和三年六月二十五日。山西盂县。上□云：千家主赵郡太守嘉殷州刺史河间……

赵郡太守造象　残。兴和三年六月。疑即上。

邑义十二人造象　兴和三年□月三十日。

丰乐寺比丘员光门徒弟子造象　兴和三年岁次辛酉十一月己巳朔二十三日辛卯。三面刻。山西。

兴和造象　残。兴和四年四月八日。直隶正定。

菀贵妻尉为亡息　虎造弥勒象　兴和四年九月十一日。满洲端氏藏。

李氏合邑造佛象碑颂　兴和四年岁次降娄十月甲午朔八日辛丑。河南滑县。

成休祖等造象　成绍宗记。兴和四年。

雍州长安刘目莲造观世音象　兴和五年岁次癸亥正月壬戌朔癸亥。泥象。山东潍县陈氏藏。

比丘道观邑义八十六人造象　武定元年岁次癸亥正月壬戌朔七日戊辰。满洲端氏藏。

清信士合道俗九十人等造象　武定元年岁次癸亥十月甲申朔二十七日乙卯。河南河内县北孔村。

庐陵淳海二州刺史李早造象　武定元年四月。浙江李氏藏。

邑老率诸邑义五百余人造象　武定元年岁次癸亥八月功就。河南淇县。

都昌县新王村法义三百人造象碑铭　武定二年岁次甲子二月丙辰朔十六日辛未。满洲端氏藏。

王二郎三百人等造象　武定二年岁次甲子二月丙辰朔十六日辛未。在同上。碑阴题字漫灭。

丞相苏绰为□母造释迦象　武定二年二月。广东顺德邓氏藏。

李洪演造象　武定二年三月初一日。河南获嘉。

冠军将军司空府前西阁祭酒齐州骠大府长流参军杨显叔为□老忌十四日造象　武定二□□月乙卯朔十四日戊辰。山东历城神通寺。满洲端氏藏。

东阿县王双虎法仪五十九人等造观世音象记　武定二年岁次甲子十二月辛亥朔四日甲寅。山东东阿。

各郡太守刘世明造象　武定二年十二月。山东益都。满洲端氏藏。

王僧敬造象　武定二年十二月。

三驾寺路文助造象　武定二年。山东莱阳。

刘明感为亡母造释迦象　武定二年。新安普洛庵。后归浙江僧达受。

僧炽僧慧等造象　武定三年七月十五日。

洛州沙门昙昌等玉象七佛颂碑　八分书。额篆书。武定三年岁在乙丑□□丁丑朔十五日。满洲端氏藏。碑侧题名。

朱永隆等七十人造象记　武定三年。河南河内。

王氏女张恭敬造释迦象　武定三年岁次九月丁丑朔三日己卯。（岁次下夺干支）直隶正定。后归沈涛。

故比丘昙静造释加象　武定三年十一月十日。河南洛阳龙门大佛洞。

比丘昙祥造释迦象　武定三年十一月二十日。在同上。

田景造象　武定三年。陶象。河南项城袁氏藏。处安阳。

光相寺法师惠好惠藏造象　武定四年二月八日。玉象。浙江海宁。

道㥍法师造象　武定四年四月。河南安阳万佛洵。

吴叔悦造释迦象　武定四年八月十二日。广东顺德邓氏藏。三面刻。

兖州泰山郡牟县上栴村人乐天祐等造塔记　残。武定四年岁次丙□□月庚午朔八日丁丑。满洲端氏藏。

比丘僧道清为亡父母造象　武定五年正月二十六日。在同上。两侧题名。

并州乐平郡石□县安鹿交村邑仪王法现合二十四人等造石宝象　武定五年岁次丁卯七月丙申朔十八日癸丑。山西平定州。

朱舍□宅造寺并造砖浮图记　武定五年七月初五日。

广武将军奉东都尉青殿队主唐小虎造弥勒象　武定六年五月初三日。满洲端氏藏。两侧题名。

道深昙愍霎贵霎欢道俗四人等造象　武定六年五月初五日。在同上。

佛弟子邑主等造石象碑　武定六年岁次戊辰九月己未朔十三日壬午。河南偃师。

故人张伏安妻阿胡为忘夫忘息遵业造象　武定七年正月二十

四日。(夺定字)满洲端氏藏。

沧州安德郡平吕县延陵颗仲造象　武定七年二月八日甲午。

阳市寺尼惠遵因患发愿造弥勒象　武定七年三月六日。满洲端氏藏。

赵颗造弥勒象　残。□定七年二月二十日。满洲端氏藏。

武德于府君等义桥石象碑　穆洛书。有额。武定七年岁在己巳四月丙申朔八日癸巳。河南河内武德镇汤帝庙。阴侧题名。

武安龙山寺主比丘道瑸造象　武定七年岁次己巳四月丙戌朔四月八日癸巳。山西平定州。

肆州永安郡定襄县高岭以东诸村邑仪道俗造象记　武定七年岁在己巳四月丙申朔八日。山西盂县兴道村北四十里。

报德寺比丘法相造象　武定七年岁次己巳四月十五日。河南洛阳龙门。

王光为亡父母造象　武定七年岁次己巳四月丙戌四日己丑。山东黄县丁氏藏。佛弟子王光　记后光后。

魏光寺尼法嵩法迁为亡师钦敬无量寿象　武定七年岁次己巳十月一日。广东顺德邓氏藏。

孙孟长为亡妣造象　武定七年□月二十一日。满洲端氏藏。

赵忝宗造象　武定七年己巳任午朔十二月一日。(壬作任)直隶东光。

□西大将军仪同三司行晋州事东雍州镇城安武县开国侯张保洛等造石碑象　四面刻。武定七年□二月八日。山西绛州张氏藏。

武定造象　残。武定七年。山东福山王氏藏。

杜文雅十四人等造象　武定八年岁次庚午二月亲巳朔八日。河南禹州。

剑台颗为亡妣造象　武定八年二月二十三日。满洲端氏藏。

方霍虎造象　武定八年二月二十三日。直隶沧州叶氏藏。案

《畿辅志》作"饶安县人刁霎虎二月作五月"。

居士廉富千夫长率乡邦三十人等凿井造象记　武定八年岁次庚午三月上旬。河南汲县。碑侧题名。

武定造象　残。定字半泐。满洲端氏藏。

原平北郏二县令李僧等造四面象　武定八年五月十日。

青州高阳郡高阳县阎杜景晖为亡□母造石象　□□三年□□在丑八□□未朔二日戊申。江阴缪荃孙云:魏朝纪元值丑者三,一太延,一延兴,一武定。此象字是东魏人书,其为武定欤? 记刻坐两面。

田秀□造象　□□元年□申十月甲子朔。山东临朐。

南中府玉簿李□明为父母造弥勒象　□□□□四月二十二日。河南洛阳龙门。

比丘道洛造象　□□□十三日。在同上。

荡寇将军南□造象　□□元年十二月戊戌。

比丘尼僧弥为师俗造象　□□二年八月八日。河南洛阳龙门。

洛州陈泰初等造象　□庚辰□□癸丑朔□□日丁丑。

邑仪五十人等造象　□乙□三月□未朔二十三□乙巳。满洲端氏藏。

比丘仁义等造象　庚辰。赵录云疑景明元年。

左冯翊太守陈□□六世孙合宗造象　山西芮城。

比丘尼□悦造象　天平二年岁次□卯五月丙午朔□□庚□。端氏。

智猬为亡父母造观世音象　无年月。刻"天平二僧长清"等在右方。河南洛阳龙门大佛洞。

比丘惠鉴造象　无年月。与武定三年昙静同石。在同上。

强弩将军掖庭令赵振造弥勒象　无年月。在河南洛阳龙门大佛洞。已下同

□捕参军逶伯荣造象
前河南令魏双节造象
横野将军吴安昌造象
阙□逻队主和道恭造象
尼僧道安为国造象
赵瓫生妾曹阿容为蚕造释迦闻佛象
刘副祖为七世父母造象
魏步仙为七世父母造象
河内郡野王县董方祖为父母造释迦象
刘醜为父母造象
竺荣实为父母造象
惠晕为父母造象
游祖为亡父母造释迦牟尼象
黑瓫生兄弟三人为亡父母造象
房进机为亡父母造象
比丘惠密为父母造弥勒象
僧道要为亡十师父母造象
比丘僧隆为师僧父母造象
□□为父母造象　残。
比丘尼妙晕为父造象。
比丘尼晖为亡母惠好造释迦牟尼象
王婆罗门为亡母造象
田显孙为亡母亡姊造象
清信女张法香为亡兄造释迦象
黑瓫生为亡妻并息虎子造象
奚道奴为忘妹造象
艾祚为亡弟阿贵造七尊象
董僧智为亡女娟足造弥勒象

清信女杨宝胜为亡女法盖从造弥勒象
清信女杨宝胜为亡库多汗王造弥勒象
清信女杨保胜为亡者造释迦象
温灵慈为张思宜造象
荆妙素为元己造观世音象
比丘僧巙为隶㝐造弥勒象
僧显白为身造象
佛弟子□□为身造世加文尼象
任尚生合大小造象
都主李温香造象
邑主魏桃树聂法仪造象
邑主段惠达造象
罗服月刘定都七人等造弥勒象
今游祖韩富文造释迦牟尼象
王怀忠赵大娘王思贞造象
贾明元邑师惠寿灵成造象
□伯寿王欢等造象
杨前通向方迁夏侯道惟造象
刘法容张洛都贾伯夫造象
吕显标道钦本造象
杜子杜长敬杜莫造象
续祖温父仇乐相母杨女赐造象
宋伯胜仁任文南张龙保造象
仇父庆仇僧履仇僧？仇僧茂造象
宋继伯杨消□杨方秀造象
王全安仇双保骞天明造象
充安世吕道力宗荣达造象
崔次？韩良柱刘愿僧造象

傅灵珍侯德树吴安仁造象
皇甫亦俱张兰槎樊灵深造象
□广兴佛弟子张始兴造象
张养息杨光仁阳文远造象
王法明刘苟生法滤造象
路定兴路叔定邵惠安造象
辅小比丘僧憘阳成叔造象
贾伏连司徒珍造象
公孙思总比丘尼僧妙造象
李全成张龙高陈隆兴造象
宋光明宋双明比丘智藏造象
陈昙荣董都陈文达造象
张文景颖川人陈良兴高楚造象
公孙伏保公孙药宫昌全造象
张衮生侯鸾□侯法仵间桃棒造象
公孙天兴刘吴□焘国龙造象
维珍保朱龙兴一节设者造象
张及相母婴父张共造象
黄安兴范天明范□□造象
张双仁王僧会毕法兴造象
高灵寿比丘僧护陈昙荣造象
父刘洪畅母孙惟姜刘定卿造象
仵留生苗文度造象
刘伯周宋建兴造象
夏侯双诡贾灵虎刘洪明造象
张阳胜父傅毦母张怀女造象
程天善郝社生郝阿凤造象
阿祗马郎高法珍造象

杨天起晁僧智父晁文愎造象
法滤刘双仁陋文憘造象
张万猥藉始伯景双光造象
容阿安康伏欢造象
佛弟子王佛弟子尔奴造象
像女俊维戈羊造象
宗荣茂錖双洛造象
贾先峯贝元小南造象
父张铺宗息张□造象
比丘僧力僧恭造无量寿佛象
比丘僧师父赵思相赵龙廛造象
法嵩法威等造象
比丘昙义智和公孙天兴造象
比丘昙安僧朗为尊师十九人造象
比丘慧逵杜真兴郑伯懽造象
尼道僧女金刚造象
僧法来比丘僧敲王女党造象
僧宛僧粮灵资造象
刘世海造释迦象
郑英山造释迦象
魏妙造观世音象
郑天意造弥勒象
郭绍仙造释迦象
父范惠兴造象
周子龙造象
药庆真造象
萡黑太造象
陈文徕秼造象

清信女吴冬儿造象

清信女周阿足造象

清信女元黑造象

街亭王大女造象

比丘僧隆隆为父母兄弟姊妹造象

比丘道匠造象

比丘法胜造象

比丘悊造观世音象

比丘慧感造象

比丘法胜造象

比丘僧念造象

比丘尼道昙造象

比丘尼塔𡍒造象

弟子昙妙造象

弟子智祐造象

为七世即生父母妹女造象

为亡粢为主胜为□□姊妹造象

为父母为师父为叔父造象

为父母为一切众生造象

为诸母为诸男为母太妃造象

为母仲□为弟次世为小叔季明造象

为诸同学为一切苦总众生造象

为何双仁为宋叔母为叔母皇甫造象

为亡妹亡女造象

普会众生未来造象

偏将军左部都尉□龙宁造释迦无尼佛象　无年月。在河南洛阳龙门。以下同。

□贵洛造象

□□将军蔡□恩男光荧造象
伏虎都督张永贵造象
都督祁迥造象
王宗欣为亡阿姑亡妹造世加象
龙亢寺比丘僧严惠玉等造象
王洛朴等造释迦象
王欢奴为父母造象
王洛树麻令姿等造象
陈荆解造弥勒象
李思和崔思礼等造象
大统寺比丘道缘造元量寿佛象
高瓫生鲁依仁等造象
信女□王妃胡智□造象
残造象
张道因张庚奴造象题名　残。八列。山西。
王暎□任神奴等造象题名　残。存六行。镇海方氏藏。
董大醜等为元崇礼等五人造象　无年月。河南登封。
尼智景造象　无年月。河南偃师。
都督造象　残。河南鲁山。
宁远将军造象　残。河南鲁山兴国寺。
齐主□□造象　残。在同上。
惠宣造象　无年月。
张大宁等造象　残。车平州。今藏满洲端氏。
吴令斌为父母造阿弥陀佛象　无年月。顺德邓氏藏。
王怀岸为父母造阿弥陀佛象　无年月。与上同石。

毋邱氏造象　六石。第一石“当阳像主毋丘□□”等题名。第二石“邑子□□□邑子王欢敬”等题名。第三石“比丘尼王信”等题名。第四石“梵王□□□”等题名。第五石“邑子□□贵邑子濂清□”等题名。第六石“邑子□□龙生”等题名并记。在山西闻喜邱村，胡聘定为后魏刻。

田迈等造象　河南淇县。

郭黄陵等造象　河南辉县。

孙世明等造象

左冯翊太守陈□□六世孙合宗造四面象　无年月。有坐四面。

意瑗法义造佛国碑　四面。武定四年。额旁有宋熙宁六年八月贾元再立款。满洲端氏藏。

上曲阳刘只造象　兴□□六年二二十七日。在同上。记云伪作。

身□县人造象　兴和四年四月。直隶正定。

大吴村合邑一百人造象　兴和四年十一月五日。直隶长垣县东南三十五里黄门里作村大留寺。两侧题名左侧吴□德等，右侧尚敬宾等。

固安县令朱虎等造观世音象　三面刻。兴和二年四月初八日。直隶易州城东南废寺，今已佚。见□□□《上谷访石记》。

东雍州张保洛等造石碑象　武定七年二月初八日。山西泽州张氏藏。

石艾县唯那道渊共使持节骠骑大将军开府仪同三司大行台令公并州刺史下祭酒大路使佛弟子张法乐等七十□人造石窟大象　元□元年岁次　九月初七日。别一石有邑师道渊等题名，无年月。山西平定州。

前使持节都督夏蔚二州诸军事卫将军夏蔚二州刺史□州大都督安武县开国伯又征西大将军仪同三司行晋州刺史事东雍州镇城安武县开国侯张保洛等造石碑象　四面刻。武定七年□二月八日。山西绛州张氏藏(见前)佛弟子李伯奴造象。　武定七年太岁在己巳六月乙酉朔朔乙巳日。记刻碑阴前面，像旁题名一行。

山西平遥。

李慧珍等造象　十二月天平二年岁次丙辰造。

王磐虎造象　天平四年岁次丁巳二月丙寅朔五日庚午。

安村道俗一百余人修故塔记　天平四年岁次丁巳七月甲午朔二十五日戊午。

吕升欢等造天宫象碑　兴和三年岁次大梁。河南汲县。

上官香等造象　兴和四年岁次壬戌十一月癸亥二十五丁亥。在同上。

高归彦造象　武定元年岁次癸亥四月庚申朔八日丁卯。直隶定州。

李次明造象　大魏岁次癸亥武定元年七月己丑朔四日甲辰。

高城县常安洛造象　武定元年十二月四日。

寺尼惠遵造弥勒象　武定二年七月初五日。

比丘僧道和共三十人造观世音象　武定三年五月二十三日。

丰乐七帝二寺邑义人等造观世音象　武定五年岁次乙卯二月戊辰朔八日。直隶定州。

□□县人龚□造象　武□□年岁□丁卯二月□□□□五月□□□。

合邑五十人等造象　武定五年七月丙申朔三日戊戌建。河南洛阳。

比丘尼晏陵爨初合寺十一人等造象　武定七年岁次己巳。

比丘慧□道通造释迦象　天平二年八月一日。

合邑等造象　武定元年岁次癸亥二月辛酉朔三日。

北齐

张龙伯兄弟等为亡父母造象　天保元年岁次庚午十月壬申朔八日辛巳。

张始兴造象　天保元年十地月丙子朔。山东。今藏满洲端氏。

邢多五十人等造象　天保二年岁次辛未七月壬申朔十五日丙戌。山西盂县兴道村兴化寺。

孟洪宾等十六人造象　天保二年七月十五日。今在北京达古斋。

王□□造象　天保二年九月壬申朔。山东兰山。

王媚晖造象　天保二年九月二十三日。

郑敬羡遭病发愿更造观世音象　天保二年□在鹑首九月甲辰朔二十五日甲午。满洲端氏藏。

崔氏女张华为亡父母造象　天保二年二月十九日。玉象。湖北汉阳叶氏藏,旧在直隶正定。

李稚晕造象　天保二年□月二十日。满洲端氏藏。

姬洪业为亡父造象　天保二年十一月一日。在同上。

宋显伯等三十余人造象龛记　程洛文并书。天保三年岁次壬申四月八日。河南河内。阴侧。

宋颗昌为父母亡兄造象　天保三年五月二十五日。满洲端氏藏。

韩世荣造象　天保三年五月五日。

□遵在外辛苦愿见父母造象　天保三年八月□日。满洲端氏藏。

杨哲造释迦象　天保三年十一月二十日。同上。

公孙村母人合三十一人等造象　三面刻。天保四年二月二十日。同上。

龙华寺比丘□□造三世佛象　天保四年二月。河南洛阳龙门。

惠感为亡师造象　天保四年八月。

李买造象　天保四年六月二十五日。山西。刻坐二面。

大□王造象　天保四年十一月。河南洛阳龙门。

□□儿造观世音象　天保四年岁次癸□癸巳朔二十三日丁

卯。满洲端氏藏。

朱氏女姜瑞云造象　天保四年。直隶正定。

王恩和等造象　天保四年。河南洛阳。

平西将军金门太守桑买妻阳为三息长成造象　天保五年正月十五日。玉象。出河南洛阳,今在汉军郑氏。

张氏郝敬造象　天保□年正月二十五日。

伯辟寺尼惠晖造象　天保五年正月二十九日。直隶正定。

诸维那等三十人造太子象　天保五年二月十五日。山东潍县郭氏藏。方云登州张氏。五面刻。

赵獨方等造象　天保五年四月岁在丙辰五月十四日。山东潍县。

殷双和造象　天保五年四月中。

比丘尼静恭等卢舍象　天保五年五月岁在丙晨五月十四日。山东潍县。

平昌县人张景晖为亡父母造弥勒象　天保五年岁次甲戌七月乙酉朔十五日己亥。山东盖都法庆寺。

刘洪朗造象　四面刻。天保五年八月十五日。广东顺德邓氏藏。

崔棠夫妻造释迦象　天保五年岁次甲戌十月甲寅朔十五日戊辰。

葛今龙为亡女夫妻造象　天保五年十一月□□日。满洲端氏藏。

张天恩造象　天保五年十二月二十一日。直隶正定。

李清造报德象碑　燕州释仙书。天保六年岁次乙亥七月己卯朔一日庚辰。山东平定州石门。

比丘僧伦造越殿国象　天保六年岁次乙亥七月己卯朔十五日癸巳。山东。

陈使君造象　天保六年岁次乙亥朔七月己卯十五日癸巳　为

陈使君造越殿国象。山东掖县三里寺。朔字在七月上。

江阿欢造象　天保六年六月二十五日。直隶曲阳城内大寺。观世音象。《山西通志》有同名同年造象,云在阳曲。

邵神虎为亡父母造象　天保七年三月。满洲端氏藏。

比丘法弘二十五人等造象　天保七年五月十五日。山东费县。

比丘□□造象　天保七年七月十八日。满洲端氏藏。

赵郡王高叡造无量寿佛象　天保七年岁次丙子闰月癸巳朔十五日丁亥。案闰八月。直隶灵寿祁林院。

高叡造释迦象　天保七年岁次丙子闰月癸巳朔十五日丁亥。在同上。

高散造阿闳　天保七年岁次丙子闰月癸巳朔十五日丁亥。在同上。

比丘尼如静为亡师始靓造无量寿佛象　天保七年岁次丙子闰月癸巳朔二十四日丙申。陕西长安。鲍康《观古阁丛稿》云伪作。《山西通志》云旧为洪洞董氏收藏,今藏太平县南高村刘氏。

□回造观世音象　天保七年十二月十一日。满洲端氏藏。

陶长贵造象　天保七年。山东盖都。

天保造象　残。天保七年。

天保造象　残。天保八年二月。山东。

宋王仁为□息僧畅造象　天保八年岁□丁丑三月□子朔八日丁未。直隶灵寿。

郭猛等法仪兄弟八十人造塔象　天保八年岁次丁丑三月庚子二十二日辛酉。山东昌邑。今在满洲端氏。

石同寺比丘惠教等造象　天保八年六月。

天保造释迦象　残。天保八年十一月十□。河南洛阳龙门。

天保造象　残。天保八年十一月十一日。山东。

静明劝他邑义垣周等修塔象记　天保八年岁次丁丑十一月二

十九日。河南登封。两侧题名。

比丘尼僧揔智静等造象　天保八年十二月十□日。满洲端氏藏。

朱氏邑人等造玉象碑铭　天保八年十二月。直隶庆云城南德安寺。

郭祀伯居家眷属造太子象　天保八年岁次丁卯朔。铜象。

豫州刺史刘碑造象　岁在丁丑天保□□。河南登封刘碑村碑楼寺。

比丘宝演造象　天保八年。河南洛阳。

宋敬业等造塔象　天保九年岁次戊寅三月甲午朔六日癸亥。山东盖都。今在满洲端氏。案六字当误。

张归生造卢舍那象　天保九年三月二十三日。山东潍县陈氏藏。

景寺僧道胜为先人亲造象　天保九年四月八日。满洲端氏藏。

秦夜伽为父造观世音象　天保九年十一月二十八日。在同上。

王信天造象　天保九年十二月。山东诸城。

慧炬寺僧道润等造象　天保□□□次乙卯二月十三日。己误乙。直隶南和北半里古城内本寺。

赵郡王国常侍房绍兴造弥勒象　天保十年四月八日。直隶灵寿祁林院。

张疵造释迦象　天保十年岁次己卯六月丙戌朔八日癸巳。山东潍县陈氏藏。

文海珍妻周双仁七十一人等造象　天保十年□在己卯七月丙辰朔四日戊午。卯作印。满洲端氏藏。碑阴题名。

比丘道朏卢舍那法界人中象　天保十年七月十五日。山东洛宁普照寺。今藏仪征阮氏。

□阳郡都县□造象　天保十年闰□月十六日。山东潍县陈氏藏。

张伯礼等造象　三面刻。天保十年闰四月二十日。直隶东光。

马恩为亡父母造象　三面刻。天保十一年正月十一日。

智念造象　乾明一年岁次庚辰五月辛亥朔五日乙丑。山东潍县陈氏藏。

□伯罗夫妻造象　乾明元年岁在甲辰□月庚戌朔七日己未。在同上。

比丘僧邑义□□造象　残。乾明元年岁次庚辰七月庚戌朔十五日甲戌。山东兰山伏氏藏。

比丘尼慧承静游等造象　乾明元年岁在庚辰八月辛巳朔二十五日。山东长清五峰山。

徐明弁造象　乾明元年。山东长清。

方道显造释迦象　皇建元年岁次庚辰十月己卯朔二十六日甲辰。□□清信士佛弟子方道显。河南范县义城寺。

比丘僧法延造象　皇建二年四月二十三日。满洲端氏藏,旧在直隶庆云管家寺。

故巨鹿部郡王良伯兄弟为二亲造观世音象　皇建二年岁次辛巳五月丙午朔十五日庚申。在同上。

许俊生法义三十人等造象　皇建二年岁次辛巳十月癸酉朔三十日壬寅。

县人张□□□等造象　太宁元年岁次辛巳十一月壬申朔二十日癸巳。直隶东光。

孟义郎率一百人等造象　三面刻。太宁二年岁次壬午正月辛未朔六日丙子。山东肥城南阳庄。

龙道果造象　太宁二年。山东益都。

宋福容为身造及宾象　河清元年二月一日。满洲端氏藏。

程礼太妻刘为夫造象　河清元年岁次壬午七月三日。直隶东光。

张伯生造象　河清元年岁次壬午七月己巳朔十五日癸未。

法仪百余人造象　河清一年□月二日。山东潍县陈氏藏。

阿鹿交村七十人造石室象　河清二年岁次癸未二月□□朔十七日辛巳。山西平定州。

编　后

今年是赵家璧诞辰110周年纪念，本辑编入了7篇专栏文章。正如文题《〈晨曦〉——赵家璧编辑生涯的起点》侧重于研究赵家璧的早期编辑工作。《晨曦》是光华大学附属中学学生自治会利用自治会经费编辑出版的学生刊物，赵家璧受推举而参加该刊的编辑工作。第二卷开始由赵家璧主编，他大胆改革，砍去该刊的英文部分，他在编后谈中云："中国的学校刊物，从前每每是中西合璧，并且好像没有英文，便就显出这只学校是不重视英文的样子；这一种现象，在五六年前，却是为社会上所公认的事；但是年来中国学术思潮改变，国家观念渐浓，学校刊物是表现一只学校的师生对于学术文艺思想研究的程度和兴趣的，我们与其用英文去表示我们的意见，我们不如用祖国的文字去表示，反可以使祖国较多的人能够阅读。"应该说，赵家璧主编《晨曦》后，即实施了他的编辑理想；《晨曦》是他以后漫长的编辑生涯的初练场。赵家璧除了编辑外，美国文学翻译和研究也是他的一项重要的事业，《从〈华尔腾〉到〈瓦尔登湖〉——兼谈"晨光世界文学丛书"对美国文学的译介》一文主要介绍了赵家璧所推动的《晨光世界文学丛书》的始末，也指出："赵家璧对于美国文学情有独钟。他在1934年发表《美国小说之成长》，认为美国新文学摆脱了英国的旧传统而独立发展，与中国新文学突破几千年来旧传统的束缚有相似之处，可以为中国新文学的发展做借鉴。"《从几件鲁迅手稿谈到赵家璧出版的〈母亲〉》从上海鲁迅纪念馆馆藏文物为依据，介绍了丁玲被捕后，赵家璧在鲁迅的支持下出版其小说《母亲》的经历。诚如上文摘引赵家璧主编《晨曦》编后那样，赵家璧之所以在20世纪三四十年代能够作出巨大的成就，得以他所秉承的为国为民的先进信念,《先进文化的传承——鲁迅与赵家璧及其他》主要回顾和探讨了赵家璧在编辑方面接受鲁迅的指导,之后又指导了上海鲁迅纪念馆的图书编辑工作的过程及其文化意义。《上海"孤岛"时期赵家璧的编辑出版活动》借助报刊史料,梳理了赵家璧在上海"孤岛"时期的编辑出版活动。《从出版标记看赵家璧的书籍装帧风格及内涵》则从形式入手,考察了赵家璧的编辑出版物。《从赵家璧与费正清通信看中美文化交流中的一段往事》一文,根据费正清致赵家璧书信影印件(部分),重新梳理了赵家璧与费正清之间的关系。

本辑"鲁迅作品及生平研究"收了两篇有关《摩罗诗力说》的文章。《摩罗诗力说》是鲁迅早期的重要论文,也是研究鲁迅思想的不可或缺的基础文本。由于该文行文古奥、内容丰富、涉及文献多,是很有继续研究空间的。此外,本刊前两辑连载之《九十年来〈摩罗诗力说〉研究述评》应可以作为继续研究《摩罗诗力说》的基本参考文。在本刊连载长篇史料考证文《江南水师学堂考》之后,文章作者又赠来《江南陆师学堂考》一文,如此,鲁迅早年在南京就读的两个学校的相关史料已经得到相对完备的梳理与考辨,是这一领域研究的重要成果。

王士菁和丁景唐两位先生对于鲁迅宣传、鲁迅研究都具有重要贡献,他们分别推动了北京鲁迅博物馆和上海鲁迅纪念馆的文物征集、文献整理、学术研究等工作,厥功甚伟,本辑继续刊登相关文章以为纪念。王尔龄先生以他的文章长期支持《上海鲁迅研究》,时过一年才知先生已经逝世,本刊只能以《王尔龄先生遗稿一束》的形式表示纪念,同时再次感谢王尔龄先生的亲属对《上海鲁迅研究》的信任和支持!

《上海鲁迅研究》的主办者——上海鲁迅纪念馆近年来策划、实施了一些有个性、颇受欢迎的展览。本辑所收两篇有关展览的文章,即为展览策划、设计、实施者所撰写。自开辟"上海鲁迅纪念馆纪事与研究”专栏以来,《上海鲁迅研究》已经刊发了数十篇上海鲁迅纪念馆职工所撰写的有关博物馆学方面的文章。这些文章是为将鲁迅学术成果向社会大众传播实践的学术探索和经验总结,其中一些文章固然有不成熟之处,不过,我们相信在鲁迅研究专家的支持下,会将鲁迅精神遗产以及学术成果更广泛地、更有效地向社会进行传播,促进鲁迅事业的坚实地发展。

编　者

2018 年 7 月

《上海鲁迅研究》编辑部
地址:上海市甜爱路 200 号　上海鲁迅纪念馆
邮编:200081
电话:021-65878211, 021-65402288 * 215
传真:021-56962093
电邮:shlxyj@aliyun.com

《上海鲁迅研究》投稿须知

本刊热诚欢迎海内外作者投寄稿件。为保证学术研究成果的原创性和严谨性，倡导良好的学术风气，推进学术规范建设，请作者赐稿时务必遵照如下规定：

第一，所投稿件须系作者独立研究完成之作品，对他人知识产权有充分尊重，无任何违法和违反学术道德等内容。按学术研究规范，认真核对引文、注释和文中使用的其他资料，确保准确无误。如使用转引资料，应注明转引出处。本刊采用文末注方式，引文出处请遵照“**作者:《篇名》,《集名》第×卷,××出版社××××年版,第×页**”格式。

第二，凡向本刊投稿，须同时承诺该文未一稿两投或多投，包括局部改动后投寄其他报刊，并保证不会将该文主要观点或基本内容先于《上海鲁迅研究》在其他公开或内部出版物(包括期刊、报纸、专著、论文集、学术网站等)上发表。如未注明非专有许可，视为专有许可。

第三，所投稿件应遵守国家相关标准和出版物法规，如关于标点符号和数字使用的规范等。

第四，本刊整体版权属《上海鲁迅研究》所有，未经许可，不得以任何方式复制、选编。经我社许可需在其他出版物上发表或转载的，须特别注明“本文首发于《上海鲁迅研究》”字样。

第五，本刊实施专职编辑三级审稿与编委审稿相结合的审稿制度。作者投稿后，如需撤稿，请及时通知编辑部，编辑部将视编辑该稿情形后，答复作者。

第六，来稿论文要求格式规范，项目齐全。提供:**真实姓名，联系方式(含邮编)，电子信箱，身份证号码、作者开户银行并支行名(支行名称请务必提供)及账号(支付稿酬所需)**。

第七，本刊有权对来稿做文字修改。

第八，本刊已加入“中国知网”(光盘版)电子期刊出版系统，作者的著作权使用费与本刊稿费将一次性给付，如作者不同意编入该数据库，请提交论文时向本刊说明。凡在投稿时未作特别声明的，本刊将视同作者已认可其论文入编有关电子出版物。

第九，稿件一经采用，即付稿酬（限常住中国大陆地区作者）并寄样刊2册。

如违背上述规定，给《上海鲁迅研究》造成任何不良影响，由作者承担全部责任。

图书在版编目(CIP)数据

上海鲁迅研究.赵家璧与出版研究:总第79辑/上海鲁迅纪念馆编.—上海:上海社会科学院出版社,2018

ISBN 978-7-5520-2486-9

Ⅰ.①上… Ⅱ.①上… Ⅲ.①鲁迅研究-文集 Ⅳ.①K825.6-53

中国版本图书馆CIP数据核字(2018)第234992号

上海鲁迅研究·赵家璧与出版研究(总第79辑)

上海鲁迅纪念馆 编

责任编辑:章斯睿

封面设计:包明吉

出版发行:上海社会科学院出版社

上海顺昌路622号 邮编200025

电话总机021-63315900 销售热线021-53063735

http://www.sassp.org.cn E-mail:sassp@sass.org.cn

照　　排:南京理工出版信息技术有限公司

印　　刷:上海新文印刷厂

开　　本:890×1240毫米 1/32开

印　　张:8.75

插　　页:1

字　　数:216千字

版　　次:2018年10月第1版 2018年10月第1次印刷

ISBN 978-7-5520-2486-9/K·474 定价:69.80元